やわらかアカデミズム
〈わかる〉シリーズ

よくわかる
更生保護

藤本哲也/生島 浩/辰野文理
［編著］

ミネルヴァ書房

はじめに

■よくわかる更生保護

　わが国の更生保護制度は，かつて経験したことがないほどの変革を遂げようとしている。更生保護法施行7年を経過して，ある種の犯罪的傾向を有する保護観察対象者に対して，その傾向を改善するための専門的処遇プログラムの開発・実施や，被害者等通知制度，意見等聴取制度，心情等伝達制度及び相談・支援の四つの施策からなる更生保護における犯罪被害者等施策の展開，あるいは親族等や民間の更生保護施設では円滑な社会復帰のために必要な環境を整えることができない仮釈放者，少年院仮退院者等を対象とし，濃密な指導監督や充実した就労支援を行うことで，対象者の再犯防止と自立を図ることを目的とする施設として，自立更生促進センターや就業支援センターの設立等，様々な施策が考案され実施されている。

　また，このような新しい施策をどのように発展させていくかという課題に加えて，これからの更生保護にとっての重要な課題は，刑の一部の執行猶予制度の導入や社会貢献活動を特別遵守事項の類型に加えたことに伴う更生保護のあり方である。刑の一部の執行猶予制度の導入により，薬物事犯者を中心に保護観察対象者の増加が見込まれ，社会貢献活動については，その活動の監督を始めとする実施体制の整備が必要であり，保護司の負担増が見込まれることになるであろう。また，薬物事犯者の処遇の強化に関しては，専門的処遇プログラムの実施をはじめ，今後，保護観察官が担うべきものが極めて多くなると考えられるが，保護観察対象者の日常の生活指導等については，保護司が担当することになると考えられることから，保護司基盤の整備と充実が重要な懸案事項となるであろう。

　こうした状況を踏まえて，本書では，これまでの更生保護が抱えている問題の解決策や新しい課題にどう対応するか等を検討するために，日本更生保護学会の会員を中心に，学会理事，学会誌編集委員，現役幹部や中堅どころ，学者・研究者等，この分野に精通している仲間を総動員して，できるだけ多くの課題に取り組んでいただき，できるだけやさしく叙述していただいた。

　本書は，読者対象を，法学系の大学生，社会福祉士や保護観察官など国家試験受験のために学ぶ学生のみならず，専門職として更生保護にかかわる現場の方々をはじめ，行政関係，NPO，ボランティアほか一般の方々まで広げ，更生保護に関しての理解を深めていただくために，最大の配慮をもって，最適の

テキストとなることを編集方針としている。

　さらに，本書は，更生保護の全体を俯瞰できるようにするとともに，制度や関連する法律の目的や意義を明確に把握できるように各項目の内容の構成にも工夫を加え，本書を最初から通読して体系的に理解を進めることができるようにすると同時に，用語辞典的に使用することも可能とするため，読者が必要な部分をすぐに理解することができるように配慮した。そのため本書は，自学自習をする人のためにも利用しやすい形式となっていると思う。

　さらにまた，本書は，側注で，一般には身近でない法律用語をはじめとした重要語句の解説を行い，丁寧なクロスリファレンスを付すことで，関連するテーマのつながりを網羅的に把握することを可能にしている。ぜひ，活用されたい。

　筆者は，警察からはじまり，検察，裁判，矯正，更生保護の5段階に分けられる刑事司法制度の最終段階に位置する更生保護制度は，わが国が諸外国に誇り得る制度の一つであると確信している。今後，刑の一部の執行猶予制度や社会貢献活動が施行されれば，わが国の更生保護制度は新しい時代に突入することになる。そういう意味では，本書がこれからの新しい更生保護制度の発展のための羅針盤となることを期待している次第である。

　最後になったが，本書の成立に当たっては，企画から出版にいたるまで，ミネルヴァ書房の梶谷修氏にお世話になった。梶谷氏が筆者に，今までにない読みやすい更生保護の本をつくりたいので編者になってくれないかと頼まれたとき，すぐに脳裏に浮かんだのは，更生保護学会の副会長で福島大学大学院人間発達文化研究科教授の生島浩先生と，学会機関誌編集委員長で国士舘大学法学部教授の辰野文理先生に，共編者となっていただくことであった。この判断が的確であったことは，本書を読んでいただければおわかりになってもらえるのではないかと思う。本書が多くの読者を得て，わが国の更生保護制度の理解に貢献することができれば，本書を編集した者にとって，これに過ぎたる幸せはない。

2015（平成27）年12月

編著者代表　藤本哲也

もくじ

■よくわかる更生保護

はじめに

I 更生保護とは

1 更生保護とは何か …………… 2
2 更生保護の組織(1)：保護観察所 … 4
3 更生保護の組織(2)：地方更生保護委員会 …………… 6
4 更生保護の展開：戦後の制度 …… 8
5 更生保護と刑事司法 …………… 10
6 更生保護と社会福祉 …………… 12
7 更生保護の歴史(1)：法制化前 …… 14
8 更生保護の歴史(2)：法制化の動き（司法保護事業法の誕生まで）…… 16
9 更生保護の歴史(3)：更生保護制度の誕生 …………… 18

II 更生保護と刑事司法

1 刑事司法とは …………… 20
2 成人犯罪者の手続き …………… 22
3 猶予制度と更生保護 …………… 24
　コラム-1　犯罪と刑罰 …………… 26
　コラム-2　施設内処遇と社会内処遇 … 28

III 更生保護と少年司法

1 非行少年の取扱い手続き（非行少年とは）…………… 30
2 少年警察 …………… 32
3 家庭裁判所：調査官・教育的措置 …………… 34
4 少年鑑別所 …………… 36
5 少年院 …………… 38
6 児童相談所：保護処分としての児童相談所送致）…………… 40
7 児童養護施設・児童自立支援施設 …………… 42
8 少年法と児童福祉法：児童から少年，そして大人へ …………… 44

IV 社会復帰のための生活環境の調整

1 刑事施設被収容者に対する生活環境の調整 …………… 46
2 少年院在院者に対する生活環境の調整 …………… 48
3 保護観察における生活環境の調整 …………… 50
4 保護観察付執行猶予者の確定前の生活環境の調整 …………… 52

V 仮釈放・少年院からの仮退院等

1 仮釈放等の種類 …………… 54
2 仮釈放等の手続き …………… 56
3 刑務所からの仮釈放 ………… 58
4 少年院からの仮退院 ………… 60

VI 保護観察

1 保護観察の目的・種類 ………… 62
2 保護観察の流れ（開始と終了）… 64
3 保護観察の方法 ……………… 66
4 指導監督 ……………………… 68
5 補導援護 ……………………… 70
6 遵守事項 ……………………… 72
　コラム-3　少年事件（保護観察処分少年・少年院仮退院者）…… 74
7 段階・類型別処遇 …………… 76
　コラム-4　成人事件：暴力事件を繰り返す人への処遇 ………… 78
8 専門的処遇プログラム ……… 80
　コラム-5　就労支援対策 …… 82
9 性犯罪者への処遇 …………… 84
10 薬物事犯者への処遇 ………… 86
　コラム-6　更生保護における家族への働きかけ：「システムズ・アプローチ」……… 88

VII 更生保護の実施機関・施設

1 保護観察官 …………………… 90
2 保護司 ………………………… 92
3 更生保護施設 ………………… 94
4 自立更生促進センター ……… 96
5 社会復帰調整官 ……………… 98
6 更生保護の研修制度 ………… 100
　コラム-7　新任保護観察官の日々… 102
　コラム-8　自立準備ホーム … 104
　コラム-9　更生保護サポートセンター …………… 106

VIII 更生緊急保護及び応急の救護等

1 更生緊急保護の目的・対象・期間 ………………………… 108
2 更生緊急保護の内容・手続き … 110
3 応急の救護 …………………… 112
4 更生保護施設の処遇 ………… 114
　コラム-10　女子更生保護施設 … 116
　コラム-11　少年更生保護施設 … 118

IX 福祉の支援を必要とする更生保護対象者

1 更生保護と司法福祉 ………… 120

2　地域生活定着支援センター・特別調整 …………………… 122

　3　更生保護における「入口支援」… 124

　　　コラム-12　ダイバージョン ……… 126

　　　コラム-13　発達障害と更生保護 … 128

Ⅹ　更生保護を支える団体

　1　更生保護女性会 ………………… 130

　2　ＢＢＳ会 ………………………… 132

　3　協力雇用主 ……………………… 134

　4　就労支援事業者機構 …………… 136

　5　更生保護ネットワーク ………… 138

　　　コラム-14　ソーシャルファーム … 140

Ⅺ　更生保護における関係機関・連携機関

　1　警察 ……………………………… 142

　2　検察庁－4号観察（保護観察付執行猶予者）での連携 ………… 144

　3　裁判所(1)：家庭裁判所（情報共有）………………………………… 146

　4　裁判所(2)：地方裁判所（情報共有）………………………………… 148

　5　矯正施設(1)：少年院・少年鑑別所 ………………………………… 150

　6　矯正施設(2)：刑事施設 ……… 152

　7　福祉機関：福祉事務所・児童相談所など ……………………………… 154

　8　就労支援機関：ハローワーク … 156

　9　日本司法支援センター・法テラス：弁護士の関わり ……………… 158

　　　コラム-15　更生保護における多機関連携 ……………………… 160

Ⅻ　恩　赦

　1　恩赦の目的・種類 ……………… 162

　2　恩赦の手続き …………………… 164

ⅩⅢ　更生保護における犯罪被害者等への施策

　1　犯罪被害者等基本法 …………… 166

　2　被害者支援制度 ………………… 168

　3　被害者担当官・被害者担当保護司 ……………………………………… 170

　　　コラム-16　被害者支援センター … 172

ⅩⅣ　犯罪予防活動・広報

　1　更生保護における犯罪予防活動 ……………………………………… 174

　2　社会を明るくする運動 ………… 176

　3　更生保護の広報 ………………… 178

ⅩⅤ　医療観察制度

　1　医療観察制度とは ……………… 180

2 保護観察所の役割(1)：生活環境の調査 …………… 182

3 保護観察所の役割(2)：生活環境の調整 …………… 184

4 保護観察所の役割(3)：精神保健観察(地域社会における処遇)… 186

コラム-17 処遇実施計画書とクライシスプラン ……………… 188

XVI 更生保護における近年の動向と課題

1 刑務所出所者等の住居・就労先確保の強化 ……………… 190

2 薬物事犯者等特定の問題を抱える者への指導・支援の強化 ……… 192

3 社会貢献活動の導入 …………… 194

4 保護司をはじめとする民間協力者の活動基盤の整備 ………… 196

5 刑の一部の執行猶予制度 ……… 198

XVII 更生保護：世界の動向と日本

1 欧米における更生保護：実証的根拠（エビデンス）に基づく実践 ……………………… 200

2 アジアにおける更生保護 ……… 202

3 これからの日本の更生保護 …… 204

更生保護法 …………………………… 206

さくいん ……………………………… 219

やわらかアカデミズム・〈わかる〉シリーズ

よくわかる
更 生 保 護

I 更生保護とは

 # 更生保護とは何か

▷精神保健観察
⇨ XV-4「保護観察所の役割(3)」

▷社会内処遇
英訳は,「Community Based Treatment」であり，19世紀後半から，非行少年・犯罪者の改善更生を図るためには，社会から隔離・拘禁するよりも，社会での生活を続けながら必要な指導，援護が行われる方が効果的であるという考え方が台頭してきた。更生保護は，警察，検察，裁判，矯正の諸制度と並んで刑事司法の重要な一翼を担っている。

▷1 バイステックが唱えた，次の「ケースワークの原則」(F. P. バイステック／尾崎新他訳『ケースワークの原則 新訳改訂版』誠信書房，2006年）は，更生保護にも適用されるものである。
①クライエントを個人として捉える
②クライエントの感情表現を大切にする
③援助者は自分の感情を自覚して吟味する
④クライエントの感情を受け止める
⑤クライエントを一方的に非難しない
⑥秘密を保持して信頼感を醸成する
⑦クライエントの自己決定を促して尊重する

1 更生保護の概念

更生保護は，犯罪者や非行少年に対して社会の中で適切に働きかけることにより，その再犯を防ぎ，非行をなくし，彼らが自立し立ち直ることを助けることで，社会を保護し，個人と公共の福祉を増進することを目的としている。その内容は，仮釈放，保護観察，生活環境の調整，更生緊急保護，犯罪被害者施策，恩赦，犯罪予防の多岐にわたっている。

その実施機関は，法務省にある保護局と中央更生保護審査会，高等裁判所の管轄区域ごとに置かれる地方更生保護委員会，地方裁判所の管轄区域ごとに置かれる保護観察所である。

2 更生保護の対象と方法

基本法である更生保護法の第1条に規定された対象者の再犯を防ぎ，改善更生を図ることを目的とした処遇が，「保護観察」と呼ばれるものである。この法令で規定された内容に加えて，個人や民間団体等が自発的かつ任意的に行う犯罪・非行前歴者に対する援助活動等も更生保護に含まれる。

その対象は，実社会の中で住居，学校，職場，家庭等それぞれ異なる環境のもとで生活している者である。刑務所や少年院での矯正処遇が「施設内処遇」といわれるのに対して，「**社会内処遇**」と呼ばれるゆえんである。これは，更生保護が，社会内の資源を活用した，社会に根ざした処遇であることを意味し，地域生活支援としての意義を有していることを示している。

重要なのは，同種の非行・犯罪を行った者であっても，その動機や資質的条件などに差異があることに着目する観点である。更生保護としての働きかけ，すなわち，保護観察における処遇は，画一的に行うことを避け，最も相応しい方法を適用する必要があり，処遇の個別化が図られなくてはいけない。これは，臨床心理学やケースワークなど保護観察に導入されている臨床的アプローチの基本原則と全く同一である。

一方，満期釈放者など保護観察に付されず，本人の申出に基づき更生の援助がなされるケースは別にして，それ以外のクライエント（対象者）には，臨床の基本原則である「自己決定」の余地がないとの指摘がある。しかし，「立ち直ろう」という積極的意思をもつよう働きかけて，クライエント自身による改

善更生に向けての「自己決定」を迫ることはできる。そのために，更生保護を実施する保護観察官には，処遇者と権力執行者という「ダブルロール（二重の役割）」が課されており，その法律に基づくパワーを背景にしてアプローチすることが，動機づけの乏しい更生保護の対象者には不可欠なのである。

3 更生保護の機能

　更生保護の機能を便宜的に，犯罪者の更生を目的とした「リハビリテーション機能」と社会の保護を目的とした「モニター機能」に分けて説明したい。リハビリテーション機能とは，刑務所帰りといった社会的烙印を押され，就労に必要なソーシャル・スキルが欠如しているなどの社会的障害を的確に受け止め，犯罪者の立ち直りを援助するものである。その中身は，裁判により黒白を付けられた人を灰色にするぼかし機能により，犯罪者のラベルを曖昧にして，家庭が受け入れ，学校に復帰し，就労することである。そして，社会との絆を確保すること，孤立した生活に陥らず，悪いことをしない「普通の生活」を維持することが，再犯抑止の王道であることは間違いない。この機能については，民間の篤志家の中から法務大臣が委嘱した**保護司**が担っており，自宅に対象者を招き入れて面接し，家庭訪問して家庭環境の調整を行い，就職先を紹介するなどの活動をしている。この行い自体が，地域社会への受け入れを身をもって示す象徴的な存在として機能してきたのである。これら保護司の善意を基盤とする活動は，厄介者として排除されがちな犯罪者に社会的な居場所を与え，立ち直りの具体的な手だてを教示する社会支援として機能している。

　一方，モニター機能とは，ソーシャル・セキュリティを目的としたものであり，更生保護が刑事政策の一環であることから必然的に生じる機能である。経済的事情や対人関係の葛藤が原因の理解しやすい犯罪では社会の安全感は損なわれないので，このモニター機能が強く求められることはない。しかし，非行・犯罪臨床の現場で急増している理解しがたい犯罪，その典型は精神障害や発達障害が関わるものである。それらに加えて，性犯罪やストーカー行為，ドメスティック・バイオレンス（DV）などは，多くの加害者に発達や人格上の大きな偏りがあり，罪の意識は乏しく，その言動に悪意も認められるために社会の不安がかき立てられる。しかし初犯者では，生命・身体犯でなければ実刑よりも保護観察付執行猶予が選択されることが多いものの，まさに監視カメラのような精度が保護観察に求められ，ぼかし機能とは相容れない。この種のケースは，精神医学的・臨床心理学的知見を備え，彼らの悪意を扱うことのできる高度な専門的技法をもった保護観察官が担わなければならない。

　一方，人が犯罪や非行に至る過程には，その者を取り巻く社会環境が大きく影響していることから，その改善更生には，地域社会の人々の理解と協力が不可欠である。

（生島　浩）

▷保護司
⇨ Ⅶ-2「保護司」

▷2　更生保護法の第2条には，「更生保護に対する国民の理解を深め，かつ，その協力を得るように努めなければならない」と国の責務を明記するとともに，「国民は，前条の目的（社会を保護し，個人及び公共の福祉を増進する）を達成するため，その地位と能力に応じた寄与をするように努めなければならない」としている。

Ⅰ 更生保護とは

2 更生保護の組織(1)：保護観察所

1 更生保護の組織

　保護観察や仮釈放などの更生保護に関する事務は「法務省」が所掌し（法務省設置法4条），法務省の内部部局の一つである「**保護局**」がその企画・立案等の業務を行っている（法務省組織令7条）。

　そして，保護観察の実施や仮釈放の審理などの更生保護の実務を担う機関が，法務省の地方支分部局として各地に置かれている「保護観察所」と「**地方更生保護委員会**」である（法務省設置法17条，24条）（図Ⅰ-1）。

　保護観察所は，更生保護の中心的な業務である保護観察の実施を始めとする各種処遇実務を担う，いわば更生保護の第一線の処遇機関である。

2 保護観察所の設置場所等

　保護観察所（本庁）は，地方裁判所の管轄区域に対応し，各都道府県庁の所在地（北海道については，札幌のほか，函館，旭川及び釧路の計4か所）に設置されており，全国50か所にある。保護観察所の名称は，その所在地名を冠して，例えば神奈川県であれば「横浜保護観察所」とされている。

　本庁のほか，全国3か所（東京・立川市，大阪・堺市，福岡・北九州市）に「支部」が設置され，さらに，全国29か所の「駐在官事務所」において，その所在する地域の保護観察等の業務を担当している。

　また，東日本大震災の被災地域である盛岡，仙台及び福島の各保護観察所の管内には，被害の大きかった沿岸部4か所に「**更生保護拠点**」が置かれ，被災地域における保護観察の実施や民間協力者の支援等の業務に対応している。

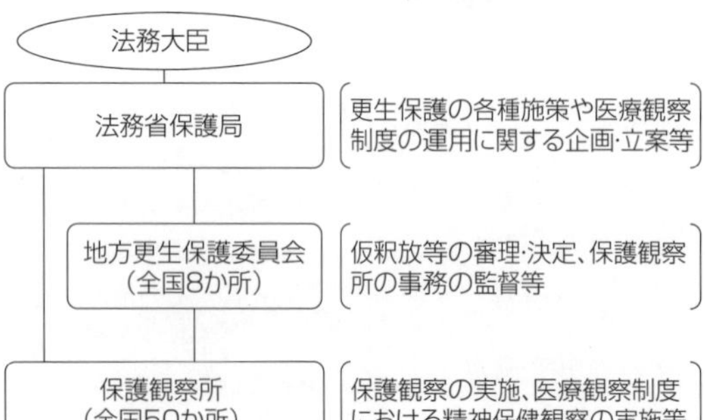

3 保護観察所の業務

　保護観察所が担う業務は幅広く，主なものとして，①保護観察の実施，②矯正施設に収容されている人の出所後の生活環境の調整，③満期釈放者等に対する更生緊急保護の実施，④保護司の選考，研修等，⑤更生保護事業の助長及び監督，⑥犯罪予防活動の促進，⑦恩赦の上申，⑧犯罪被害者等施策の実施などが挙げられる。各保護観察所には，

▷**保護局**
法務本省に置かれる内部部局の一つであり，保護観察，仮釈放，恩赦，犯罪予防活動等の更生保護に関する業務及び医療観察制度の対象者に対する地域社会における処遇等を所掌する。保護局には，総務課，更生保護振興課及び観察課の3課が置かれている。

▷**地方更生保護委員会**
⇨ Ⅰ-3「更生保護の組織(2)：地方更生保護委員会」

▷**更生保護拠点**
東日本大震災により，多くの保護司が被災し活動困難となったことから，被災地域における保護観察等の実施と保護司を始めとする民間協力者の活動再開に向けた支援を担当する保護観察官の活動拠点として設けられたものである。設置場所は，釜石市，気仙沼市，石巻市及び相馬市の4か所。

【図Ⅰ-1　更生保護の組織】

- 法務大臣
  - 法務省保護局 ── 更生保護の各種施策や医療観察制度の運用に関する企画・立案等
    - 地方更生保護委員会（全国8か所） ── 仮釈放等の審理・決定，保護観察所の事務の監督等
      - 保護観察所（全国50か所） ── 保護観察の実施，医療観察制度における精神保健観察の実施等

これらの業務に従事する職員として「**保護観察官**」が配置され、民間の立場から地域における更生保護の諸活動に携わる「**保護司**」と協働し、保護観察の実施等に当たっている。

また、保護観察所は、これらの業務に加え、心神喪失等の状態で殺人、放火等の重大な他害行為を行った精神障害者の社会復帰の促進を目的とする「医療観察制度」における精神保健観察等の業務を担っており、各保護観察所には、これに従事する専門職員として「**社会復帰調整官**」が配置されている。

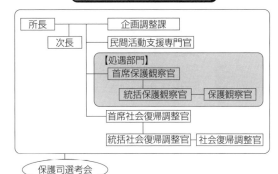

図Ⅰ-2 保護観察所の組織

(注) 1：次長・首席は大規模庁のみ設置。
2：民間活動支援専門官・統括社会復帰調整官は一部の庁のみ設置。

4 保護観察所の内部組織

保護観察所の内部組織は、図Ⅰ-2のとおりである。

「企画調整課」は、庶務、会計等の事務のほか、更生保護に関する民間協力団体との連絡調整、犯罪予防活動、広報、被害者等施策等を担当している。保護観察等の処遇業務を担うのは「処遇部門」であり、管理職として「統括保護観察官」等が置かれ、その下に保護観察官が配置されている。また、医療観察制度における処遇業務は「社会復帰調整官」が担っており、一部の保護観察所に「統括社会復帰調整官」等の管理職が置かれている。

「**民間活動支援専門官**」は、2015（平成27）年度から一部の保護観察所に新たに置かれることとなった管理職であり、保護司組織や民間団体等が行う更生保護の諸活動に対する支援業務を担当している。

また、各保護観察所の附属機関として「保護司選考会」が設置され、保護観察所長の諮問に応じて、保護司の委嘱等に関し意見を述べることとされている。

保護観察所の職員体制は庁ごとに異なるが、東京、大阪といった100人を超える職員を擁する庁がある一方、保護観察所長等の管理職を含め職員数20人以下の庁が半数以上を占めている。

5 保護観察所の処遇実施体制の充実強化

近年、刑務所出所者等の再犯防止が政府全体で取り組むべき重要課題の一つとされ、社会内処遇を担う保護観察所が果たすべき役割も大きなものとなっている。刑務所出所者等の社会復帰の鍵となる「仕事」と「居場所」を確保するための施策や、薬物事犯者など個々の問題性に応じた実効ある処遇の実施が求められており、そのため就労、福祉、医療等の関係機関等との連携強化を含め、保護観察所の処遇実施体制の充実強化を図ることが課題となっている。

(滝田裕士)

▶保護観察官
⇒ Ⅶ-1「保護観察官」
▶保護司
⇒ Ⅶ-2「保護司」
▶社会復帰調整官
⇒ Ⅶ-5「社会復帰調整官」

▶民間活動支援専門官
更生保護に関する活動を行う民間団体等との連携やその活動支援の重要性を踏まえ、2015（平成27）年度から、全国12の保護観察所に新設された管理職である。保護司・保護司会の活動支援のほか、更生保護女性会、BBS会等の協力組織との連絡調整や、刑務所出所者等に対する就労支援において重要な役割を果たしている協力雇用主の開拓、支援等の業務を所掌している。

Ⅰ 更生保護とは

3 更生保護の組織(2)：地方更生保護委員会

▶法務省の内部部局
法務省には，大臣官房及び民事局，刑事局，矯正局，保護局，人権擁護局，訟務局，入国管理局の内部部局が置かれている（法務省組織令2条）。

▶保護観察所
⇒ Ⅰ-2「更生保護の組織(1)：保護観察所」

▶地方更生保護委員会委員長
地方委員会を代表し，委員の全員をもって構成する会議（委員会議）を招集する（更生保護法21条）。合議体で権限を行う場合を除き，委員会の所掌事務の処理については委員会議の議決によるとされているが，実務においては，委員会議の議決により，更生保護事業法で規定された法務大臣の権限の委任事項等を除いて，多くの事項を委員長に委任している。

▶保護観察官
⇒ Ⅶ-1「保護観察官」

1 更生保護の組織の中の地方更生保護委員会

わが国の更生保護を担う**法務省の内部部局**として保護局が置かれており，地方支分部局として，地方更生保護委員会（以下「地方委員会」という）及び**保護観察所**が置かれている（法務省設置法15条）。

地方委員会は，各高等裁判所の管轄区域ごとに全国8か所（札幌，仙台，さいたま，名古屋，大阪，広島，高松，福岡）に設置されている（法務省組織令67条）。なお，地理的な理由等により，特例として，那覇市に九州地方委員会の分室が置かれている。

2 地方委員会の組織

地方委員会は，3人以上政令で定める人数以内の委員で組織される（更生保護法17条）。2015（平成27）年4月時点で，最も委員数が多く配置されているのは関東地方委員会の15人である。地方委員会には，委員のうちから法務大臣が命ずる**委員長**を置くことが定められている（更生19条1項）。

所掌事務の処理は，更生保護法の規定等により3人の委員で構成する合議体で権限を行う場合を除き，委員全員で構成される委員会議の議決による。

地方委員会には事務局が置かれ，**保護観察官**等が配置されている。

下記に地方委員会の組織図を示した（図Ⅰ-3）。

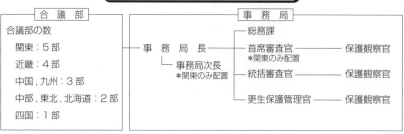

図Ⅰ-3 地方更生保護委員会の組織図

出所：筆者作成。

3 地方委員会の所掌する事務

①更生保護法関係
更生保護法に定められた地方委員会の所掌事務は下記のとおりである。
- 仮釈放を許し，又はその処分を取り消す処分に関する事務
- 仮出場を許す処分に関する事務
- 少年院からの仮退院を許し，又は退院を許す処分に関する事務
- 少年院から仮退院中の者を少年院に戻して収容する旨の決定の申請に関する事務
- 不定期刑の執行を受け終わったものとする処分に関する事務
- 保護観察を仮に解除し，又はその処分を取り消す処分に関する事務
- 婦人補導院からの仮退院を許し，又はその処分を取り消す処分に関する事務

これら決定をもってすることとされている処分は，3人の委員で構成される合議体で行われる。このほか，同法では，管轄する保護観察所の事務の監督も所掌事務として定められている。

②更生保護事業法関係
更生保護事業法において，地方委員会が法務大臣の権限を委任されている事務としては，下記のものがある。
- 更生保護法人の定款変更
- **更生保護施設**入所者に対する処遇の方法
- 更生保護施設の規模及び構造
- 実務に当たる施設長等の幹部職員についての認可等に関する事務

なお，更生保護事業法に規定されている更生保護法人の設立や解散，合併の認可等については法務大臣が行うとしている。

③ 保護司法関係
保護司法において，地方委員会が法務大臣の権限を委任されている事務としては，下記のものがある。
- 保護区（保護司を配置し，その職務を行う区域として都道府県の区域を分けて定められる）の設置区域
- 保護区ごとの保護司の定数

このほかに，地方委員会委員長が法務大臣の権限を委任され，法務大臣名をもって代行することができる事務としては，下記のものがある。
- 保護司の委嘱及び解嘱
- **保護司選考会**委員の委嘱及び解嘱

(大場玲子)

▷**更生保護法**
更生保護の機関の所掌事務等を定めるとともに，仮釈放等，保護観察，生活環境の調整，更生緊急保護，恩赦の申出等について規定する更生保護の基幹的な法律。

▷1 ⇒ Ⅴ-3「刑務所からの仮釈放」

▷2 ⇒ Ⅴ-4「少年院からの仮退院」

▷**更生保護事業法**
更生保護事業の種類，更生保護法人の設立，更生保護事業の経営・監督等，更生保護事業に関する基本事項を定めた法律。

▷**更生保護施設**
⇒ Ⅶ-3「更生保護施設」，Ⅷ-4「更生保護施設の処遇」

▷**保護司法**
保護司の使命，設置区域，定数，推薦及び委嘱，欠格事項等のほか，保護司会及び保護司会連合会等保護司に関する基本事項を定めた法律。

▷**保護司選考会**
各保護観察所に置かれる附属機関。裁判所長，検事正，弁護士会長，学識経験者等から委嘱される13人（東京は15人）以内で組織され，保護観察所長の諮問に応じて，保護司の委嘱・解嘱，保護区及び保護司定数等について意見を述べる。⇒ Ⅶ-2「保護司」

I 更生保護とは

更生保護の展開：戦後の制度

1 更生保護制度の成立

戦後の更生保護制度は，「犯罪者予防更生法」「執行猶予者保護観察法」「**更生緊急保護法**」「**保護司法**」及び「**恩赦法**」の制定によって，その基本的な枠組みがつくられた。

犯罪者予防更生法（1949〔昭和24〕年）は，2007（平成19）年に更生保護法が制定されるまで戦後の更生保護における基本法の役割を果たした。同法は，「犯罪をした者の改善及び更生を助け，恩赦の適正な運用を図り，仮釈放その他の関係事項の管理について公正妥当な制度を定め，犯罪予防の活動を助長し，もって，社会を保護し，個人及び公共の福祉を増進すること」を目的とし，仮釈放，保護観察，犯罪予防活動等について規定した。同法においては，保護処分を受けた者，少年院からの仮退院を許された者，仮釈放を許された者が保護観察の対象とされた。

その後，「執行猶予者保護観察法」（1954〔昭和29〕年）により保護観察付執行猶予者が保護観察の対象とされ，さらに「売春防止法の一部改正」（1958〔昭和33〕年）により**婦人補導院**からの仮退院者も保護観察の対象となった。こうして，保護観察の対象が5種類となり，現在に至っている。

また，犯罪者予防更生法が制定された翌年の1950（昭和25）年に「更生緊急保護法」と「保護司法」が制定された。

更生保護行政に関する機関については，1952（昭和27）年の機構改革により，法務府が法務省となり，その内部部局として保護局が置かれ，付属機関として中央更生保護審査会が置かれた。また，法務省の地方支分部局である地方更生保護委員会と保護観察所が設置された。

こうした経過をたどりながら，この時期に現在の更生保護制度が形づくられた。しかし，予算も人員も乏しく，民間に大きく依存した体制での発足であった。

2 その後の展開

更生保護制度は，その後，抜本的な法改正等を見ないまま，50年近くが経過する。この間，仮釈放準備調査制度の開始（1966〔昭和41〕年），保護観察官施設駐在制度，分類処遇制度の導入（1971〔昭和46〕年），直接処遇班の設置

▷**更生緊急保護法**
満期釈放者等の保護観察に付されていない者に対する保護措置や更生保護会の設立と運営に関する規定が盛り込まれた法律。⇨ Ⅷ-1「更生緊急保護の目的・対象・期間」

▷**保護司法**
保護司について，その使命や定数等を規定した法律。⇨ Ⅶ-2「保護司」

▷**恩赦法**
⇨第Ⅻ章「恩赦」

▷**婦人補導院**
⇨ Ⅴ-4「少年院からの仮退院」

▷**医療観察制度**
心神喪失又は心神耗弱の状態で殺人や放火等の重大な他害行為を行った人の社会

（1974〔昭和49〕年），交通事件少年対象者に対する短期の保護観察（交通短期保護観察）の実施（1977〔昭和52〕年），短期保護観察の導入（1994〔平成6〕年）等の施策により制度の充実が図られてきた。

関係法令の整備に関しては，1996（平成8）年に，更生保護法人制度の創設等を内容とする「更生保護事業法」が施行されて更生緊急保護法は廃止された。また，1998（平成10）年には，保護司法の一部が改正され，保護司組織である保護司会及び保護司会連合会の法定化がなされるなどの動きがあった。

さらに，2005（平成17）年に施行された「心神喪失等の状態で重大な他害行為を行った者の医療及び観察等に関する法律」に基づき，**医療観察制度**が開始され，精神保健や精神障害者福祉等の専門家である**社会復帰調整官**が保護観察所に配置された。

③ 更生保護法の制定

2007（平成19）年6月，更生保護制度の枠組みをおよそ60年ぶりに再構築する大きな動きがあった。更生保護の新たな基本法として「**更生保護法**」が成立したのである。

新法制定の背景には，保護観察対象者等による重大事件が相次ぎ，更生保護制度の再犯防止機能に対して国民の厳しい目が向けられるようになったことがある。2005（平成17）年7月，制度全般の検討と見直しのために「更生保護のあり方を考える有識者会議」が立ち上げられた。そこでは，民間に依存した脆弱な実施体制や保護観察が充分に機能していないといった問題が指摘され，更生保護制度の目的を明確化し，強靱な更生保護制度を実現すべきであるとの方向性も示された。こうした指摘と提言に基づき，法改正作業が進められ，2007（平成19）年6月に「更生保護法」が成立し，翌年6月1日から施行された。

同法は，第1条において，「犯罪をした者及び非行のある少年に対し，社会内において適切な処遇を行うことにより，再び犯罪をすることを防ぎ，又はその非行をなくし，これらの者が善良な社会の一員として自立し，改善更生することを助けるとともに，恩赦の適正な運用を図るほか，犯罪予防の活動の促進等を行い，もって，社会を保護し，個人及び公共の福祉を増進すること」を更生保護の目的として規定し，「犯罪を防ぎ，非行をなくす」ことが明記されている。

④ 刑の一部の執行猶予制度の導入

「刑法等の一部を改正する法律」及び「薬物使用等の罪を犯した者に対する刑の一部の執行猶予に関する法律」が2013（平成25）年6月に成立した。これにより，保護観察の特別遵守事項の新たな類型として**社会貢献活動**が導入され，薬物依存のある者についての特別な保護観察が規定された。　　　（辰野文理）

復帰を促進することを目的として創設された処遇制度であり，保護観察所は，退院後の生活環境の調整，地域での医療や援助に携わるスタッフによるケア会議の開催，生活状況等の見守り（精神保健観察）の役割を果たすこととなった。

▷**社会復帰調整官**
⇨ Ⅶ-5「社会復帰調整官」

▷**更生保護法**
更生保護法は，それまで更生保護制度の根幹をなしていた犯罪者予防更生法と執行猶予者保護観察法を整理統合して新たな法律としたものであり，これに伴い，犯罪者予防更生法と執行猶予者保護観察法は廃止された。更生保護法の特徴として，保護観察を充実・強化するための遵守事項の整理及び充実，社会復帰のための生活環境の調整の充実，特別遵守事項に基づく専門的処遇プログラム受講の義務化等が挙げられる。

▷1 ⇨ ⅩⅥ-5「刑の一部の執行猶予制度」

▷**社会貢献活動**
保護観察中の対象者が，公共の場所での清掃や福祉施設での介護補助などを継続的に行う。活動により，人の役に立つという感情や社会のルールを守る意識を育むことを通じて，立ち直ることを目的とする。⇨ ⅩⅥ-3「社会貢献活動の導入」

▷2 ⇨ ⅩⅥ-2「薬物事犯者等特定の問題を抱える者への指導・支援の強化」

I 更生保護とは

 更生保護と刑事司法

1 更生保護：刑事司法の最終段階

　更生保護は，警察，検察，裁判，矯正，保護（更生保護）と続く「刑事司法（criminal justice）」の流れの最終段階に位置している。警察，検察，裁判の各段階に続く，犯罪者や非行少年の処遇の段階において，刑務所や少年院等における「施設内処遇」を担う矯正に対して，施設に収容することなく処遇する「社会内処遇」を担うのが更生保護である。

　社会内処遇とは，社会において犯罪者や非行少年に自律的な生活を営ませる中で，その者の改善更生と再犯防止を図る処遇の制度であり，保護観察処分少年，少年院仮退院者，仮釈放者，保護観察付執行猶予者，**婦人補導院**仮退院者に対する「保護観察」と，満期釈放者等に対する「更生緊急保護」が制度の中心となる。

　保護観察付執行猶予者や保護観察処分少年に対する保護観察は，施設内処遇を経ることなく直接に社会内処遇に入る，英米法系でいう「プロベーション（probation）」型の社会内処遇であり，仮釈放者，少年院仮退院者，婦人補導院仮退院者に対する保護観察は，施設内処遇を経て社会内処遇に移る「パロール（parole）」型の社会内処遇である。ともに，対象者への指導監督・補導援護の実施により，権力的な作用と福祉的な作用の両面から，対象者の円滑な「社会復帰」を進める制度である。

　これに対して，満期釈放者等に対する更生緊急保護は，保護観察の対象とはならないが，福祉的な作用によるサポートが必要な対象者に保護を与える，受け皿としての役割を果たす社会内処遇の制度である。

2 刑事司法のシステム

　刑事司法とは，基本において，犯罪に刑罰を科す公的なシステムである。刑事司法の一区分である「少年司法（juvenile justice）」においては，成人であれば犯罪とされ刑罰を科される行為であっても，原則として「非行」として扱われ，家庭裁判所の「保護手続」により処理され，刑罰ではなく「保護処分」に付される場合があるにとどまる。

　刑事司法のシステムは，警察，検察，裁判，矯正，保護と流れる一連の制度から成るが，犯罪や非行を行ったすべての者が，この流れを最後まで進んでい

▷1 ⇨ コラム2「施設内処遇と社会内処遇」

▷婦人補導院
⇨ V-1「仮釈放等の種類」

▷2 ⇨ V-4「少年院からの仮退院」

▷3 ⇨第Ⅷ章「更生緊急保護及び応急の救護等」

▷4 ⇨ Ⅵ-1「保護観察の目的・種類」

▷5 ⇨ Ⅷ-1「更生緊急保護の目的・対象・期間」

くわけではない。警察段階における**微罪処分**，検察段階における起訴猶予，裁判段階における執行猶予，矯正段階における仮釈放等，犯罪や非行を行った者をシステムから早期に解放する制度が存在する。

この早期解放の制度を「ダイバージョン（diversion）」と呼ぶが，そのような制度が設けられている理由は，①社会復帰の促進（システムの流れの先に進めば進むほど，犯罪者・非行少年というラベル貼りは強くなり，社会復帰も難しくなる。流れの先に進めることが不要な者については，なるべく早期に解放して社会への復帰を容易にする）と，②刑事司法の負担軽減（刑事司法のシステムには，その任務の遂行において，人員面や財政面の限界がある。早期に解放できる者はなるべく早期に解放し，資源を重点的な対象に集中する）にある。

3 更生保護の法的性格

ダイバージョンの制度により，多くの者がシステムから早期に解放されていくが，刑事司法の流れの基本は，犯罪に刑罰を科すプロセスにある（その一区分である少年司法においては，原則として，犯罪者ではなく非行少年として，刑罰を科すことなく処理される）。

法的性格として，保護観察付執行猶予は刑の付随処分であり，仮釈放は刑の執行の一形態であると説明されることが多いが，保護観察付執行猶予や仮釈放に基づいて実施される保護観察それ自体は，刑罰ではない。しかし保護観察は，福祉的な作用（補導援護）をもつと同時に，権力的な作用（指導監督）をもつ。仮釈放の取消しや刑の執行猶予の言渡しの取消しにより，ダイバージョンから引き戻され，本来のプロセスに戻る可能性を有する。

4 犯罪者・非行少年の社会復帰

犯罪者や非行少年の社会復帰，すなわち，普通の市民として社会で遵法的な生活を送ることができるようにする，という目標は，刑事司法のシステムの全段階に一貫した基本的な目標である。

しかし刑事司法の枠組みにおいて，この社会復帰という目標にどれほどの力点を置くかは，警察，検察，裁判，矯正，保護から成る，刑事司法の各段階で異なる。一般的には，そのシステムの前半より後半になるほど，社会復帰という目標への要請は強度なものとなる。

刑事司法の最終段階である更生保護においては，この要請は他の段階に増して強く，保護観察や更生緊急保護の制度を中心に，犯罪者や非行少年に対して改善更生・再犯防止の働きかけが日常的に実施され，刑事司法と「福祉」の連携により，対象者の社会復帰が目指されているのである。　　　　（伊藤康一郎）

▶微罪処分
⇨ Ⅱ-3「猶予制度と更生保護」

▶6　⇨ コラム12「ダイバージョン」

Ⅰ 更生保護とは

更生保護と社会福祉

1 社会福祉とは何か

　統一された定義はないが，福祉とは身体的，精神的，社会的に良い状態（＝Well-being，福利）であることを指し，社会福祉とは，何らかの障害があって個人や社会の福利が実現されていない場合に，国や自治体，地域社会，個人が単独又は協働して障害を解決，緩和していく活動であるといってよかろう。

　社会福祉の目的は，人々や社会の福利を向上させることにある。人間の個性や能力，取り巻く環境は様々であるが，福利の要件は共通する。個人が身を置く環境の中で潜在能力を最大限発揮して自分らしい人生を送ることができ，他者との関係性の中で各々の尊厳を尊重し，良い交流があることである。

　福利を達成する方策には雇用，所得，保健医療，住宅，介護，養護，教育などの政策や諸活動がある。狭義の社会福祉は子ども，障害者，高齢者，生活困窮者等社会的に脆弱な人々への支援や援助を指す。生活は多面的であり，人間の福祉ニーズも複合しているから，社会福祉の支援は関連組織が連携して包括的に提供されることが望ましい。

2 更生保護と社会福祉の共通点と相違点

　更生保護の対象者も，潜在能力を発揮して自分らしい人生を送る権利をもつ。そして，更生保護の目的には対象者の社会的自律・自立を助けること，個人及び公共の福祉を増進させることが含まれる。対象者の再犯防止と社会の保護が更生保護の使命であるが，それは対象者の行動を統制するだけでは達成できない。対象者の福利も増進させる必要があり，それが結局再犯を防止し，公共の福祉に寄与する。このように，更生保護の目的は社会福祉と共通している。

　ただし，事業の実施原則は異なる。社会福祉事業者はサービスを提供する際に利用者の意向を尊重することとされ，2000（平成12）年施行の社会福祉法によって「**社会福祉基礎構造改革**」の理念と方向性が示されて以降，「措置から契約へ」と移行している。生活保護法の対象や児童福祉法の一部の対象では**措置制度**は存続しているが，利用者が主体的にサービスを選択し，サービス提供者と直接契約を結ぶ制度へと移行が進んでいるのである。

　一方，更生保護では，刑事司法が科す刑罰や決定によって保護観察の対象とされる。自ら保護観察の**遵守事項**や処遇内容を選択する権利もない。

▶社会福祉基礎構造改革
増大・多様化が見込まれる国民の福祉ニーズに対応するために，2000（平成12）年施行の社会福祉法によって，①当人の選択を尊重した制度の確立，②質の高い福祉サービスの拡充，③地域での生活を総合的に支援するための地域福祉の拡充，といった改革の方向性が示された。そして，地域福祉計画や措置制度から支援費を支給する方式への変更など新たな関連規定は，2003（平成15）年までに施行された。

▶措置制度
行政庁が各福祉法の規定に基づいて福祉サービスの提供を判断する制度であり，施設への入所，在宅サービスの利用，金品の給付・貸与等がある。利用者のニーズや時代状況にそぐわないなど措置制度の問題点が指摘されるようになり，「社会福祉基礎構造改革」以降適用範囲が縮小し，利用者が自らサービスを選択し，直接提供者と契約を結ぶ制度へ移行する趨勢にある。

▶遵守事項
⇨ Ⅵ-6「遵守事項」

▶累犯
広義では，確定裁判を経た後に更に犯罪を行うことで

しかし，司法の決定に基づき，更生保護は強制的に対象者に処遇を実施するとしても，結果的に対象者が自発的に更生に努めるように動機づけなければならない。それが対象者の生活を自律的で尊厳あるものとし，確かな再犯防止をもたらす。更生保護は対象者のニーズを汲んで，対象者に必要で相当な働きかけをしなければならない。その点で，方法においても社会福祉との共通点がある。

3 更生保護における福祉的支援

更生保護の対象者の多くは所得や金銭管理，住居，心身の健康，基礎学力や職業技能，就労などに問題を抱え，それらが複合して再犯リスク要因となっている。そのため，再犯防止にはこれらの問題の解決や緩和が前提となる。近年の構造的不況で日本でも非正規雇用や不安定雇用が増大し，所得格差が拡大している。対象者の多くは生活に困窮し，そのために一部は**累犯**者になっている。

対象者の多くは上記の問題に対する支援を必要とする。更生保護には，「**更生保護施設**」や「**自立準備ホーム**」を活用した住居支援のほか，「**補導援護**」や「**応急の救護**」など生活の安定を図るための働きかけがある。しかし，いずれも刑事司法の枠内での支援で，限定的・暫定的な内容である。そこで，対象者のニーズに応えるには福祉，労働等の関係機関・団体との連携が必要となる。

4 更生保護と社会福祉の連携

高齢又は障害により自立が困難な更生保護対象者は福祉ニーズが高く，特別に手厚い生活環境の調整が必要であることから，2009（平成21）年度から厚生労働省と法務省の連携による「**地域生活定着促進事業**」が開始された。これは，高齢・障害のある対象者はもともと福祉の対象となる要件を備えており，彼らの福利実現に必要な支援を提供する制度として，創設されたものである。

問題は，壮年期の健常者だが安定した生活を送れないでいる者を，いかに福祉の支援に繋ぐかである。更生保護の対象者には住所不定だった者も多く，公的な福祉サービスに繋ぎにくい。また，**就労支援**と生活保障が連動した制度が十分整備されていない日本において，更生保護の対象者の多くは当面の生活費を稼ぐ必要に迫られ，長期的な展望をもって就労準備をし難い状況にある。

それに対し，2015（平成27）年度から施行された「**生活困窮者自立支援制度**」は，日常生活の基礎固めから就労までの包括的な生活自立支援を目的とし，更生保護対象者のニーズにも応え得るものであり，今後の活用が期待される。ただし，制度の実効性は，就労準備支援事業や就労訓練事業の委託が想定されている社会的企業やNPO等実施主体の成熟にかかっている。また，対象者の福利のために一般の制度を活用するには，更生保護が**指導監督**の実効性を高め，再犯リスク管理を適正に行うことが必須となる。

(小長井賀與)

ある。狭義では，刑法典は，「懲役に処せられた者がその執行を終わった日又はその執行の免除を得た日から5年以内に更に罪を犯した場合において，その者を有期懲役に処するときは，再犯とする。」（刑法56条1項）と定義している。

▷更生保護施設
⇨ Ⅷ-4「更生保護施設の処遇」

▷自立準備ホーム
⇨ コラム8「自立準備ホーム」

▷補導援護
⇨ Ⅵ-5「補導援護」

▷応急の救護
⇨ Ⅷ-3「応急の救護」

▷地域生活定着促進事業
⇨ Ⅸ-2「地域生活定着支援センター・特別調整」

▷就労支援
更生保護での就労支援は，コラム5「就労支援対策」参照。

▷生活困窮者自立支援制度
生活保護制度を見直し，生活困窮者対策に総合的に取り組むことを目的とする。具体的には，生活保護に至る前の段階の自立支援策の強化を図るため，生活困窮者に対し①自立相談支援事業の実施，住居確保給付金の支給その他の支援を行うほか，②任意で就労準備支援事業，一時生活支援事業及び家計相談支援事業等を実施し，さらに，③都道府県知事等による就労訓練事業を認定することを内容とする。

▷指導監督
⇨ Ⅵ-4「指導監督」

I 更生保護とは

7 更生保護の歴史(1)：法制化前

1 わが国における更生保護の沿革（明治以前）

わが国の更生保護制度は，1949（昭和24）年7月1日に施行された犯罪者予防更生法によって誕生したものであるが，それ以前に更生保護的なものがなかったのか，というとそうではなく，戦前は「司法保護」，さらに遡って明治時代には「免囚保護」「釈放者保護」と呼ばれていた。

さらにその淵源をたどれば，古くは持統天皇が罪囚を赦し給い，布や稲を下賜して更生を命じたというような記述が（奈良時代）に書かれている。『日本書紀』以降も多くの文献により更生保護的な措置がなされていることが確認できる。

江戸時代には幕府や各藩によって更生保護的な措置がとられているが，代表的なものには，映画・テレビドラマ化された小説「鬼平犯科帳」の主人公である幕府の火付盗賊改役の長谷川平蔵の建言により1790（寛政2）年に設立された「人足寄場」がある。人足寄場は，罪を犯した人や無宿・浮浪の人を保護する施設であり，江戸の石川島（佃島）に設けられ，仕事を覚えさせ，自立のための資金を蓄えさせ，釈放に当たっては適当な就職先を探してやったりして，健全な生活を送れるようにしたものであり，わが国の矯正施設・更生保護施設のルーツといわれている。あの「鬼平」は「仏の平蔵」でもあった。

2 明治初期のあゆみ

明治維新後，政府は外国の実情を調査して1872（明治5）年に監獄則（太政官布告）を発布し，その第10条において刑期終了者で生計の見通しのない者を「懲治監」にとどめ，営生の業を勉励させようとしたが，当時の国情はこれを実施に移す状況にはなく，翌年施行を停止した。

1882（明治15）年の改正監獄則の第30条において「刑期満限ノ後頼ルベキ所ナキ者ハ其情状ニ由リ監獄中ノ別房ニ留メ正業ヲ営マシルコトヲ得」として「別房留置」の制度を規定したが，この制度による別房留置人は毎年増加を続け，各府県とも財政的負担に苦しむようになった。そのため新監獄則（1889〔明治22〕年）で別房留置制を廃止し，政府は刑務所出所者（刑余者）に対する保護は民間の保護事業の発展を勧奨することとし，かくてこの種の保護は，官から民へ，施設内から社会内へと方向を転換し，民間人による免囚保護事業が

▷日本書紀

『日本書紀』（にほんしょき）は，奈良時代に成立した日本の歴史書。日本に伝存する最古の正史。舎人親王らの撰で，養老4年（720年）に完成した。神代から持統天皇の時代までを扱っている。漢文・編年体をとる。巻30に，持統天皇が「六月（みなづき）の癸巳（みずのとのみ）の朔（ついたち）庚申（かのえさる）（28日）に，罪人を赦す」とあり（『日本古典文学大系68日本書紀（下）』岩波書店，1965年，489頁），これがわが国の文献上最も古い更生保護（恩赦・免囚保護）に関する記述とされている。

▷監獄則

監獄則緒言には「獄ハ人ヲ仁愛スル所以ニシテ人ヲ残虐スル者ニ非ズ，人ヲ懲戒スル所以ニシテ人ヲ痛苦スル者ニ非ズ」とあり，近代行刑の理念をうたっている。これは旧岡山藩士の小原重哉（1834-1902）によるものとされ，彼は維新後香港，シンガポールのイギリス型獄制を視察して起草したといわれている。

始まるのである。

３ 免囚保護施設（更生保護施設）及び保護委員（保護司）の誕生

　身寄りのない刑余者を保護する施設が免囚保護施設であり，1888（明治21）年３月に**金原明善**が**川村矯一郎**らと設立した「静岡県出獄人保護会社」がわが国最初の免囚護施設といわれている。「保護会社」といっても営利を目的とするものではなく，今日でいえば，公益を目的とするNPO法人のようなものである。同社は，最初の免囚保護施設といわれているばかりでなく，静岡県下に1700人を超える保護委員を配置し，これが保護司制度のはじまりともいわれている。

　同会社が設立されるには，次のようなエピソードが残っている。静岡監獄に罪科を重ねた囚人がいたが，川村副典獄（典獄は刑務所長に当たる）の熱心な指導が功を奏して改心して獄を去った。しかしわが家に戻ってみると，妻は他の男と結婚しており，受け入れてくれる親戚もなく，寝るに宿なく，食うに職なく，そうかといっても川村との約束で悪いこともできず，川村に遺書を残して池に身を投じて命を絶った。この話を川村から聞いた金原が「名訓戒人を死なす」ではいけない，やり直しのできる体制を創らなければいけない，として会社の設立を決意したのである。

　同会社は後に「静岡県勧善会」と名称を変更して，今日も「更生保護施設」として存在している。

　同会社に引き続き，京都，東京，大阪，沖縄，埼玉等の各府県においても免囚保護事業が始まった。同事業に影響を与えたものが**恩赦**である。1897（明治30）年１月，英照皇太后（明治天皇の嫡母）の御大葬に当たり恩赦が行われ，当日減刑令等の恩赦により赦免された受刑者は約１万人に及び，皇室が各地方の慈恵救済のために御内帑金を下賜したことと相まって，各地に免囚保護会が設立されるようになった。

　免囚保護事業は，民間の慈善事業として始まったものであるが，明治政府は1907（明治40）年に初めて「免囚保護事業奨励費」を予算化し，１万円が計上された。同予算は，1912（明治45）年に３万円に増額された。こうした民間団体に対する政府の勧奨，明治天皇御大葬恩赦（大正元年）等により免囚保護団体の数は急速に伸び，1912（大正元）年末には180に及んだ。

（山田憲児）

▶金原明善（1832-1923）
明治時代に公益に身を捧げた徳行家。天竜川の治水や治山に全財産を投じた。1880（明治13）年に静岡県監獄を出獄した川村矯一郎と出会って監獄に教誨師を派遣する勧善会を組織し，1888（明治21）年に「静岡県出獄人保護会社」を設立。更生保護の父と呼ばれるにふさわしい存在である。

▶川村矯一郎（1852-1891）
福沢諭吉と同じ中津藩の士族の出身。1877（明治10）年の西南の役の際，政府転覆を企てたとして投獄される。入獄中に劣悪な監獄の改良の志をもち，釈放後金原明善と出会って監獄改良，免囚保護の必要性で意気投合。1886（明治19）年には静岡県監獄の副典獄（後に典獄）となる。

▶恩赦
大日本帝国憲法における恩赦は，天皇の大権事項として規定され，勅令恩赦（現在の政令恩赦）と特別基準恩赦が中心であり，皇室の慶弔時に行われていた。本人からの出願は復権のみ認められていた。戦後の現行憲法においては，内閣の権限（内閣が決定し，天皇が認証する）とされている。
⇨第XII章「恩赦」

I 更生保護とは

8 更生保護の歴史(2)：法制化の動き（司法保護事業法の誕生まで）

1 少年保護法制の誕生

1882（明治15）年施行の旧刑法において少年の犯罪者を「懲治場」に留置することができる旨の規定が置かれたが，懲治場は監獄に併置され，その弊害も指摘されるようになり，欧米諸国の感化事業に倣って感化制度の導入を唱える者が多くなった。

旧刑法の施行翌年の1883（明治16）年には**池上雪枝**が大阪に「池上感化院」を開設した。非行少年に対する私立の感化事業の先駆けといわれている。

政府も懲治場制度を改めて感化院を設立する必要性を感じ，1900（明治33）年に感化法を制定し，各道府県に公立の感化院を設立しようとしたが，実際に感化院を設立したのは2府3県（東京，神奈川，埼玉，大阪，秋田）にすぎず，非行少年の処遇は依然として懲治場で行われていた。

1908（明治41）年施行の刑法においては，懲治場を廃止し，刑を適用する年齢を12歳から14歳に引き上げ，14歳未満の者の行為は罰しない旨の規定が置かれた。これは，少年に対しては原則として刑罰を用いずに保護処分とすることが要望されたことによる。

少年に対する保護処分の法制化は，数次にわたる立案審議の曲折を経てようやく旧少年法と矯正院法が成立し，1923（大正12）年1月1日に施行されたが，国の財政的理由から，当初の施行区域は東京，神奈川，大阪，京都及び兵庫の3府2県に限られ，全国的に施行されたのは19年後の1942（昭和17）年であった。

旧少年法では，9種類の保護処分の一つとして「少年保護司ノ観察ニ付スル」という処分が設けられ，これはわが国における保護観察制度の最初の採用であり，また少年が刑の執行猶予の言渡しを受けたとき，仮出獄を許されたとき，矯正院から仮退院を許されたときにも少年保護司の観察に付することとするなど，少年に対して初めて全面的に保護観察を導入したものであった。

さらに，保護処分の一つとして「寺院，教会，保護団体又ハ適当ナル者ニ委託スル」という処分を設け，これは民間団体が少年の保護事業に尽力することを期待したものであって，旧少年法の施行に先立つ1922（大正11）年にはわが国の最初の少年保護団体である「財団法人星華学校」が設立され，翌1923（大正12）年には少年保護事業を指導，助成をする「財団法人少年保護協会」が設

▶池上雪枝（1826-1891）
明治時代の神道教導職。1883（明治16）年に大阪の自宅を感化院と名づけて非行少年の保護を始めた。しかし経営困難により数年で事業を休止した。

立されている。

② 思想犯保護観察法

　成人に対する保護観察制度が創設されたのは、1936（昭和11）年に施行された思想犯保護観察法によってであり、初めて法律上「保護観察」という言葉が用いられた。同法は、**治安維持法**に規定する罪を犯し、起訴猶予、執行猶予、刑執行終了及び仮出獄となった者に対して保護観察審査会の決議によって保護観察に付するというもので、全国22か所に設置された保護観察所の保護司（専任及び嘱託）が観察し、又は保護者に引き渡し、もしくは保護団体等適当な団体に委託して保護するというものであった。

　思想犯保護観察法の施行に先駆けて、1931（昭和6）年には「帝国更新会」が**転向者**を保護する事業を始め、その後も一般の保護団体でも転向者を保護するようになり、1935（昭和10）年には民間の思想犯保護事業を指導、助成をする「財団法人昭徳会」が設立されている。

③ 司法保護事業法

　一般の刑務所釈放者や執行猶予者に関しては、少年保護や思想犯保護と異なり、少年審判所や保護観察所のような国の保護実施機関はなく、民間の保護団体の慈善的事業に委ねられ、その指導助成には1914（大正3）年に設立された「財団法人輔成会」が当たっていたが、次第に「保護国営論」も現れるようになった。1937（昭和12）年には、輔成会、少年保護協会、昭徳会の共同主催による全日本司法保護事業大会が開催され、同大会において一般成人釈放者等に対する保護観察制度の創設を司法省に答申した。

　このように保護の法制化、保護観察制度の確立が期待されたが、国家財政の逼迫などにより全面法制化は困難とされ、とりあえず保護団体と司法保護委員を法制化・制度化することを目的として1939（昭和14）年に司法保護事業法が公布、施行された。

　同法では、起訴猶予者、執行猶予者、刑執行停止者、仮出獄者、刑執行修了者及び保護処分を受けた者の保護を行う事業並びにその指導、連絡又は助成をする事業を「司法保護事業」と規定し、当該保護を行わせるために「司法保護委員」を置き、収容保護及び一時保護事業を行う団体を「司法保護団体」と規定した。

　なお、同1939年、司法保護の分野別の中央団体である、輔成会、少年保護協会、昭徳会が合併し、「司法保護協会」が誕生した。

（山田憲児）

▶治安維持法
国体（天皇制）や私有財産制を否定する運動を取り締まることを目的として制定された法律。当初は、1925（大正14）年に制定され、1941年に全部改正された（昭和16年法律第54号）。特に共産主義革命運動の激化を懸念したものとして発足しているが、宗教団体や、右翼活動、自由主義等、政府批判はすべて取締りの対象となっていった。

▶転向者
転向とは今までの方向、方針、進路、職業、好みなどを変えることであるが、当時は思想や政治的な主張や立場の変更、特に共産主義や社会主義の立場を放棄した者について「転向者」と呼ばれていた。

I 更生保護とは

更生保護の歴史(3)：更生保護制度の誕生

1 敗戦後の動き

　第二次世界大戦後における犯罪の増加に対処するための方策を立てる必要性が生じ，司法省においては，思想犯を含む一般釈放者に対する保護観察の全面的実施を目指して準備を進めていたが，1945（昭和20）年10月，連合国軍司令部（GHQ）は「政治，市民生活及び宗教の自由に対する制限の撤廃を命ずる覚書」を発し，これに基づいて治安維持法及び思想犯保護観察法が廃止され，保護観察所も廃止された。

　こうした事態を受け，司法省においては新しい時代に即応した司法保護体制の確立のため，司法保護事業法改正草案をまとめ，これを司令部に提出した。しかし司令部は，犯罪者の更生保護に関する規定だけでなく，犯罪の発生の予防に関する規定をも盛り込むべきであるとし，これを担う行政組織も中央に成人，少年の2つの更生保護委員会を置き，委員長を総理大臣，副委員長を法務大臣とする壮大な構想であった。様々な折衝を経て当時の国情に合わせた見直しがなされ，法律の名称も「The Offenders Prevention and Rehabilitation Law」が適当となり，「犯罪者予防更生法」はその邦訳として誕生した。

2 犯罪者予防更生法の成立の背景事情

　GHQとの折衝の過程で次のような調整があった。

　司法保護事業法改正草案においては，司法保護団体及び司法保護委員の法的位置づけをさらに強化しようしたが，司令部は釈放者保護事業を司法省の所管とするよりは厚生省の所管とすべきであり，**刑余者**で身寄りのない者の保護は生活保護施設で賄うのが本筋であって，犯罪者予防更生法中に司法保護団体に関する規定をおくことは好ましくないこと，保護観察の担当は民間の司法保護委員に委ねるのは適当でなく，有給常勤の公務員によるべきであるとの意見であった。

　これに対して司法省は，釈放者保護事業は刑事政策上不可欠なものであるから司法省が担当するのは当然であると主張したが，犯罪者予防更生法中に保護施設に関する規定を盛り込むことはできなかった。また，司法保護委員についても無給で奉仕的に携わっている実績があり，少数の公務員のみでは保護観察を適正に実施するのは困難であると主張し，その結果，司法保護委員は「保護

▷刑余者
刑務所出所者あるいは刑を受け終った者の意味で使用されているが，広くは「前科のある者」の意味。

観察官で充分でないところを補う」ものとして規定された（同法20条）。

このようにして司令部の了承を得た犯罪者予防更生法案は，1949（昭和24）年に国会に提出されたが，国会の審議も難航した。政府案においては，保護観察の拡充を図る見地から，刑の執行猶予者にも保護観察を付すことができることとしていたが，成人の執行猶予者に保護観察を付すことは本人に不利益を与えるもので慎重な審議が必要であるとして，結局，執行猶予者に対する保護観察は18歳未満の少年に限定するとの修正がなされて可決，成立し，1949（昭和24）年7月1日に施行された。

③ 犯罪者予防更生法による更生保護制度の特徴

犯罪者予防更生法は，従来の司法保護事業法を土台として構築されたものであるが，次の点で画期的なものであった。

第一に，中央に行政委員会としての中央更生保護委員会を置き，さらに，8高等裁判所の所在地に地方少年保護委員会と地方成人保護委員会を置き，家庭裁判所の所在地に少年保護観察所を，地方裁判所の所在地に成人保護観察所を置くこととし，更生保護に関する機関を設置したこと，第二に中央更生保護委員会には，犯罪の予防に関する計画を樹立し，関係各大臣や地方公共団体に対して意見を述べ，勧告することができるなどの権限を与え，**恩赦**や**仮釈放**に関する権限ももつなど，従来の司法保護事業を超えた大きな権限を付与したこと，第三に成人に対する保護観察制度を創設したことなどであった。しかし，新たに発足した更生保護制度も年度途中での発足であり，予算も人員も乏しいものであった。

なお，犯罪者予防更生法に先立って，1949（昭和24）年1月1日には新少年法が施行され，従来少年審判所は保護処分の決定と執行を行っていたが，新たに家庭裁判所が設置され，少年審判所は保護観察の執行機関として存置された。

④ 更生緊急保護法と保護司法の制定

犯罪者予防更生法が制定された翌年の1950（昭和25）年5月25日，犯罪者予防更生法中に盛り込むことができなかった司法保護団体に関する法律といえる**更生緊急保護法**と司法保護委員を**保護司**に名称変更する保護司法が公布，施行された。更生緊急保護法により，これまでの司法保護団体は「更生保護会」と呼称されることとなった。

（山田憲児）

▷恩赦
⇨第XII章「恩赦」

▷仮釈放
⇨第V章「仮釈放・少年院からの仮退院等」

▷更生緊急保護法
犯罪者予防更生法に盛り込むことができなかった刑余者等の保護に関する規定を制定することを目的として1950（昭和25）年5月25日に公布・施行された。刑余者の保護を国の責任において行うことを初めて明示したが，生活保護法等の関連もあり，法律名に「緊急」を入れ，保護の期間を釈放後6月に限定した。⇨第VIII章「更生緊急保護及び応急の救護等」も参照。

▷保護司
⇨VII-2「保護司」

Ⅱ　更生保護と刑事司法

 刑事司法とは

1　刑事司法の目的

　刑事司法の目的は正義を実現することにある。すなわち，具体的には，犯罪や非行から国民を守ることであり，いったん犯罪が発生した場合には，犯罪者を特定した上で適正な手続に従って有罪か無罪かを確定し，有罪となった場合には，どのような処遇が適切かを判断し，刑務所等への収容が決定した場合には，反省して罪を償うことや被害者に対する慰謝の気持ちを涵養し，本人を改善更生することによって，社会復帰を実現し，再び犯罪をすることのないように支援することが，刑事司法の目的である。

2　刑事司法制度

　この刑事司法の目的を達成するために，警察段階，検察段階，裁判段階，矯正段階，更生保護段階の5段階に分かれている刑事司法制度において，犯罪者を改善更生し再犯を防止することによって，安全で安心な社会を樹立することが求められているのである。

○警察段階

　犯罪が発生し，警察官がそれを認識した時点から捜査が開始され，被疑者を逮捕し，証拠を収集し，取調べを行うことになる。すなわち，第一次的捜査機関としての警察は，公訴の提起・遂行のため，犯人を発見・保全し，証拠を収集・確保することが主要な役割である。そして，警察等が検挙した事件は，**微罪処分**の対象となったものや反則金の納付があった道路交通法違反を除き，すべて検察官に送致されるのである。警察段階で微罪処分の対象となった者は，実務では**更生緊急保護**の対象とはなっていないようであるが，微罪処分は，公訴官たる検察官に与えられた起訴に関する裁量権を根拠とする一種の起訴猶予処分と解されることから，更生保護法85条1項6号の規定により，更生緊急保護の対象となると解すべきであろう。

○検察段階

　検察庁では，警察から送致された事件について，検察官が自ら被疑者・参考人の取調べを行ったり，証拠の不十分な点について警察を指揮して補充捜査を行わせたり，第二次的捜査機関として自ら捜査を行い，収集された証拠の内容を十分に検討した上で，最終的に被疑者について裁判所へ公訴を提起するかど

▶微罪処分
　微罪処分とは，その犯罪が軽微で刑罰を科す必要性が少ない犯罪者を刑事手続のプロセスからはずす処分である。刑事訴訟法246条ただし書に基づき，検察官があらかじめ指定した犯罪の特に軽微な窃盗，詐欺，横領等の成人による事件について，司法警察員（巡査部長以上）が，検察官に送致しない手続きをとるものである。

▶更生緊急保護
⇨Ⅷ-1「更生緊急保護の目的・対象・期間」

▶公判請求
　公判請求とは，検察官が裁判所に対して通常の公開の法廷での裁判を請求することをいう。公訴の提起，起訴ともいう。公判請求，すなわち，公訴の提起は，裁判所に対して審判を求める意思表示であり，起訴状を裁判所へ提出することによって行われる。公訴の提起と同時に，場合により，略式命令を請求することもできる。これら略式命令を伴わない通常の場合を公判請求という。

▶略式命令請求
　検察官が公判請求をせず，簡易裁判所に略式命令を請求することをいう。つまり，一定の軽微な犯罪の場合は，検察官が被疑者の同意を得て，略式命令を請求するのである。この場合，公判は

うかの決定をする。

　検察官が行う起訴処分には，**公判請求**と**略式命令請求**があり，不起訴処分には，①訴訟条件（**親告罪**の告訴等）を欠くことを理由とするもの，②事件が罪とならないことを理由とするもの（心神喪失を含む），③犯罪の嫌疑がないこと又は十分でないことを理由とするもの，④犯罪の嫌疑が認められる場合でも，犯人の性格，年齢及び境遇，犯罪の軽重及び情状並びに犯罪後の情況により訴追を必要としないこと（**起訴猶予**）を理由とするものがある。起訴猶予も更生保護法85条1項6号の規定により，更生緊急保護の対象となる。

○裁判段階

　通常第一審の裁判は，公判廷で裁判を行う公判手続によって行われ，有罪と認定された場合には，刑が言い渡される。3年以下の懲役もしくは禁錮又は50万円以下の罰金を言い渡された者については，情状により，一定期間，刑の執行が猶予されることがあり（**執行猶予**），その期間中**保護観察**に付されるもの（保護観察付執行猶予）と付されないもの（単純執行猶予）がある。保護観察付執行猶予の場合は執行猶予の期間中，保護観察に付されるが，単純執行猶予の場合には，更生保護法85条1項4号の規定により，更生緊急保護の対象となる。

○矯正段階

　有罪の裁判が確定すると，執行猶予の場合を除き，刑事施設へ収容される。刑事施設では，受刑者の改善更生の意欲を喚起し，社会生活に適応できる能力を育成するため矯正処遇として，刑務作業をさせ，改善指導や教科教育を行っている。また，受刑者は，地方更生保護委員会の決定により，刑期の満了前に仮釈放を許されることがあるが，仮釈放者は，残刑期間のあいだ保護観察に付されることになる。

○更生保護段階

　更生保護は，警察段階での微罪処分，検察段階での起訴猶予，裁判段階での執行猶予，矯正段階での仮釈放のすべてに対応することが求められており，**施設内処遇**の出口に位置し，**社会内処遇**の入口に位置している。そういう意味からは，刑事司法制度の最後に位置する更生保護は，犯罪者処遇の最後の砦である。

3 刑事司法の今後の課題

　従来，刑事司法制度の中に不必要に犯罪者を取り入れることが犯罪者の社会復帰を妨げ，再社会化を困難にしているということが指摘されてきた。そのために，刑事司法制度のできるだけ早い段階において犯罪者を地域社会へ戻すという方策が考えられた。しかし，そのことが結果として，更生保護に過度の負担をもたらすという事態を生じさせている。刑事司法の今後の課題は，刑事司法制度そのものの刷新にあるといえるであろう。

（藤本哲也）

開かれず，書面審査で罰金や科料が科される。

▷**親告罪**
告訴権者の告訴がなければ公訴の提起ができない犯罪をいう。すなわち，公訴の提起に告訴・請求又は告発を必要とする犯罪である。刑法上の親告罪は，起訴によって事実が明るみになることで，被害者が不利益を受ける犯罪や，一定の身分関係にある者による犯罪，その他被害者の意思に反してまで処罰する必要がない軽微な犯罪等が親告罪とされている。

▷**起訴猶予**
検察官が起訴・不起訴を決定するに際して，公訴を提起するに足る嫌疑並びに証拠があり，かつ訴訟条件が具備されているにもかかわらず，検察官の裁量によって起訴しないことを認める制度である。これは起訴便宜主義に基づくものであるが，刑事訴訟法248条に規定がある。

▷**執行猶予**
裁判上の制度であって，有罪判決を宣告する際，一定の条件の下に，言渡した刑の執行を一定期間猶予し，猶予を取り消されることなく猶予期間を無事経過した場合には，刑を科さないとするものである。刑法25条1項に規定がある。⇒ Ⅱ-3「猶予制度と更生保護」

▷**保護観察**
⇒ Ⅵ-1「保護観察の目的・種類」

▷**施設内処遇，社会内処遇**
⇒ コラム2「施設内処遇と社会内処遇」

Ⅱ　更生保護と刑事司法

 成人犯罪者の手続き

1　捜　査

　犯罪に該当すると思われる行為が発生すると，被疑者の特定・身柄の確保と証拠の収集・保全を目的とした捜査が開始される。しかし，社会で発生した全ての犯罪が認知されるわけではない。警察等の機関に犯罪と認知されてはじめて捜査が始まる。捜査の端緒には，告訴，告発，被害届のように市民が警察に届け出る場合と，職務質問や現行犯逮捕など警察官の職務行為による場合がある。捜査は，その性質上，個人の自由や権利に密接に関わるため，任意捜査を原則とし，逮捕・勾留などの強制処分は，憲法や刑事訴訟法の規定に従い，また裁判官の発する令状がなければ行うことができない。警察が被疑者を逮捕したときは，弁解の機会を与え，留置の必要があると判断したときは，48時間以内に検察官に送致しなければならない。

　検察官は，被疑者を留置する必要があると判断したときは被疑者を受け取ったときから24時間以内に裁判官に勾留の請求をしなければならない。勾留の要件は，①被疑者が罪を犯したことを疑うに足りる相当な理由があること，②住所不定，罪証隠滅のおそれ，逃亡のおそれのうち一つの事由があること，③勾留の必要性があることである。勾留の期間は，原則10日であるが，さらに10日間更新することができる。裁判官は，勾留の要件の存否を審査し，要件が欠けていれば勾留請求を却下しなければならない。逮捕・勾留中の被疑者に取り調べ受忍義務があるかどうかについては，意見の対立がある。身柄勾留中の取調べにおいては，捜査官による自白強要という人権侵害が起こりやすいことなどを考慮すると，被疑者段階での**防御権**が実質的に保障されなければならない。そのため，以前は被告人に対してのみ国選弁護制度が適用されていたが，2004年の刑事訴訟法改正により，被疑者段階から国選弁護人が付く制度が導入された。

2　公訴の提起

　検察官は，勾留期間が終了するまでに被疑者を起訴するかどうか決定しなければならない。検察官が行う起訴処分には，公判請求と略式命令請求がある。不起訴処分には，①訴訟条件（親告罪の告訴等）を欠く場合，②事件が罪にならない場合，③犯罪の嫌疑がないか又は十分でない場合，④犯罪の嫌疑が認めら

▷1　実際に発生していながら犯罪として認知されないものを犯罪暗数という。2013年の刑法犯認知件数は，191万7929件で，1981年以来32年ぶりに200万件を下回った（『平成26年版　犯罪白書』，1頁）。

▷2　地方検察庁検事正が微罪処分事件として指定したものは，事件を検察官に送致しないで司法警察職員において処分できる。これを微罪処分という。⇨Ⅱ-3「猶予制度と更生保護」参照。

▷防御権
被疑者の防御権としては，黙秘権，証拠保全請求権，勾留理由開示請求権，勾留取消請求権，弁護人選任権などがあげられる。

▷3　死刑又は無期刑に当たる重大事件や傷害や恐喝など長期3年を超える懲役・禁錮に当たる事件で，被疑者に対して勾留状が発せられており，被疑者が貧困その他の事由によって弁護人を選任することができないときは，裁判官に対し，国選弁護人の選任の請求をすることができる（刑事訴訟法37条の2）。

れる場合でも，犯人の性格，年齢及び境遇，犯罪の軽重及び情状並びに犯罪後の情況により訴追を必要としない場合，がある。④の場合を起訴猶予といい，これを認める法制度を起訴便宜主義という（刑訴法248条）。その趣旨は，検察官が刑事政策的観点から訴追の必要性を判断し，刑事手続から早期に離脱させることにより，不必要な起訴を抑制し，被告人等の手続的な負担を軽減することにある。しかし他方で，検察官の恣意的裁量を招き，独善に陥るおそれもあることから，不起訴処分をチェックする制度として検察審査会制度が設けられている。

3 裁判手続

検察官により起訴された事件は，原則として，地方裁判所又は簡易裁判所で裁判が行われる。地方裁判所では，公開の法廷で裁判が行われ，有罪と認定されたときは，死刑，懲役，禁錮，罰金，拘留又は科料の刑が言い渡される。3年以下の懲役もしくは禁錮又は50万円以下の罰金を言い渡された者については，情状により，一定期間，**刑の執行が猶予**される。また事案によっては，その期間中，保護観察に付されることがある。

死刑又は無期の懲役・禁錮に当たる罪に関する事件及び**法定合議事件**であって故意の犯罪行為により被害者を死亡させた罪に関する事件は，裁判員裁判の対象となる。裁判員裁判の対象事件については，必ず第1回公判期日前に事件の争点及び証拠を整理する公判前整理手続に付さなければならない。

検察官より略式命令を請求された簡易裁判所は，非公開で，検察官提出の証拠書類に基づき審理をして，原則として100万円以下の罰金又は科料の略式命令を出す。ただし，窃盗等の一定の罪については，3年以下の懲役を科することができる。略式手続は被疑者の同意に基づくが，略式命令を受けた者又は検察官は公判請求をすることもできる。この略式命令が確定すれば，確定判決と同一の効果を生ずる。また，検察官は，明白軽微な事件については，被疑者の同意を得て，即決裁判手続の申立てを行うことができる。この手続きでは，懲役又は禁錮の言渡しをする場合，刑の執行猶予の言渡しをしなければならない。第一審判決に対しては，高等裁判所に控訴することができ，控訴審判決に対しては，最高裁判所に上告をすることができる。

4 刑の執行

有罪の判決が確定すると，執行猶予の場合を除き，検察官の指揮により刑が執行される。懲役，禁錮及び拘留は，刑事施設において執行される。法定の服役期間を経た受刑者に「改悛の状」があり，改善更生が期待できるときは，地方更生保護委員会の決定により，刑期満了前に仮に釈放し，仮釈放の期間（残刑期間）が満了するまで保護観察に付される。

（土井政和）

▷**刑の執行猶予**
⇨ Ⅱ-3「猶予制度と更生保護」

▷**法定合議事件**
死刑又は無期もしくは短期1年以上の懲役・禁錮に当たる罪（強盗罪等を除く）。

▷4 ただし，被告人の言動等により裁判員やその親族等に危害が加えられるなどのおそれがあり，裁判員等がその職務の遂行ができないなどと認められる場合には，裁判所の決定によって対象事件から除外される。

▷5 罰金・科料を完納できない者に対しては，刑事施設（刑務所・拘置所）に附置された労役場に留置し，労役を課す（労役場留置）。

Ⅱ 更生保護と刑事司法

 猶予制度と更生保護

▷**仮釈放**
⇨第Ⅴ章「仮釈放・少年院からの仮退院等」
▷**恩赦**
⇨第Ⅻ章「恩赦」
▷**スティグマ**（stigma）
他者に対する烙印づけのこと。古代社会の奴隷、犯罪者等の肉体上への烙印を、ゴフマン（E. Goffman）が社会学上の概念として取り上げ、スティグマを押された者への不平等な取扱いが不公平感を生み犯罪に至るという逸脱行動のメカニズムとして説明した。
▷**ラベリング理論**（Labeling Theory）
社会的反作用理論等とも呼ばれる社会学的犯罪学理論のアプローチ。逸脱者というラベルを貼る者と貼られる者との相互作用を重視し、逸脱は社会によって生み出されるという前提の下、他者によるラベルづけや社会的反作用が非行経歴の触媒体の役割を果たすとして、スティグマ（ラベリング・レッテル貼り）が行為者の主観に与える影響を重視する。行為者が他者から逸脱者とラベルづけされる過程に着目し、社会統制こそが逸脱行動を生むのではないかとの疑問を提示する。
▷**ダイバージョン**
⇨ コラム12 「ダイバージョン」

1 猶予制度とは

　わが国の現行の刑事司法制度における猶予制度（最広義の猶予制度）としては、警察段階における微罪処分（次頁参照）、検察段階における起訴猶予、裁判段階における執行猶予、矯正・行刑段階における**仮釈放**、及び**恩赦**制度等が挙げられる。ここでは、猶予制度の刑事政策的意義について確認した上で、上述の各制度のうち、微罪処分、起訴猶予、及び執行猶予について、更生保護との関係を中心に検討する。

2 猶予制度の刑事政策的意義

　猶予制度は、刑事司法制度のある段階における国家刑罰権の実現・遂行を制限・修正するという意味を有している。というのも、微罪処分では事件の送致が、起訴猶予では公訴の提起が、そして執行猶予では刑の執行が、それぞれ猶予されるのであり、これらの制度においては、国家刑罰権の執行・遂行が猶予されるという点に共通の基盤が存するといい得るからである。

　従来から、刑事司法制度の機構の中に犯罪者を取り入れることが犯罪者の社会復帰を妨げ再社会化を困難にしているとしばしば指摘されてきた。例えば、比較的軽微な犯罪をした者を、警察、検察、裁判、矯正、そして保護という一連の刑事司法過程に取り込み、そして「犯罪者」として扱うことで、その者に犯罪者としての**スティグマ**を科し、自分をだめな人間であると思いこませるような自己観念（否定的な自我像）を形成させ、結果、再犯に至らしめる可能性を高めているとするのである。そのため、可能な限り、刑事司法の過程に犯罪者を取り込まないようにする方策の必要性が認識された。また、**ラベリング理論**の考え方が刑事政策に導入されたことによって、猶予制度は、犯罪をしたとされる者に対して、刑事司法の各過程において犯罪者という「烙印押し」を回避し、できるだけ早い段階で地域社会へその者を復帰させることを可能にするという意味で、その刑事政策的有用性が再認識されることとなった。このように、犯罪をしたとされる者を刑事司法の通常の過程・流れから外す、あるいはそれ以外の手段に代える**ダイバージョン**という考え方に基づいて、猶予制度を把握することが可能である。

24

3 猶予制度と更生保護

　微罪処分とは，その犯罪が軽微で刑罰を科する必要が少ない犯罪者を刑事手続のプロセスから外す処分である（刑事訴訟法246条ただし書，犯罪捜査規範198条）。これは，本来，捜査した事件を送致しなければならない**司法警察員**が，一定の指定された事件に限り，検察官からその処分権を委任され，警察限りの処分で済ませ得るとしたものである。起訴猶予とは，検察官が起訴・不起訴を決定する際，公訴を提起するに足りる嫌疑並びに証拠があり，かつ訴訟条件が具備されているにもかかわらず，検察官の裁量によって公訴提起しないことを認める制度である（刑事訴訟法248条）。これは，**起訴便宜主義**に基づくものであるが，特別予防を考慮しつつも，事件を一旦不起訴とした場合には，よほどのことがない限り起訴を放棄するものである。執行猶予とは，裁判上の制度であって，有罪判決を宣告する際，一定の条件の下に，言い渡した刑の執行を一定期間猶予し，猶予を取り消されることなく猶予期間を経過した場合には，刑を科さないとするものである（刑法25条）。本制度には，懲役，禁錮，及び罰金等の刑罰の弊害を回避する機能，**特別予防的機能**，そして**非施設化**の機能等を認め得るとされている。なお，2013（平成25）年の刑法の一部改正によって，懲役・禁錮の刑期を分割し，一定期間受刑させた上で残りの刑期の執行を猶予する「**刑の一部の執行猶予制度**」が導入された（刑法27条の2以下）。

　これらの猶予制度のうち，執行猶予・刑の一部の執行猶予を言い渡されて**保護観察**に付される（刑法25条の2，同27条の3）者以外は，保護観察の対象とはならない。しかし，猶予制度にダイバージョンとして施設収容を回避し，その者の改善更生・社会復帰を促すという現代の刑事政策上の意義を認めるのであれば，一旦，刑事司法過程に身柄を置かれた者についても，その円滑な社会復帰を促すために**社会内処遇**の方策を用意しておくことも重要となる。そこで，これらの者が刑事上の手続等による身体の拘束を解かれた後に，親族や公共の衛生福祉その他の機関から自立更生に必要な保護や援助が得られず，生活に困窮する等して改善更生に支障を来している場合は，本人の申出に基づき，保護観察所の長が緊急の保護措置（**更生緊急保護**）をとり得るとされている（更生保護法85条）。また，例えば対象者に福祉や医療等へのアクセスを確保した上で猶予制度を適用することで，個々人の社会復帰の必要性に応じた処遇を可能とする実務が展開されている。これらは，刑事手続による身体の拘束を解かれた直後に直面するであろう環境的・社会的側面に特有の問題に配慮し，社会復帰の条件を緊急に整備してその再犯の危険性を除去しようとする刑事政策的観点に基づくものであり，猶予制度によって施設収容を回避した犯罪者に対して社会内処遇を提供してその社会復帰を促すという意味で，重要な刑事政策的意義を有しているといえる。

(漆畑貴久)

▷**司法警察員**
司法警察員と司法巡査を総称して司法警察職員という。国家公安委員会は，巡査部長以上の者を指定する。

▷**起訴便宜主義**
刑事訴訟法上，公訴提起に検察官の裁量を許し，起訴猶予を認めること。

▷**特別予防機能**
執行猶予の期間中，善行を保持しなければ刑を執行するという威嚇・心理強制によって特別予防効果を期待することができるとすること。

▷**非施設化**（Deinstitutionalization）
ダイバージョン等による施設収容の回避のこと。ラベリング理論に基づく「不介入主義の刑事政策」の考えにより，猶予制度は，軽微な犯罪者への施設収容の回避が「犯罪者」というスティグマを回避させ，社会内処遇による社会復帰を促す施策となる。

▷**刑の一部の執行猶予制度**
⇨XVI-5「刑の一部の執行猶予制度」

▷**保護観察**
⇨VI-1「保護観察の目的・種類」

▷**社会内処遇**
⇨I-1「更生保護とは何か」，コラム2「施設内処遇と社会内処遇」

▷**更生緊急保護**
⇨第VIII章「更生緊急保護及び応急の救護等」

参考文献
越智恵太=藤田政博=渡邉和美編『法と心理学の事典：犯罪・裁判・矯正』朝倉書店，2011年。
藤本哲也『刑事政策概論（全訂第6版）』青林書院，2008年。

コラム-1

犯罪と刑罰

　犯罪とは，人を害する行為や社会の秩序を脅かす行為のうち法律により犯罪として規定され，それを行った者に対する刑罰が定められている行為を指す。犯罪と刑罰は，予め国会が制定した法律で明確に定められていなければならず，これを罪刑法定主義という。
　人の行為（や不作為＝一定の行為をしないこと）が一定の犯罪行為類型に該当し（構成要件該当性），かつ違法で（違法性），有責な行為（有責性）と評価されて，初めて処罰の対象となる。構成要件に該当する行為は一般に違法な行為であるが，法令に基づく行為や正当業務行為，正当防衛，緊急避難などの要件を満たす場合には，推定された違法性が阻却され，適法な行為として犯罪は成立しない（違法性阻却事由）。有責性は，行為者の状態等から行為者に責任非難を加えることができるかどうかの判断である。精神の障害や状態により行為者が是非善悪を弁別できなかったり，行動を制御できない場合，責任無能力として有責性が否定され（心神喪失），それらの能力が減退している場合は限定責任能力とされる（心神耗弱）。また，有責とされるためには，犯罪該当事実を認識しつつ，その事実が発生しても構わないという故意があることが必要であるが（過失犯の場合，過失が必要），事実を誤認するなどして，これが欠ける場合がある。このほか，自己の行為が適法であるとして違法性を意識することすら全く不可能であった場合や，違法であることを知りつつも，適法な行為に出ることが全く期待できないような状態であったとき，例外的に有責性が否定される。以上の3段階の評価を経て犯罪の成否が決まる。
　犯罪に対する刑事制裁には刑罰と処分がある。刑罰は，犯罪に対する責任非難として科せられる刑事制裁であるのに対し，処分は，犯罪と将来犯罪を行う危険性を要件とし，犯罪防止のために科せられる刑事制裁である。刑罰と処分の区分を認める制度を二元主義といい，両者を区別しない刑

事制裁体系を一元主義と呼ぶ。広義の処分には非行少年の教育を目的とする保護処分なども含まれるが，狭義には，触法行為を行った精神障害者や物質依存のある者に対し治療を目的として施設への収容を命ずる治療処分や禁絶処分，累犯者など再犯の危険性の高い者の再犯防止を目的として保安施設に拘禁する保安拘禁といった保安処分を指す。日本には，非行少年に対する保護処分や売春防止法に基づく補導処分はあるが，保安処分は，かつての刑法全面改正作業において批判され，導入されていない。なお，一定の重大な触法行為を行い，不起訴処分等となった精神障害者に対し裁判所が入院や通院を決定する心神喪失者等医療観察制度（⇨ XV-1「医療観察制度とは」）が2005（平成17）年から導入されている。

　刑罰は，その本質を犯罪に対する責任非難としての害悪であると捉える応報刑論と，犯罪の抑止（一般予防）や犯罪者の更生（個別予防）といった予防であるとする目的刑論があるが，応報を基礎としながら予防の意義を認める相対的応報刑論が通説である。

　わが国の主刑には，死刑のほか，自由刑として刑務作業のある懲役とそれのない禁錮，30日未満の短期自由刑としての拘留があり，財産刑としては罰金と1万円未満の科料がある。海外には，このほか，社会奉仕を刑の付随処分として科す社会奉仕命令や，被害者への損害賠償を刑罰として命ずる損害賠償命令の制度もある。自由刑の執行を一定期間猶予し，猶予が取り消されず当該期間を経過した場合に刑を失効（国によっては免除のみ）させる刑の執行猶予制度が日本やヨーロッパ諸国で採用されている。執行猶予に保護観察を付すことができるが，その法的性質をどう捉えるかには議論がある。さらに，日本では，2016（平成28）年から，刑の最後の一部のみ執行を猶予する刑の一部の執行猶予制度が施行されている（⇨ XVI-5「刑の一部の執行猶予制度」）。

〔太田達也〕

コラム-2

施設内処遇と社会内処遇

　施設内処遇とは刑務所・少年院などの施設を利用して行われる処遇形式であり，社会内処遇とはこのような施設を用いず，一般社会を生活の場として行う処遇形式である。いずれも犯罪者・非行少年の改善・更生に向けた処遇を行うことから，処遇の場が異なるだけで，社会復帰など原則的には同じ原理が適用できると考えられるが，実際の内容や事情は大きく異なる。施設内処遇は，まさしく「施設」を利用するために，施設内秩序の維持という問題が課せられるので，生活指導や職業訓練に加えて規律や秩序が重視され，被収容者に対する行動規制が大きな機能を果たす。他方，社会内処遇は具体的には対象者の環境調整（例えば家族関係），就職・居住といった点に重点が置かれる。この相違は処遇者として施設内処遇を担う刑務官と社会内処遇の保護観察官・保護司をイメージすればよい。これは諸外国でも同様の状況にあり，両者の職場文化は著しく異なり，しばしば矯正（施設内処遇）と保護（社会内処遇）は「水と油」にも例えられてきた。このため，施設内処遇から社会内処遇に移行する際に，種々の齟齬が生じている。その典型例は，仮釈放の場面である。刑務所側から特定収容者の仮釈放の申請があっても地方更生保護委員会（保護側）がこれを棄却し，その比率が10％を超えていた時代もあったが，近年低下傾向にある（2013〔平成25〕年で約2％）。それでも処遇をめぐる見解の不一致であることは間違いなく，原理の相異が顕在化している。これは，施設側が刑務官の観察などを通じて良好な受刑態度や再犯可能性を重視するのに対して，保護側は，被害者などの社会感情や家族との関係などを重視するからである。そこで，しばしば矯正と保護の連携の必要性が強調されてきた。

　もとより刑事政策の理念において，犯罪処理としてのアフター・ケアではなく，犯罪者処遇のスルー・ケアが構想されてきた。この場合の機関としては，刑事施設や保護観察所だけでなく，ときには司法的処遇機関としての警察・検察，さらには中間処遇施設としての更生保護施設（欧米でのハーフ・ウェイ・ハウス，ホステル）なども含まれる。つまり，犯罪者が移行していく各種の処遇機関が連携をとり齟齬がないように努めるべきと

の発想である。最近では，イギリスなどで「シームレス」という語が用いられ，まさしく途切れのない状況で犯罪者・非行少年を司法的処遇，施設内処遇から社会内処遇へと移して，円滑な社会復帰の実現を企図するものである。その意味で，近年，わが国でも再犯防止に向けた取組みが機関・部署の垣根を越えて協働する仕組み，いわゆる多機関協働体制が構築されつつあり，従来の保護観察官施設駐在官制度や矯正・保護間人事交流からさらに発展して，矯正内部でも被収容者の更生支援が始まっている。

シームレスといえば，イギリスで展開されているコミュニティ・コートの試みがユニークである。これは，まだ実験的な制度であるが，いわば裁判所と刑務所，保護観察所その他機関との連携の事例である。このコミュニティ・コートは，要するに，施設内処遇と社会内処遇を媒介するシステムで，判決を言い渡した裁判官自らが犯罪者の処遇やその予後につき監督する。現に，例えば同裁判所で有罪判決を受け保護観察中の者に対して遵守事項を履行しているかどうかを，裁判官が毎月呼び出して対面しチェックする。この背景には，犯罪は個人の問題にとどまらず，地域問題も反映しており，犯罪者の更生は地域の改善・改革と関係しているという見方がある。実際，裁判所は有罪判決を言い渡す際，地元の職業紹介所，自治体の住宅局・教育局などとも連携をとり，対象者が最も適合しやすい更生の方法を模索する。言い換えれば，犯罪者処遇を通じた問題解決型の裁判所といえよう。このために，裁判所内には，警察，検察，刑務所，保護観察所，住宅・教育・保健衛生・職業紹介などの各機関の出先事務所が机を並べており，さながら犯罪者処遇の多機関協働体制を構築している。

このように犯罪者に対するシームレスな処遇を求める動きは，世界的な潮流である。考えてみれば，なるほど矯正施設で受けた教育や指導が保護観察で断絶するのは合理的とはいえない。いずれにせよ，犯罪者の再犯防止に向けて両機関にとどまらず，社会資源を動員した施策が求められることはいうまでもない。

(渡邉泰洋)

Ⅲ 更生保護と少年司法

1 非行少年の取扱い手続き（非行少年とは）

1 少年法の目的

少年法1条は，「少年の健全な育成」を目的に，「非行のある少年」に対して，性格の矯正及び環境の調整を行う「保護処分」と「少年の刑事事件として扱われる場合の特別の措置」を規定している。刑事訴訟法が，事案の真相解明や刑罰法令の適正・迅速な適用を目的（刑訴1条）に掲げていることと比べるとその違いはより鮮明となる。すなわち，少年法は，成人の場合のように犯罪に相応した責任追及と社会的非難を追及するのではなく，少年の特性を重視すると共に，保護と教育を優先している点に特徴がある。

▷1 刑法・刑事訴訟法の特別法 成人の場合とは異なる「特別な取扱い」を定めているという点で，少年法は刑法や刑事訴訟法の特別法であり，少年の自立支援という観点から見れば福祉法・教育法の特別法という見方もできる。⇨ Ⅲ-8「少年法と児童福祉法」

▷家庭裁判所
⇨ Ⅲ-3「家庭裁判所」

2 非行のある少年

それでは，対象となる非行少年とはどのような少年なのであろうか。

少年法は，**家庭裁判所**（以下，家裁）の審判に付すべき少年として，少年（処分時に20歳未満である者）のうち，犯罪少年（14歳以上で罪を犯した少年），触法少年（14歳未満で刑罰法令に触れる行為をした少年），虞犯少年（虞犯事由「イ　保護者の正当な監督に服しない性癖のあること，ロ　正当な理由がなく家庭に寄りつかないこと，ハ　犯罪性のある人もしくは不道徳な人と交際し，又はいかがわしい場所に出入すること，ニ　自己又は他人の徳性を害する行為をする性癖のあること」があって，将来罪を犯し，又は刑罰法令に触れる行為をする虞のある少年）の3種類を「非行少年」と定義している（少3条1項）。すなわち，犯罪行為のみならず，刑事責任年齢（刑法41条）に達していないために刑法上は罪とならない触法行為，犯罪構成要件に該当しない虞犯行為を行った少年をも対象としている。これは，少年は未成熟で可塑性のある存在であるがゆえに，適切なときに適切な介入をすれば早期の立ち直りが可能であると考えられているからである。

▷2 不良行為　非行行為に類似する行為として不良行為がある。少年警察活動規則は，「飲酒，喫煙，深夜徘徊その他自己又は他人の犠牲を害する行為」（2条6号）を不良行為と定義している。不良行為は，虞犯行為の前段階行為であり，少年法の対象にはならないが，街頭補導や少年相談の対象となる。

3 少年の保護事件の審判手続（保護手続）

非行少年の存在が認知されると，事件は家裁に送られる。家裁が事件につき審判を開始するルートとしては，司法警察員及び検察官による家裁の送致（少41・42条，家裁処理人員の約95％を占める）の他に，調査官による報告（少7条1項），都道府県知事又は児童相談所長による送致（少3条2項），保護観察所の長による通告（更保68条1項），一般国民による通告（少6条1項）がある。

犯罪少年を検挙した場合，交通反則通告制度に基づく反則金の納付があった道路交通法違反事件を除き，罰金以下の刑に当たる犯罪の被疑事件は家裁に送致（直送事件）し，それ以外の刑に当たる犯罪の被疑事件は検察官に送致する。検察官は，捜査を遂げた結果，犯罪の嫌疑があると認めるとき，又は家裁の審判に付すべき事由があると認めるときは，事件を家裁に送致する。つまり，一定の嫌疑がある限り，原則すべての事件を家裁に送致しなければならず，捜査機関の判断で手続を打ち切ることはできない（**全件送致主義**）。実務上は一定の軽微な事件に関し，簡易送致と呼ばれる形の送致（2013年は終局総人員の30.0％）が認められており（犯捜規範214条），この場合，警察は成人の**微罪処分**に準じて処理し，原則的に審判不開始の決定をする。触法少年や虞犯少年については，その行為は犯罪ではなく，事実解明のための調査活動につき，刑事訴訟法は適用されないため，少年法に警察の調査に関する規定が置かれている（少6条の2）。虞犯事件については特別な規定がなく，任意調査のみに止まる。さらに，触法少年及び14歳未満の虞犯少年については，児童福祉法上の措置が優先され，家裁は，都道府県知事又は児童相談所長から送致を受けたときに限り，審判に付すことができる（少3条2項，児福27条1項4号。児童福祉機関先議の法則）。

家裁に事件が受理されると，裁判官は捜査機関から送付された証拠資料に基づき，少年が非行事実を行った蓋然性の有無を判断し，蓋然性が認められた場合，調査命令を出し（少8条2項。調査前置主義），調査官によって調査が行われる。調査の一つとして，観護措置（少17条）により心身鑑別が実施されることもある。そして，調査官からの報告等を基に，裁判官は審判を開くか否かを決定する。審判を開始するに当たっては，非行事実の蓋然性と共に要保護性の蓋然性も存在することが求められる。実務の運用上は審判不開始で手続きが終了するケースが多い。

審判開始決定が出ると，審判が開かれる。審判は非公開，職権主義構造，個別審理の原則がとられる。審判後，終局処分の決定を一定期間留保し調査官に少年の行動を観察させる試験観察（少25条）や補導委託を行うこともできる。

これらを経て終局決定として，非行事実，又は要保護性が認められないとして不処分決定，保護処分決定（保護観察，児童自立支援施設又は児童養護施設送致，少年院送致），検察官送致決定（逆送）がなされる。

④ 少年法の目的が及ぶ範囲

少年審判規則（1条1項）は，少年法1条が示す目的・理念は少年院法や更生保護法，児童福祉法等の関連法令の解釈・運用指針であると規定している。それは家庭裁判所における保護事件のみならず，少年の刑事事件にも妥当する（少50条，刑訴規277条）ことを忘れてはならない。

（宮園久栄）

▷**全件送致主義**
客観的な面をみる限り，軽微な事件であったとしても，それが少年の犯罪性の表れであるかもしれず，それを明らかにするためには捜査ではなく調査によって明らかになるという考え方に基づく。

▷**微罪処分**
⇨ Ⅱ-3「猶予制度と更生保護」

▷3　2007年改正により，一定の触法少年については家裁への送致を原則とすることになった（少6条の7第2項）。

▷4　現在の資料だけを基礎にすれば，非行事実を証明できるものの，反証によってそれが覆る可能性を否定できない程度の心証があるかどうか。

▷5　少年が少年司法制度により保護を必要とする状態にあるか。

III　更生保護と少年司法

 少年警察

1　少年警察の位置づけ

　少年警察活動とは，「少年の非行の防止及び保護を通じて少年の健全な育成を図るための警察活動」（少年警察活動規則1条1項）と規定されており，一口にいえば，20歳未満の少年に関わるすべての警察活動であるといえる。

　警察は，少年に関する司法手続きにおいては，いわば入口の機関に位置しており，少年法3条に規定されている「非行少年」のほか，いわゆる非行少年には該当しないが，飲酒，喫煙，深夜はいかいその他自己又は他人の特性を害する行為をしている「不良行為少年」，さらに犯罪被害を受けた少年も取り扱っている。そのため，何らかの犯罪をした少年のみならず，学校をさぼって夜中に歩き回る少年や，親と喧嘩をして家出をした少年，学校でいじめの被害に遭っている少年なども，警察の補導や保護の対象となる。したがって，その間口は非常に広く，警察が関わる少年の問題や背景は，軽微なものから深刻なものまで多種多様である。

2　少年警察活動とは

　少年警察活動は，大きく2つの部門に分けられる。一つは，少年による犯罪や，少年の福祉を害する成人事件（児童買春等少年の心身や生活に悪影響及ぼすと考えられる事件）の捜査を担当する部門である。そしてもう一つが，少年の健全な育成を図るための様々な活動を担当する部門である。具体的には，

　①街頭補導活動（喫煙，深夜はいかい等不良行為少年の補導）
　②少年相談活動（少年に関する様々な悩みや困りごとに関する相談の受理）
　③被害少年支援活動（犯罪の被害を受けた少年に対する精神的なダメージの回復やその軽減を目的とした支援活動）
　④立ち直り支援活動（少年の再非行防止を目的とした**社会参加活動**等の少年の地域での居場所づくりなどの活動）
　⑤広報啓発活動（小中学校等での非行防止教室や被害防止教室の開催や少年警察活動に関する情報の発信）

などがある。

　これらの活動は，一次的には全国の警察署の生活安全課少年係が，地域に密着した活動を行っているほか，各都道府県警察本部に設置された「少年サポー

▶社会参加活動
少年警察活動においては，広く少年の参加を得て行うボランティア活動等の社会奉仕体験活動，柔道，剣道等のスポーツ活動その他少年の規範意識の向上又は社会の一員としての意識のかん養に資するための体験活動を指し，必要に応じて，学校その他の関係機関・団体，ボランティア等と協力して行うものとしている。

トセンター」が，活動の拠点としての中核的な役割を果たしている。少年サポートセンターには，少年係の経験を積んだ警察官のほか，少年問題に関する専門的な知識や技能を有する少年補導職員，臨床心理士等の資格を有した少年相談専門職員等が配置され，これらの活動を実施している。さらに，各警察署や少年サポートセンターでは，警察署長等の委嘱を受けた，少年補導員等の「少年警察ボランティア」を運用しており，街頭補導や広報啓発活動等に協力して当たっている。

3　警察における少年相談活動

　少年警察活動の中で，特に少年の心理的特性を理解した上での適切な対応が求められ，非行防止の中心的な役割を担っているものが少年相談活動である。少年相談で受理する問題の多くは，不良行為レベルであるなど，具体的な非行が顕在化していない初期段階での相談である場合が多い。さらに，警察における少年相談はあくまでも強制力の伴わない任意のものであるため，「子どもの問題で困った，何とかならないだろうか」と思った保護者や関係者からの相談が圧倒的に多い。そこには，問題を起こしている当事者の少年は，少なくとも意識の上ではまず困っていないため，相談場面に登場してこない場合がほとんどであり，通常のカウンセリング等とは異なった面接構造となりがちである。

　相談内容は，非行問題ばかりでなく，学校や交友関係等多岐にわたっており，対象となる少年も小・中・高校生から有職・無職少年までと幅広い。これらの問題の中には，思春期の一過性のもので，相談員の助言により短期間で解決に至る場合もある。しかし，問題の背景等が複雑で，解決に時間のかかるような場合には，継続的な面接相談にも応じており，定期的カウンセリングや家族療法等を受けることも可能である。一方で，警察という司法機関の権限として，緊急的な介入が必要な場合等には，まだ犯罪をしていない段階であっても，「虞犯少年（一定の要件を満たし，このまま放置すれば犯罪を犯すおそれの強い少年）」として，**家庭裁判所**や**児童相談所**に送致・通告するといった措置をとることもある。

　少年自身への働きかけは困難であっても，特に保護者とのカウンセリングを続ける中で，少年との関わり方を見つめ直し，対応の幅を広げていくことで，気づくと本人の問題行動が沈静化していたという事例も多い。少年を取り巻く誰かのニーズがあれば，初期段階から有効な介入が可能であることが，少年相談活動の特徴であり，同時に強みでもあると思われる。

（里見有功）

▶家庭裁判所
⇨ Ⅲ-3「家庭裁判所」

▶児童相談所
⇨ Ⅲ-6「児童相談所」

Ⅲ 更生保護と少年司法

 家庭裁判所：調査官・教育的措置

▷1 現在，家庭裁判所は，全国に本庁が50庁，支部が203庁，出張所が77庁設置されている。
▷2 創設当時の家庭裁判所の標語は，「家庭に光を，少年に愛を」であり，家庭裁判所の役割を象徴している。なお，現在の標語は，「家庭に平和を，少年に希望を」である。
▷3 ⇨ Ⅲ-1 「非行少年の取扱い手続き」
▷4 再非行危険性（再び非行を起こすおそれがあること），矯正可能性（保護処分を加えることにより，非行性が除去される見込みのあること），保護相当性（保護処分が最も有効な手段であること）からなる。
▷5 家庭裁判所調査官は，裁判所職員採用総合職試験（家庭裁判所調査官補）を受けて採用され，裁判所職員総合研修所で約2年間必要な知識や技能を身につける研修を受けたのちに任官し，調査の職務を行うようになる。
▷少年鑑別所
⇨ Ⅲ-4 「少年鑑別所」
▷保護観察所
⇨ Ⅰ-2 「更生保護の組織(1)」
▷児童相談所
⇨ Ⅲ-6 「児童相談所」
▷6 家庭裁判所による非行のメカニズムの解明や指導の実際については，廣井亮一編『家裁調査官が見た

1 家庭裁判所とは

　家庭裁判所は，夫婦関係や親子関係の紛争などに対する調停や審判を行う家事事件，非行を起こした少年に対する審判である少年事件を取り扱う裁判所である。2004（平成16）年からは，夫婦，親子等の関係をめぐる訴訟である人事訴訟事件も取り扱うようになっている。

　これらの事件を専門に取り扱う裁判所として家庭裁判所が創設されたのは，家事事件が家庭内のプライバシー性の高い内容での紛争であること，通常の訴訟では法律的判断が中心となり，感情的な対立が十分に解決されないままとなるおそれがあることから，非公開の手続きで情理を踏まえた解決を図る必要があることによる。また，少年事件についても，非行を起こした少年に成人と同様の訴訟手続で刑罰を科すことが必ずしも好ましい結果をもたらすとは限らず，教育による改善の可能性の高い少年には，それにふさわしい非公開の手続きで，保護処分や適切な教育的措置を行うことが大切になることによる。

　すなわち，家事事件・少年事件には，法的解決とともに，個々の事案に即して紛争や非行の背後にある原因を探り，家庭や親族の間で起きた様々な問題の円満な解決や，非行を起こした少年の健全な育成・更生のための合理的な方策を考えて事案に応じた適切妥当な措置を講じるといった，将来を展望した実体的解決が必要なことによる。そして，これらを実現するために家庭裁判所には，司法的な機能とともに福祉的（教育的）機能があるとされている。

　以下では，更生保護と関連の強い少年事件を中心に述べていく。

2 少年事件の審理

　少年事件の対象は，非行少年，すなわち，罪を犯した14歳以上20歳未満の少年（犯罪少年），14歳未満で罪に触れる行為をした少年（触法少年），20歳未満で，少年法に定める一定の行状があり，性格や環境からみて，将来罪を犯すおそれのある少年（虞犯少年）である。

　少年事件の審理では，これらの少年に過ちを自覚させ，更生させることを目的に調査，審判を行い，非行事実の存否を確認した上で，非行があると認定された場合には，非行の内容や少年のもつ問題に応じた適切な処分を選択する。

　処分の選択に当たっては，家庭裁判所調査官が，少年，保護者又は参考人に

対して必要な調査を行い，非行のメカニズムを解明し，少年に対してどのような処遇が最も有効かつ適切であるのか（要保護性）を検討する。

③ 家庭裁判所調査官

家庭裁判所調査官は，家庭内の紛争や非行の原因などの調査を職務とする家庭裁判所内の専門的スタッフである。

少年保護事件において家庭裁判所調査官は，非行の動機や経緯，生育歴，性格・行動傾向，家庭や学校，就労関係などの環境などについて，少年や保護者，その他の関係者に対する面接や，心理テストを行うなどの方法によって調査する。また，少年の自宅や学校などに出向いたり，家庭裁判所の医務室で医師の診断を受けさせたりすることもある。さらには，**少年鑑別所，保護観察所，児童相談所**などの関係機関からも情報を収集しながら，調査の結果を報告書にとりまとめ，裁判官に提出する。報告書には，調査した事実の他に，非行のメカニズムなどについて解明した内容や，それを踏まえた処遇に関する意見も付す。なお，この調査は，心理学，教育学，社会学などのいわゆる行動科学の知識や技法と法律知識を活用して行われる。

④ 家庭裁判所における指導（試験観察・教育的措置）

調査の過程で家庭裁判所調査官は，客観的事実や少年等の心理的事実を把握するとともに，個々の少年や保護者の問題に焦点を当てた指導を行う。必要に応じて継続的な面接を行って，より深く働きかけていくこともある。また，審判の場においては，裁判官が少年に非行や生活態度に対する反省を促し，非行を繰り返すことのないよう訓戒を与えたり，保護者に対して指導を行ったりする。

また，家庭裁判所は，保護処分や検察官送致に付さない少年に対して，少年審判の過程で，非行について反省させ，これを繰り返すことのないよう，少年等の問題に合わせた指導（教育的措置）を行っている。この教育的措置のプログラムには，犯罪被害にあわれた方の被害の実情や気持ちなどを聞かせ，非行に対する反省を深めさせるための講習や，地域の清掃や高齢者福祉施設等において介護などをさせる社会奉仕活動がある。親子関係の問題が非行の大きな原因になっている場合には，共同作業を通じて親子関係の調整を図る親子合宿というものもある。

なお，審判において，少年に対する処分を直ちに決めることが困難な場合には，最終的な処分を決めるために適当な期間少年の行状を観察することがある（**試験観察**）。試験観察では，家庭裁判所調査官が少年に更生のための助言や指導を与えながら，少年の更生への意欲や態度を見極める視点で観察する。また，民間の人や施設に指導を委ねて観察すること（補導委託）もある。（坂野剛崇）

現代の非行と家族』（創元社，2015年）に詳しい。
▷7 少年事件における家庭裁判所調査官の調査については，少年法8条2項，同法9条1項に定められている。また，調査結果については，少年審判規則13条に定められている。その他，家庭裁判所調査官の職務には，審判への出席及び審判での意見陳述，審判に付すべき少年を発見したときの報告，申出による被害者や遺族からの被害に関する心情や事件に関する意見の聴取，動向視察，調査官観護，同行状及び決定の執行，少年の保護事件に係る補償に関する必要な調査がある。さらには，準少年保護事件（保護処分取消事件，収容継続申請事件，戻し収容申請事件，施設送致申請事件）に関する調査もある。

▷**試験観察**
試験観察については，少年法に次のように定められている。
「第25条　家庭裁判所は，第24条第1項の保護処分を決定するため必要があると認めるときは，決定をもって，相当の期間，家庭裁判所調査官の観察に付することができる。
2　家庭裁判所は，前項の観察とあわせて，次に掲げる措置をとることができる。
一　遵守事項を定めてその履行を命ずること。
二　条件を附けて保護者に引き渡すこと。
三　適当な施設，団体又は個人に補導を委託すること。」

Ⅲ　更生保護と少年司法

少年鑑別所

1　少年鑑別所の役割

　少年鑑別所は，法務省所管の国立の施設であり，1949（昭和24）年の少年法及び少年院法の施行により発足し，各都道府県庁所在地など，全国で52か所に設置されている。2015（平成27）年には，少年鑑別所の機能をより拡充するため，新たに少年鑑別所法が施行され，それに基づいて，次の3つの業務を行っている。一つ目は，家庭裁判所などからの求めにより，少年の心身の状態を科学的方法で調査・診断し，問題行動の原因を分析・解明して，適切な指導のための処遇指針を立てることである（鑑別）。二つ目は，家庭裁判所の観護措置の決定によって送致された少年などを収容し，適切に処遇を行うことである（観護処遇）。三つ目は，地域社会の犯罪・非行の予防のために，**市民や関係機関に対する専門的な支援**を行うことである。

　以下においては，観護措置の決定によって送致された少年に対する鑑別と観護処遇について説明する。

2　心身の鑑別の必要性

　そもそもなぜ鑑別が必要なのか。頭痛に例えると，頭痛という症状があるときに，その原因をきちんと検査・診断しなければ，適切な治療方法は見出せず，誤った治療を行った場合には，症状が治るどころか重くなる危険さえある。同様に，入所した少年の非行名が同じであっても，一人一人異なる能力，性格，態度・価値観，非行の動機やその心理等に焦点を当て，非行の原因を分析・解明しなければ，その少年に的確な再非行防止の方針・方法を見出すことはできない。非行少年は十人十色であり，アセスメントなしのトリートメントは時として逆効果を生む危険さえあるといえる。少年鑑別所は，言わば「非行少年の心の診断をする病院」のような役割を果たしている行政機関である。

3　鑑別の方法

　鑑別の主な方法は，鑑別面接，心理検査，行動観察，医学的診断等である。鑑別面接は，少年と個別に複数回実施し，その心情を丁寧に探っていく。保護者に対して面接を行う場合もある。心理検査は，まず**集団方式の心理検査**を実施し，その結果を踏まえて必要に応じて個別方式の心理検査を行う。行動観察

▷少年鑑別所
⇨ⅩⅠ-5「矯正施設⑴：少年院・少年鑑別所」

▷観護措置
家庭裁判所が調査，審判を行うために，少年の心情の安定を図りながら，その身柄を保全するための措置である。観護措置には，家庭裁判所調査官の観護に付する措置と（少年法17条1項1号），少年鑑別所に送致する措置とがある（少年法17条1項2号）。少年鑑別所に送致する措置は，身柄の保全に併せて，少年の行動の観察と心身の鑑別をも目的としている。⇨Ⅲ-1「非行少年の取扱い手続き」，Ⅲ-3「家庭裁判所」

▷市民や関係機関に対する専門的な支援
⇨ⅩⅠ-5「矯正施設⑴」③「少年鑑別所の関係機関等への協力」

▷集団方式の心理検査
法務省が開発した「法務省式人格目録（MJPI）」「法務省式態度検査（MJAT）」「法務省式文章完成法（MJSCT）」に加え，一般的な知能検査である「新田中B式知能検査」を全員に共通して実施する。

は，日常生活場面の行動特徴を観察するだけではなく，課題作文や絵画の作成，集団討議など意図的に場面を設け，特徴的な行動を観察する。医学的診断は，医師により，身体検査や健康診断のほか，必要に応じて精神医学的な検査を行う。また，鑑別機能の強化に関し，法務省矯正局では，少年の再非行防止に資するための調査ツールである**法務省ケースアセスメントツール（MJCA）**を開発し，2013（平成25）年度から少年鑑別所において運用を開始している。

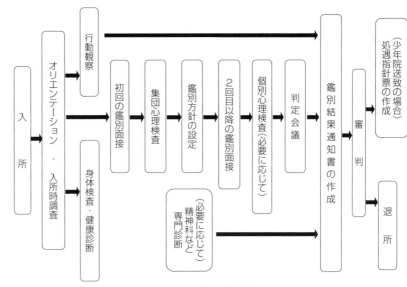

出所：法務省矯正局作成「少年鑑別所のしおり」を参考に筆者作成。

図Ⅲ-1　鑑別の流れ

　これらの方法に，外部機関から得られた情報を加え，少年の精神状況，問題点の分析，処遇指針等について検討する判定会議を開き，処分についての意見を決める。処分の意見も含めた鑑別の結果については，鑑別結果通知書にまとめ，審判前に家庭裁判所に通知する。

　鑑別の流れの概要は，図Ⅲ-1のとおりである。

3 観護処遇

　観護処遇については，個々の特性に応じた適切な働きかけを行って健全な育成に努めるものとされており（少年鑑別所法20条），明るく静かな生活環境を整え，その中で規則正しい日課に沿った生活を送らせ，必要に応じて生活態度に関する助言及び指導を行う。また，少年鑑別所は教育施設ではないが，少年の成長発達に配慮し，その自主性を尊重しつつ，学習や就労を支援したり，情操を涵養したりするための機会を提供する育成的な処遇にも力を入れている。

4 法務技官

　少年鑑別所に勤務する職員は，法務技官と**法務教官**である。主として鑑別を担当するのは法務技官である。少年鑑別所だけではなく，少年院や刑事施設に勤務して矯正教育や改善指導に携わることもあり，非行・犯罪臨床の最前線で心理学の専門的な知識・技術を発揮する専門職である。法務技官になるためには，国家公務員採用総合職試験の人間科学区分又は法務省専門職員（人間科学）採用試験の中の矯正心理専門職試験に合格する必要がある。　　（紀　恵理子）

▷**法務省ケースアセスメントツール（MJCA）**
法務省矯正局が開発した，少年の再非行の可能性と教育上の必要性を定量的に把握するツールである。少年の生育環境や過去の非行歴等これまでの出来事に関する調査項目（5領域24項目）と再非行を防止するための教育や処遇を行う必要性に関する調査項目（4領域28項目）について，少年鑑別所の法務技官が，面接や鑑別資料に基づいて評定する。

▷**法務教官**
⇨ Ⅲ-5「少年院」，Ⅺ-5「矯正施設(1)：少年院・少年鑑別所」

Ⅲ 更生保護と少年司法

少年院

1 少年院とは

　家庭裁判所から保護処分として送致された少年に対し，社会不適応の原因を取り除き，健全な育成を図ることを目的として矯正教育を行う施設である。2015（平成27）年4月1日現在，全国に52庁が設置されている。少年院での収容期間は，原則として20歳に達するまでであるが，少年院の長は，20歳に達した後も，送致のときから1年間に限り，収容を継続することができる[1]。在院者は，収容期間の満了により退院するが，家庭裁判所は，一定の場合に少年院の長の申請により，23歳を超えない期間を定めて，収容継続の決定をする[2]。

2 少年院の種類

　少年院は4つの種類に分かれている。保護処分の執行を受ける者であって，心身に著しい障害がないおおむね12歳以上23歳未満の者を収容する「第1種」，保護処分の執行を受ける者であって，心身に著しい障害がない犯罪的傾向が進んだおおむね16歳以上23歳未満の者を収容する「第2種」，保護処分の執行を受ける者であって，心身に著しい障害があるおおむね12歳以上23歳未満の者を収容する「第3種」，そして少年院において刑の執行を受ける受刑在院者を収容する「第4種」に区分される。少年院送致決定を受けた少年は，それぞれの特性に応じた種類が指定された少年院に収容されることとなる。

3 矯正教育の計画

　矯正教育を実施するためには，在院者に対してその特性に応じたふさわしい教育内容及び方法を選定し，これらを矯正教育の目的達成のために体系的に編成した計画を立て，これに沿って行うことが必要であり，少年院法では矯正教育の計画を次の3段階に区分して策定することとしている。
　①法務大臣は，在院者の年齢，心身の障害の状況及び犯罪的傾向の程度，在院者が社会生活に適応するために必要な能力等の一定の共通する特性を有する在院者の類型ごとに，どのような矯正教育の内容を重点的に実施するか及びどの程度の期間を標準として矯正教育を行うかを規定した矯正教育課程を定める。そしてこのいくつかある矯正教育課程の中から，法務大臣は各少年院において実施する矯正教育課程を指定する。

▷1　収容期間が短すぎると，その期間内にその矯正処遇の目的を達成できない可能性が高いことから，このような場合には，少年院の長の権限として，少年院送致決定から1年間に限って収容期間の継続を認めている。

▷2　20歳あるいは収容期間の満了までの間に犯罪的傾向が矯正されていない者については，さらに矯正教育を行い，その改善更生や円滑な社会復帰を図るため，23歳を超えない期間を定めて収容継続をすることができる。

②少年院の長は，法務大臣からの矯正教育課程の指定を受け，当該少年院における矯正教育課程を定める。ここでは処遇の段階ごとに，その少年院における矯正教育の目標，内容，実施方法及び期間のほか矯正教育の実施に関し必要な事項を定める。

次に③少年院の長は，在院者が履修すべき矯正教育課程を指定した上で，その者に対する個人別矯正教育計画を策定する。ここでは少年院矯正教育課程に即して，在院者の特性に応じて行うべき矯正教育の目標，内容，実施方法及び期間のほか矯正教育の実施に関し必要な事項を定める。そして個人別矯正教育計画の策定は，個々の在院者との面接などによる調査を行い，その結果として得られた個別具体的な事情に基づいて行われなければならず，家庭裁判所や少年鑑別所の長の意見を踏まえる必要がある。また，できる限り在院者及びその保護者などの意向を踏まえながら策定することが求められる。

4 矯正教育の内容

矯正教育は，以下の5つの指導分野で実施する。

①生活指導：在院者の個別的な問題の改善並びに健全なものの見方，考え方及び行動の仕方の育成を図るものであり，進路指導や特定の事情の改善に資する指導のほか，基本的生活訓練等が含まれる。

②職業指導：勤労意欲を高め，職業上有用な知識及び技能を習得させるために行うものである。具体的には，在院者の希望等を踏まえ，溶接，木工，土木建築，建設機械運転，農業，園芸，事務，介護サービスなどの雇用ニーズの見込める職業指導種目のほか，SSTなどを通して対人関係等を上手に営んでいくための技能や，社会人として必要な基本的スキルを習得させている。

③教科指導：学習意欲の喚起及び学力の向上を図ることを目的とするものであり，学校教育法に定める義務教育を終了していない在院者その他の社会生活の基礎となる学力を欠くことにより改善更生及び社会復帰に支障があると認められる者に対して行う義務教育課程に準ずる内容の指導と，学力の向上を図ることが円滑な社会復帰に特に資すると認められる者に対して行う高等学校，高等専門学校等に準ずる内容の指導がある。

④体育指導：善良な社会の一員として自立した生活を営むための基礎となる心身を培わせるためのものである。具体的には，様々な運動種目を通じて，在院者の基礎体力の向上並びに集中力，忍耐力及び持久力のかん養を図るとともに，集団競技等によりルールを守る態度や対人関係における配慮等が身につくような指導を実施している。

⑤特別活動指導：在院者の情操を豊かにし，自主，自律及び協同の精神を養うことを目的に，社会貢献活動，野外活動，運動競技，音楽，演劇その他の活動を通じて行う指導である。

(森田裕一郎)

▷3 特定の事情の改善に資する指導とは，罪又は刑罰法令に触れる行為により害を被った者及びその家族又は遺族の心情を理解しようとする意識の低い在院者に対する被害者の視点を取り入れた教育，薬物に対する依存がある在院者に対する矯正教育プログラム（薬物非行）などがある。

▷SST
⇨ Ⅶ-3「更生保護施設」

Ⅲ　更生保護と少年司法

児童相談所：保護処分としての児童相談所送致

▶触法少年
14歳未満で刑罰法令に触れる行為をした少年をいう（少年法3条1項2号）。刑法41条は「14歳に満たない者の行為は、罰しない」と規定し、刑事未成年者である少年は刑事責任能力を有しないので、処罰対象から除外している。児童福祉法による処分が原則として行われるが、都道府県知事または児童相談所長から送致を受けた場合に限って、家庭裁判所の審判の対象となる（少年法3条2項）。この場合、家庭裁判所は触法少年に対して保護処分を決定する（少年法24条1項）。

▶長崎幼児殺害事件
2003（平成15）年長崎市内に家族で買い物に来ていた当時4歳の男児に対して、当時中学1年の少年が、暴行を加えた。その時、防犯カメラが設置されていることに気づいて、男児を抱き上げ手すり越しに屋上から通路に突き落として殺害した事件。加害者が、中学1年の少年であったことから「凶悪な少年事件」「非行の低年齢化」とも騒がれた。

▶佐世保同級生殺害事件
2004（平成16）年長崎県佐世保市の小学校で、6年生の女子児童が同級生の女児にカッターナイフで切り付けられ、死亡した事件である。小学生の女子児童による殺人事件でかつ学校が舞

1　保護処分による児童相談所送致とは

　非行を犯した少年について、保護処分や保護的措置による不処分よりも、福祉機関の支援に委ねるのが適当であると認められる場合に決定される。つまり、少年自身の非行性が強いのではなく、家庭環境などの環境面における保護に欠ける「要保護性」により、継続的な指導を必要とする場合には、都道府県知事または児童相談所長送致の決定がなされる。

　なお、都道府県知事送致と明記されているが、結局、児童相談所へ送致せざるをえないので、実務上、児童相談所長送致決定とされる。**触法少年**の場合、家庭裁判所送致の判断が決定される前に、まず児童相談所が先議するという「児童相談所先議の原則」が、1949（昭和24）年の少年法改正で成立した。これによって、触法少年に対する処遇は、少年司法ではなく児童福祉が優先されることとなり、「児童福祉優先の理念」が確立した。

2　「児童福祉優先の理念」を揺るがす状況

　「**長崎幼児殺害事件**」「**佐世保同級生殺害事件**」という14歳以下の少年による殺人事件が続いて起こった。さらに、統計上、顕著に増えたわけではないが、少年非行の「低年齢化」「凶悪化」が強調され、マスコミ等の影響もあり、2007（平成19）年11月1日、少年法と少年院法が改正施行された。その内容は、①重大触法事件の児童相談所から家庭裁判所への原則送致の義務化、②触法少年への警察の調査権限と児童相談所への送致権限の付与、③触法少年の少年院送致を可能にする少年院送致年齢の引き下げ、など触法少年をめぐる非行法制の再編が行われたものであり、児童相談所の非行相談実務に大きな影響を及ぼす改正であった。

3　児童虐待通告の急増と児童相談所の変容

　上述の流れと並行して児童相談所の相談内容が大きく変容していった。それは周知の通り、児童虐待通告件数の急増である。最近では、「児童相談所」ではなく「児童虐待相談所」とまで揶揄されている。その一方で、児童相談所の「非行相談」対応機能が十分ではないと指摘されている。さらに、児童相談所の職員配置が相談件数に追いついていない状況が慢性化している。また首都圏

の児童相談所一時保護所は満所状態であり，幼児から小中学生が同じ空間で生活しなければならない。そして，一時保護後，家庭復帰が想定できるケースではなく，児童養護施設措置が想定されるケースの場合，さらに以下のような問題がある。それは一時保護されている子どもたちで，児童養護施設措置が必要な子どもたちが，児童養護施設が満所状態であるため，長期保護を余儀なくされている。したがって，多くの「被虐待」で保護されている児童の中へ，「非行」ケースの児童が一緒に，同じ空間で生活することになる。つまり，保護処分として「非行性」よりも「要保護性」が重視され，児童相談所送致決定がされたとしても，十分な対応や「行動観察」ができるのかという危惧がある。

❹ 重大触法事件の家庭裁判所原則義務化と児童相談所送致

保護処分の一つとして，「児童自立支援施設送致」がある。しかし，前述した長崎・佐世保事件の際，その警察の通告に対して，児童相談所は十分な「先議」をせずに，即刻，家庭裁判所送致としたとして批判を受けた。もはや児童相談所は重大触法事件の対応ができないという印象を与えるものであった。このような状況が，保護処分としての児童相談所送致という判断に多大な影響を与えたと考えられる。

その一方で，専門相談機関として，児童相談所は必要な調査・診断を行い，非行事実の重大性だけでなく，その要保護性の程度を実質的に判断し，またその年齢を考慮した上で，家庭裁判所送致を決定していたという意味で，児童相談所先議の原則は機能し，児童福祉優先の理念は堅持されているという見解もある。

そして，少年法・少年院法改正に伴い今までの「14歳以上」の「下限撤廃」に関しても，児童福祉の支援範囲を「概ね『12歳程度』以下の年少少年とすること」とされた。次に「『実質的責任能力』という視点から，家庭裁判所送致の『下限年齢』について再検討し，『児童相談所運営指針』に明記すべき」ことが求められた。

❺ 新たに児童相談所送致に期待されること

近年，「非行問題」の傾向が変わってきたといわれている。それは「**発達障害と問題行動**」との関係で捉えることができる。一概に「発達障害」といっても範囲が広すぎるが，「**注意欠陥／多動性障害**」（ADHD）や「**アスペルガー症候群**」等の診断をされた子どもたちが「問題行動」（非行）を起こしてしまうケースが増えている。さらに，そのような症状を呈する子どもたちの多くが，「被虐待」経験を有する。しかし，「被虐待」が必ずしも「発達障害」を引き起こすわけではない。気質的要因もある。

（小木曽　宏）

台であり，パソコンネット上のトラブルが注目され，世間に大きな衝撃と波紋を広げた。

▷**発達障害と問題行動**
近年，児童相談所送致となる子どもの可能性として，非行原因に「発達障害」が認められ，それが家庭環境要因との関係で「虐待」や「ネグレクト」からくるものと判断される可能性が高い。「発達障害」を伴う「非行少年」への対応は，今後，児童福祉領域（児童相談所，児童養護施設，児童自立支援施設）だけではなく，少年司法領域（家庭裁判所，鑑別所，少年院等）と協力，連携を通して支援の手立てを講じて行かなければならない課題である。

▷**注意欠陥／多動性障害（ADHD）**
Attention Deficit Hyperactivity Disorder の略。不注意な行動が多く，多動性，衝動性が認められない「不注意優勢型」，不注意は認められず多動性，衝動性が強い「多動性─衝動性優勢型」，不注意，多動性，衝動性すべてが認められる「混合型」がある。

▷**アスペルガー症候群（AS：Asperger Syndrome）**
知的障害を伴わないものの，興味・コミュニケーションについて特異性が認められる広汎性発達障害の一種である。自閉症スペクトラムに分類され，パーソナリティ障害とも強い関連性があると指摘される。特定の分野については驚異的なまでの集中力と知識をもつが，考えが偏っていたり，感情表現が困難といった特徴をもつ。

Ⅲ 更生保護と少年司法

 児童養護施設・児童自立支援施設

1 設置目的と指導理念

児童養護施設と児童自立支援施設はともに児童福祉法に規定された児童福祉施設である（表Ⅲ-1参照）。

児童養護施設は，何らかの理由により保護者の下で生活できない子らが児童相談所の判断で入所し，施設で生活を営みながら地域の一般学校に通学する。外出等も子どもの生活状況を勘案しながら開放的に対応している。

児童自立支援施設（かつて「教護院」と称された）は，非行傾向などを有する子らが児童相談所や家庭裁判所の判断で入所し，生活も教育も同一敷地内で営まれることに大きな特徴がある（家裁判断による入所が約2割）。外出も制限を加えて指導することが多く，一般的には「枠のある生活」と称され，日課や持ち物等において生活上の制限を課していることが多い。しかしながら少年院のような鍵付きの部屋に拘束をすることはない。あくまでも児童福祉内の開放処遇を旨としている（国立2施設においては**強制的措置**を採ることができる）。

2 養護問題の発生理由と被虐待経験

▷**強制的措置**
1949（昭和24）年の児童福祉法第三次改正により教護院（現・児童自立支援施設）において児童を鍵のかかる部屋に隔離し，強制的に保護することができるようになった。家庭裁判所の審判により日数が決定される。当時，12か所の施設で指定されたが，現在は施設の不備などから国立2施設（武蔵野学院，きぬ川学院）のみで実施される。

▷**児童相談所**
児童福祉法12条に基づき，都道府県，指定都市，中核市（2006年から）に設置された児童福祉の各種相談専門機関。児童及び家庭について，必要な調査，診断

親の死亡や行方不明などにより監護を受けられない子や，両親がそろっていても虐待等などから監護させられないと**児童相談所**に判断された子の養育は，国や地方公共団体が担うことになる（児童福祉法）。

現在，里親・ファミリーホーム委託，および児童養護施設，児童自立支援施設などへの入所，つまり**社会的**

表Ⅲ-1 児童養護施設と児童自立支援施設

	児童養護施設	児童自立支援施設
法的根拠	児童福祉法41条	児童福祉法44条
設置目的	保護者のない児童（乳児を除く。ただし，安定した生活環境の確保その他の理由により特に必要のある場合には，乳児を含む。以下この条において同じ），虐待されている児童その他環境上養護を要する児童を入所させて，これを養護し，あわせて退所した者に対する相談その他の自立のための援助を行う	不良行為をなし，又はなすおそれのある児童及び家庭環境その他の環境上の理由により生活指導等を要する児童を入所させ，又は保護者の下から通わせて，個々の児童の状況に応じて必要な指導を行い，その自立を支援し，あわせて退所した者について相談その他の援助を行う
入所経路	児童相談所（審判による保護処分を含む）	児童相談所（審判による保護処分を含む）
主な職員	児童指導員，保育士，個別対応職員，家庭支援専門相談員，心理療法担当職員	児童自立支援専門員，児童生活支援員，個別対応職員，家庭支援専門相談員，心理療法担当職員
学校教育	学校区の一般学校に通学	施設内の公教育（本校・分校・分教室）
施設数	601か所	58か所
児童数	2万8183人	1524人

（注）1：施設数，児童数は，「福祉行政報告例」（2014年10月1日末現在。厚生労働省）による。
2：「少年保護事件非行別終局処分」（2010年度）によると，児童自立支援施設又は児童養護施設に送致された少年は297人で，0.3%である（児童養護施設送致人員数は極めて少なく，ほとんどが児童自立支援施設送致だと思われる）。（『家庭裁判月報』2012年2月）

養護の場で養育を受ける子は約4万6000人である（2014年10月1日現在）。

厚生労働省は5年ごとに施設入所児童の調査を行っているが，直近の2013年2月時点の結果をみると，被虐待経験の有無について「被虐待経験あり」は児童養護施設で59.5％（前回53.4％），児童自立支援施設で58.5％（前回65.9％）となっており，総じて施設で暮らす子には育児放棄や暴力などの被虐待経験が多い。また入所児のうち身体，精神などの障害がある子の割合は，児童養護施設28.5％（前回23.4％），児童自立支援施設46.7％（前回35.4％）でいずれも過去最高となっている。

戦争直後の養護問題発生理由の大半は「親の死亡」であったが，現在は9割以上の子には親が存在する。児童養護施設について措置理由をみると，「（父・母・父母の）死亡」2.2％，「（父・母・父母の）行方不明」4.3％である。親が存在するにもかかわらず，親の養育を受けられない子が増加しており，親への支援を含め，難しい対応が求められている。また，養育の過程で様々な心の傷を受けた子らへの支援も難しさを増しており，社会的養護間の連携において困難性が増している。ひと昔前のように「衣食住」を提供して事足る状況ではない。施設では求められる対応の変化に伴い，個別対応職員，家庭支援専門相談員，心理療法担当職員などの職員配置がなされてきたが，入所児の量的増加と質的変化に十分に対応できていない状況が続いている。

③ 小規模化・家庭的養護の推進

児童養護施設の5割が大舎制（2012年3月現在）で，定員100人を超えるような大規模施設もあることから，厚生労働省は**小規模化と施設機能の地域分散化**による家庭的養護の推進を提言している（「社会的養護の課題と将来像」2011年7月）。また，社会的養護の整備量の将来像について，今後十数年かけて，①概ね3分の1が里親及びファミリーホーム，②概ね3分の1がグループホーム，③概ね3分の1が本体施設（児童養護施設はすべて小規模ケア）という姿に変えていくとしている（「社会保障審議会児童部会社会的養護専門委員会」2012年11月）。

大規模施設は，ともすれば日課や規則にしばられた生活になりがちで，一般家庭に近い生活体験をもちにくく，養育者である職員と入所児の関係性が保ちにくいという短所もある。一方，小規模化の意義は認められるが，結果的に職員が一人で対応する場面が多くなり，子どもとの関係性，調理や家事の力量，小規模施設の運営・管理など，求められることも多岐にわたる。ホーム内の閉鎖性や独善的対応になる危険性もある。地域において，できる限り家庭に近い環境で養育することの意義は大きいが，そのための予算的対応や職員体制をはじめとする手厚いケアの充実が求められる。

（小林英義）

（社会・心理・医学・行動）及び判定の上，必要に応じて一時保護，施設入所，里親委託等の措置を行う。児童虐待や少年事件では司法（家庭裁判所）との連携も課題となっている。⇒Ⅲ-6「児童相談所」

▶社会的養護

親の死亡や行方不明などにより監護を受けられない児童，又は虐待などで親に監護させることが適当でないと判断された児童を，公的な責任（国や地方公共団体）において養育することを社会的養護という。施設入所や里親委託等の児童は約4万6000人。このうち里親委託等の委託率はわずか15.6％である（厚生労働省，2015年）。

▶小規模化と施設機能の地域分散化

家庭的養護を推進するため，本体施設のケア単位の小規模グループケア化（オールユニット化）や本体施設の小規模化（全施設の定員を45人以下）を進めること，また施設機能を地域に分散し，施設を地域の社会的養護の拠点にすることが，「社会的養護の課題と将来像」（2011年7月）で提言された。

Ⅲ　更生保護と少年司法

 8　少年法と児童福祉法：児童から少年，そして大人へ

1　少年法と児童福祉法の目的

　少年法は，「少年の健全な育成を期し，非行のある少年に対して性格の矯正及び環境の調整に関する保護処分」を行うことをその主たる目的としている（少年法1条）。また，児童福祉法は，すべての児童が，ひとしくその生活を保障され，愛護されることを目的とし（児童福祉法1条2項），すべての国民は，児童が心身ともに健やかに生まれ，かつ，育成されるよう努めなければならず（児福1条1項），国や地方公共団体も，保護者とともに，児童を心身ともに健やかに育成する責任を負っている（児福2条）。

　この2つの法律は，ともに戦後の「焼け跡時代」に，日本の子どもたちを保護するためにつくられた。子どもが元気に生まれ，育っていくために，国や自治体は，保護が不十分な子どもの生活を守り，愛護する。少年が非行をおかせば，その性格を矯正し，生活環境を改善する。よりよい環境の中で，子どもが安心して生活し，成長していくことを望まない大人はいないであろう。しかし，幼い子どもがペットのように「愛護」され，少年の性格が恣（ほしいまま）に「矯正」されてしまうとしたら，それは問題である。

2　子どもと大人の分水嶺

　少年法は，19歳以下を少年と呼ぶ（少2条）。児童福祉法は，17歳以下を児童と呼び，①1歳未満を乳児，②1歳から小学校就学始期前を幼児，③小学校就学から18歳になる前までを少年と呼ぶ（児福4条1項）。両法律では，同じ「少年」という言葉が使われていても，その対象年齢が異なる。

　2007（平成19）年5月，「日本国憲法の改正手続に関する法律」，いわゆる「国民投票法」が成立し，憲法改正の国民投票に際しては18歳以上を成年とみなす規定を設けた。さらに，2015（平成27）年6月，「公職選挙法等の一部を改正する法律」によって，選挙権年齢も18歳以上に引き下げられた。2016（平成28）年に施行されると，約240万人が新たに有権者となる。なお，「裁判員の参加する刑事裁判に関する法律」（いわゆる「裁判員裁判法」）によれば，裁判員の選任は，衆議院議員の選挙権を有する者から選任されることになっている（同法13条）。ただし，「裁判員の参加する刑事裁判に関する法律の適用の特例」附則10条によって，「年齢満18年以上満20年未満の者については，当分の間」裁

▷1　⇨Ⅲ-1「非行少年の取扱い手続き」

▷2　⇨Ⅲ-6「児童相談所」，Ⅲ-7「児童養護施設・児童自立支援施設」

判員の職務に就くことができない(同法第15条第1項)。

　民法の成人年齢や少年法の適用年齢も，区切りを18歳に引き下げようとする動きがある。しかし，画一的に「成年者」を定める必要はない。それぞれの法の目的と現状を勘案して，適用年齢を定めるべきである。未成年者が自由にローン契約や養子縁組をすることが可能になることを危惧する意見，税法上の未成年者控除，刑法上の未成年者保護，未成年者飲酒禁止法，未成年者喫煙禁止法，競馬法・自転車競技法・モーターボート競走法・小型自動車競走法等の公営賭博禁止規定などの未成年者保護規定を引き下げることには慎重な意見がある。実質的な保護の必要性を配慮すべき領域においては，18歳から22歳を若年成人として過渡的な保護制度を設けることも考えられてよい。

3　家庭裁判所の決断

　家裁は，非行をおかして送致されてきた少年を審判に付し，処分を決める。保護処分には，保護観察(1号)，児童自立支援施設又は児童養護施設への送致(2号)，少年院送致(3号)の3つがある(少24条)。死刑，懲役又は禁錮に当たる罪については，罪質と情状に応じて検察庁に送致し(いわゆる「逆送」)，大人と同じ刑事裁判に付すことがある(同法20条1項)。

　上記の2号の保護処分は子どもの福祉を強調する厚生労働省，3号は非行少年の矯正を主たる関心とする法務省の所管である。家裁の決断は，子どもの人生にとって決定的な意味をもつ。

4　「要保護対象」が「処罰対象」に

　母親が服役中に刑務所の近くの病院で産まれ，赤ん坊の頃は乳児院で育てられ，子ども期を養護施設で過ごし，脱走と小さな非行を繰り返し，審判に付されて教護院(現在の**児童自立支援施設**)に送られ，その後も非行が収まらず，初等・中等・特別と**少年院**を渡り歩き，**仮退院**したが，未成年で強盗殺人を犯して複数人を殺害し，成人と同じ刑事裁判で死刑判決が確定し，拘置所でその執行を待つ人がいる。この人の人生のほとんどは施設の中である。束の間の世間での自由な生活で重大な犯罪をおかして再び施設生活。現代の日本の実際の話である。

　親に捨てられ，虐待された子どもたちが，少し大きくなって悪戯や非行が目立つようになると非行少年と呼ばれる。大人並みの重大犯罪をおかすと凶悪犯になる。昨日まで福祉の対象だった要保護児童(児福6条の3第8号)が，ある日突然，一人前の大人として刑事責任が問われる。凶悪な少年犯罪の背景には必ずといってよいほど「悲惨な子ども時代」がある。そうした背景を社会が解決すべき課題として認識することがきわめて重要である。　　　(石塚伸一)

▷児童自立支援施設
⇨ Ⅲ-7「児童養護施設・児童自立支援施設」

▷少年院
⇨ Ⅲ-5「少年院」

▷仮退院
⇨ Ⅴ-4「少年院からの仮退院」

Ⅳ 社会復帰のための生活環境の調整

刑事施設被収容者に対する生活環境の調整

▷矯正施設
⇨ コラム2 「施設内処遇と社会内処遇」, Ⅲ-5 「少年院」, Ⅴ-1 「仮釈放等の種類」

▷刑
⇨ Ⅱ-2 「成人犯罪者の手続き」, コラム1 「犯罪と刑罰」

▷保護処分
⇨ Ⅲ-1 「非行少年の取扱い手続き」

▷補導処分
⇨ コラム1 「犯罪と刑罰」, Ⅴ-1 「仮釈放等の種類」

▷刑事施設
⇨ Ⅴ-1 「仮釈放等の種類」

▷少年院
⇨ Ⅲ-5 「少年院」

▷ 1 少年法56条3項の規定により懲役又は禁錮の刑の執行のため少年院に収容されている者：懲役又は禁錮の言渡しを受けた16歳未満の少年については，16歳に達するまでは，少年院で刑の執行をすることができる。

▷婦人補導院
⇨ Ⅴ-1 「仮釈放等の種類」

▷保護観察所
⇨ Ⅰ-2 「更生保護の組織(1)：保護観察所」

1 生活環境の調整の意義

犯罪の原因については，これを生物的な要因に求める説と社会的な要因に求める説との間での長い論争の歴史があり，現在もそれぞれの立場で実証的な研究が続けられている。一方，そうした原因論の探求とは別に，実務上は，生活環境，すなわち，住居，家族，就業先，学校，地域等の状況が，直接・間接に犯罪者に影響を与えることが経験的に知られている。とりわけ，**矯正施設**に収容されていた者が社会に戻った際，その生活環境が適当なものでなければ再び犯罪に至る要因となり得ることは看過できない。そこで，矯正施設に収容されている段階で，その者の改善更生・円滑な社会復帰にふさわしい生活環境をあらかじめ整えることが大切であり，そのための措置を生活環境の調整という（更生保護法82条）。

2 調整の対象者

生活環境の調整は，**刑**，**保護処分**又は**補導処分**の執行のため矯正施設に収容されている者に対して行われる。具体的には，以下の者が調整の対象となる（更生82条，売春防止法24条1項）。

① 懲役，禁錮等の刑の執行のため**刑事施設**に収容されている者（以下「刑事施設被収容者」という）

② 少年法56条3項の規定により懲役又は禁錮の刑の執行のため**少年院**に収容されている者[1]

③ 少年院送致の保護処分の執行のため少年院に収容されている者

④ 補導処分の執行のため**婦人補導院**に収容されている者

以下，本節では①を，次節では③を中心にそれぞれ概観するが，3〜6の基本的な事項は，上記①〜④いずれの対象者についても更生保護法の規定は同じであり，実務も多くは共通している。

3 調整の実施者等

刑事施設被収容者が釈放された後に居住する予定の住居の所在地を管轄する**保護観察所**の長が調整の実施者となる。保護観察所の長は，収容中の調整の対象者について，その社会復帰を円滑にするため必要があると認めるときは，収

容中の生活環境の調整を行うものとされている。一般的に，上記❶のとおり生活環境は犯罪に影響を及ぼしていることに加え，本件犯罪・収容によって，以前の仕事に戻れない，あるいは家族等が受入れを拒んで帰住する住居がないなど，社会復帰に支障がある場合は多い。そこで，運用においては，一部の例外を除き，広くその必要性を認めて調整を行うのが通例となっている。

　保護観察所の長は，対象者の特性，とるべき措置の内容その他の事情を勘案し，**保護観察官**又は**保護司**に生活環境の調整を行わせる（更生84条）。

　また，**地方更生保護委員会**は，帰住地の確保を一層促進するため，生活環境の調整に関し，被収容者との面接等の調査や保護観察所の長に対する助言・指導，保護観察所相互間の連絡調整を行う（更生82条2項，3項）。

❹ 調整を行う事項

　適切な住居及び就業先は，刑事施設被収容者の釈放後の改善更生のため特に重要である。そのため，法律は，釈放後の住居及び就業先を，調整を行う事項として例示している（更生82条）。実務上は，これらに加え，引受人等，家族その他の関係人の理解・協力，通学先，公共の衛生福祉に関する機関その他の機関からの必要な保護等の確保等が調整事項として挙げられる（社会内処遇規則112条1項）。

❺ 調整の方法

　調整は，以下の方法により継続的に行う（社会内処遇規則112条2項・3項）。①調整の対象者との面接・通信その他の方法により，釈放後の生活の計画等を把握し，必要な助言等を行うこと。②引受人等・関係人と必要な協議をし，必要な援助及び協力を求めること。③官公署，学校，病院，公共の衛生福祉に関する機関その他の者に対し，必要な援助及び協力を求めること。④矯正施設の長に対し，参考資料・情報の提供，調整の対象者に対する助言その他必要な協力を求めること。

　なお，高齢であり又は障害を有し，特に自立が困難で帰住先がない被収容者に対しては，釈放後速やかに適切な福祉サービスを受けることができるよう，司法と福祉との多機関連携による**特別調整**が行われている。

❻ 調整結果の活用

　生活環境の調整は，調整の対象者の釈放後の改善更生・円滑な社会復帰のため行われるが，併せて，その状況は，保護観察所の長から刑事施設の長及び地方更生保護委員会に通知され，刑事施設では矯正処遇に活用され，また，地方更生保護委員会では仮釈放等の審理における重要な資料とされる。さらに，対象者が釈放された後の，**保護観察**及び**更生緊急保護**にも活用される。　　　（田中一哉）

▷保護観察官
⇨Ⅶ-1「保護観察官」
▷保護司
⇨Ⅶ-2「保護司」
▷地方更生保護委員会
⇨Ⅰ-3「更生保護の組織(2)：地方更生保護委員会」
▷2　地方更生保護委員会の生活環境の調整への関与：刑の一部の執行猶予制度（⇨ⅩⅥ-5）の施行の際の更生保護法改正によって（2013〔平成25〕年6月19日法律第49号），帰住地の確保を一層促進するため，地方更生保護委員会が，被収容者との面接等の調査や保護観察所の長に対する助言・指導，保護観察所相互間の連絡調整を行うこととされた（同法82条2項・3項）。
▷3　公共の衛生福祉に関する機関その他の機関：例えば，生活保護法，生活困窮者自立支援法，医療法，感染症法，障害者総合支援法，精神保健福祉法，児童福祉法，母子保健法，老人福祉法，介護保険法，雇用保険法，住宅セーフティネット法等によって，医療や保護，福祉サービスの給付等を実施する公共の機関や事業者等をいう。
▷特別調整
⇨Ⅸ-2「地域生活定着支援センター・特別調整」
▷保護観察
⇨第Ⅵ章「保護観察」
▷更生緊急保護
⇨Ⅷ-1「更生緊急保護の目的・対象・期間」，Ⅷ-2「更生緊急保護の内容・手続き」

Ⅳ　社会復帰のための生活環境の調整

 # 少年院在院者に対する生活環境の調整

▷少年院送致の保護処分
⇨ Ⅲ-1「非行少年の取扱い手続き（非行少年とは）」

▷少年院
⇨ Ⅲ-5「少年院」

▷少年法
⇨ Ⅲ-1「非行少年の取扱い手続き（非行少年とは）」

▷帰住予定地
刑事施設被収容者が釈放された後に居住する予定の住居の所在地。⇨ Ⅴ-1「仮釈放等の種類」

▷保護観察所
⇨ Ⅰ-2「更生保護の組織(1)：保護観察所」

▷公共の衛生福祉に関する機関その他の機関
⇨ Ⅳ-1「刑事施設被収容者に対する生活環境の調整」

▷地方更生保護委員会
⇨ Ⅰ-3「更生保護の組織(2)：地方更生保護委員会」

▷少年院仮退院後の保護観察
⇨ 第Ⅵ章「保護観察」

1　生活環境の調整の意義

刑事施設被収容者と同様に，**少年院送致の保護処分**の執行のため**少年院**に収容されている段階で，在院者の改善更生・円滑な社会復帰にふさわしい生活環境をあらかじめ整えるための措置を生活環境の調整という。

少年法は，その目的規定（少1条）において，非行のある少年に対して，その健全な育成を期して「環境の調整」を行うことを「性格の矯正」と併せて，保護処分の内容としているが，少年の可塑性・発達可能性に着目すると，少年院在院者に対する生活環境の調整はとりわけ重要な意義をもつ。

2　調整の実施者

帰住予定地を管轄する**保護観察所**の長が調整の実施者となる（刑事施設被収容者と同様）。

3　調整を行う事項

出院後の住居及び就業先（更生保護法82条）のほか，①引受人等，②家族その他の関係人の理解・協力，③通学先，④**公共の衛生福祉に関する機関その他の機関**からの必要な保護等の確保等も調整事項とされる（社会内処遇規則112条1項）のは刑事施設被収容者と同様であり，また，**地方更生保護委員会**の関与についても，刑事施設被収容者と同様である。

少年院在院者については，実務上，例えば，次のような事案が問題となる場合が多く，各事案に応じた調整が行われている。

・地域における不良交友が深刻である事案

暴走族や地域の不良グループに属するなど，少年院に入院する前の地元地域での不良交友が深刻である場合，以前の住居地に帰住すれば直ちに不良交友が再燃し，生活の崩れや再非行・再犯が予想される。グループの解体や不良交友の断絶が望ましく，また，**少年院仮退院後の保護観察**では交友，余暇利用等について指導していくが，予後が厳しいと見込まれる場合，例えば，保護者の協力を得ながら，他の親族のもとなどへの帰住を調整することがある。

・復学や就学のための調整

少年院在院者が学生・生徒である場合，仮退院となった後に在籍校に復学さ

48

せるための調整が必要であるほか，在籍校を退学となるなどし新たな学校への入学を希望する場合，資格取得等を目指して新たに就学を希望する場合等，当該校の受験手続等を含む調整が必要となる。

・家庭内暴力の加害者，被虐待経験のある者等

少年院在院者が，親，兄弟姉妹，祖父母等に対し暴力を振るう，いわゆる家庭内暴力の加害者である場合，逆に，親等から虐待を受けていた場合，その他家庭内に深刻な葛藤がある場合等は，親族が受入れを拒んでいる，あるいは，同居が適当でないと判断されることが多く認められる。こうした事案では，他の親族等の協力を求める，児童福祉関係の機関と連携を図ることなどによって，保護者等以外の帰住予定地を確保し，設定するのが調整内容となる。

4 調整の方法

調整は，少年院在院者の場合も刑事施設被収容者と同様に，①調整の対象者との面接・通信，②引受人等・関係人との協議，③官公署，学校，病院，公共の衛生福祉に関する機関その他の機関との協議，④矯正施設との協議等の方法により行う。

生活環境の調整は，ソーシャルワークにおける間接援助技術に類似する。すなわち，主に個人を取り巻く環境的な側面に対する関わり・働きかけを通じて行い，(1)導入→(2)情報収集・アセスメント→(3)調整計画の策定→(4)調整の実施→(5)評価……という一連の過程とその反復により，調整の対象者が出院するまで継続して実施する。

なお，その過程で，保護観察所の長は，**保護観察官**又は**保護司**による調整の実施状況を踏まえて，調整の対象者を収容している少年院の長及び施設所在地を管轄する地方更生保護委員会に対し，その状況を通知する。

調整の具体的な目標は，まずは，(1)引受人等・住居の設定であり，次に，(2)生計・職業の準備となる。

調整を実施する過程では，(a)「帰住を阻害する要因の除去・緩和」「帰住を促進する要因の付与・強化」，(b)「更生を阻害する要因の除去・緩和」「更生を促進する要因の付与・強化」を図る作業を計画的かつ継続的に実施する。

5 調整結果の活用

生活環境の調整は，刑事施設被収容者の場合と同様に，調整の対象者の出院後の改善更生・円滑な社会復帰のため行われるものだが，併せて，その状況は，保護観察所の長から，少年院の長及び地方更生保護委員会に通知され，少年院においては矯正教育に活用され，また，地方更生保護委員会においては少年院仮退院の審理における重要な資料とされるほか，調整の対象者が出院した後の，保護観察等にも活用される。

(田中一哉)

▷保護観察官
⇨ Ⅶ-1「保護観察官」

▷保護司
⇨ Ⅶ-2「保護司」

Ⅳ 社会復帰のための生活環境の調整

保護観察における生活環境の調整

▶再犯・再非行の要因
欧米での実証研究では，再犯・再非行の主なリスク要因として，①反社会的な行動歴，②反社会的な人格，③反社会的な認知（考え方），④反社会的な交友関係，⑤家族・配偶者に関する問題，⑥仕事・学校に関する問題，⑦余暇の過ごし方の問題，⑧アルコールや薬物の乱用があるとされており，これらの要因が積み重なった場合には再犯・再非行の可能性が高くなることが明らかとなっている。このうち，④〜⑧の改善には，環境面の変化が大きく影響すると考えらえる。

▶保護観察官
⇨ Ⅶ-1「保護観察官」

▶保護司
⇨ Ⅶ-2「保護司」

▶補導援護
⇨ Ⅵ-5「補導援護」

▶生活保護法38条
保護施設の種類として，救護施設（身体上又は精神上著しい障害があるために日常生活を営むことが困難な要保護者を入所させて，生活扶助を行うことを目的とする施設），更生施設（身体上又は精神上の理由により養護及び生活指導を必要とする要保護者を入所させて，生活扶助を行うことを

① 保護観察における生活環境の調整の意義

　保護観察は，対象者の再犯を防ぎ，非行をなくし，その改善更生を図ることを目的として行われるが，**再犯・再非行の要因**は，反社会的な考え方や就労意欲の乏しさなど対象者の資質面にあるばかりではなく，対象者を取り巻く環境面にも存在することが多い。また，それらの環境を改善することが対象者の努力のみでは困難なケースもある。そこで，保護観察においては，**保護観察官**や**保護司**が，必要に応じて，保護観察対象者の生活環境を調整するために，環境面への働きかけを行っている。

② 補導援護における生活環境の改善及び調整

　更生保護法58条では，保護観察における**補導援護**の方法として「生活環境を改善し，及び調整すること」が明記されており，その具体的な内容が運用通達において次のように例示されている。

- **生活保護法38条**に規定する保護施設等の施設への入所をあっせんすること
- 保護観察対象者の改善更生を助けることについて，家族その他の関係人の理解及び協力を求めること
- **公共職業安定所**に対し，就労支援又は職業紹介を依頼すること
- 保護観察対象者の改善更生に協力する事業主に雇用又はその継続を依頼すること
- 通学を継続できるよう学校に対し理解及び協力を求めること
- 医療機関に対し必要な診察又は治療を受けさせること
- **生活保護法11条1項8号**に掲げる保護を受けられるようにあっせんすること

　また，補導援護の方法には，保護観察対象者が健全な社会生活を営むために必要な助言その他の措置をとることが含まれている。そこで，保護観察対象者の再犯・再非行を防止し，その改善更生を図るという保護観察の目的に照らし，保護観察においては，反社会的な集団からの離脱の支援，向社会的な交友や活動のあっせん，健全な余暇活動のあっせんなども行われている。

③ 応急の救護における生活環境の調整

　更生保護法62条に規定する**応急の救護**は，保護観察対象者が適切な医療，食

事，住居その他の健全な社会生活を営むために必要な手段を得ることができるよう保護観察所の長が対象者を援護又は救護するものである。その中には，適切な住居その他の宿泊場所がない者に対して宿泊場所等を供与することが含まれており，更生保護法人等が運営する更生保護施設への対象者の委託保護などは積極的に行われている。これらも保護観察中の生活環境の調整に相当すると考えられる。

4 家庭裁判所による環境調整命令

家庭裁判所は，保護観察及び少年院送致の保護処分において，保護観察所の長をして家庭その他の環境調整に関する措置を行わせることができる（少年法24条2項）。これに基づく家庭裁判所からのは命令は，実務上「環境調整命令」と呼ばれている。環境調整命令の内容は，家族関係の調整，公的扶助や適切な就職先のあっせん，住居地の調整，学校，交友関係の調整などが挙げられる。しかし，家庭裁判所の命令がなくとも，保護観察においては，必要に応じて，補導援護又は応急の救護としての生活環境の調整が行われるため，実際に家庭裁判所から環境調整命令が出されるケースは極めて少ない。

5 家族への働きかけ

保護観察対象者に大きな影響を与える環境の一つは，その家族である。家族が反社会的な考え方や行動をしている場合はもちろん，家族が対象者を放任や拒絶，あるいは虐待している場合には，その状態が対象者の再犯・再非行の要因となり得る。特に，対象者が少年の場合には，保護者の態度が対象者の生活に極めて大きく影響する。このため，保護観察所の長は，必要があると認めるときは，保護観察に付されている少年の保護者に対し，少年の観護に関する責任を自覚させ，その改善更生に資するため，指導，助言その他の適当な措置をとることができることになっている（更生59条）。これには，保護観察官や保護司が，保護者に対して指導，助言を行うほかに，子どもの監護意欲や監護力を高めるための講習会等に保護者に参加してもらうことも含まれる。多くの保護観察所では，「家族教室」「保護者会」「引受人会」といった名称で保護者等を対象とした講習会やグループワークを開催している。

なお，保護観察対象者の家族は，多くの場合，その対象者の犯罪や非行，あるいは問題行動によって様々な迷惑を被ってきた被害者としての側面がある。また，家族は，対象者の立ち直りを支える重要な資源としてみることができる。したがって，通常の場合，家族への働きかけは，その心情を十分に理解し，家族との信頼関係を築きながら，適切な対象者の監護について協力を求めるといったスタンスで実施されている。

（角田　亮）

目的とする施設），医療保護施設（医療を必要とする要保護者に対して，医療の給付を行うことを目的とする施設），授産施設（身体上もしくは精神上の理由又は世帯の事情により就業能力の限られている要保護者に対して，就労又は技能の修得のために必要な機会及び便宜を与えて，その自立を助長することを目的とする施設），宿所提供施設（住居のない要保護者の世帯に対して，住宅扶助を行うことを目的とする施設）を規定している。

▶公共職業安定所
⇨ XI-8「就労支援機関：ハローワーク」

▶1　⇨ X-3「協力雇用主」

▶生活保護法11条1項
保護の種類として，生活扶助（1号），教育扶助（2号），住宅扶助（3号），医療扶助（4号），介護扶助（5号），出産扶助（6号），生業扶助（7号），葬祭扶助（8号）を規定している。

▶応急の救護
⇨ VIII-3「応急の救護」

Ⅳ 社会復帰のための生活環境の調整

保護観察付執行猶予者の確定前の生活環境の調整

① 保護観察付執行猶予確定前の生活環境調整の意義

犯罪により逮捕され，身柄を勾留されていた者は，保護観察付執行猶予の言渡しを受けると釈放されるが，執行猶予に伴う**保護観察**は刑が確定してから開始されるため，言渡しから確定までの間に空白の期間が生じることになる。しかし，中には，住居が安定しない者や就労の見込みがない者など，保護観察の開始を待つことなく，釈放後に速やかに生活環境を整える必要がある者がいる。また，住居が不定であったり，頻繁に転居を繰り返したりする者は，速やかに住居を定めさせ，その届けをさせなければ，裁判確定後の保護観察の実施が困難になる。そこで，保護観察所の長は，保護観察付執行猶予の言渡しを受け，その裁判が確定するまでの者について，保護観察を円滑に開始するため必要があると認めるときは，その者の同意を得て，その者の住居，就業先その他の生活環境の調整を行うことができることとされている（更生保護法83条）。

② 生活環境調整の必要性の判断

保護観察付執行猶予確定前に生活環境の調整が必要と認められるときについては，運用通達で次のように定められている。

- 住居が不安定であるとき又は頻繁に転居を繰り返すなど居住が不安定であるとき
- 無職であり，かつ，就業の見込みがないとき
- 家族その他その者と同居するなどしてその生活状況に配慮し，改善更生のために特に協力を期待されている者との間に良好な関係を築いていないとき
- 共犯者，暴力団関係者など改善更生の妨げとなる者からの接触が見込まれるとき
- その他生活環境の状況，確定裁判までの期間等に照らし，保護観察の円滑な実施に必要があると認めるとき

③ 生活環境調整の方法と調整事項

保護観察付執行猶予確定前の生活環境の調整は，矯正施設に収容中の者に対する生活環境の調整と同様に，保護観察官や保護司が，執行猶予の言渡しを受

▷**保護観察**
⇨ Ⅵ-2「保護観察の流れ（開始と終了）」

▷1　刑の確定：刑事裁判の言渡しは，検察官及び被告人（弁護人）が上訴（控訴，上告）等をすることなく，上訴期間等が経過したときに確定する。また，上訴権者が上訴の放棄又は取下げをしたときに確定する。なお，上訴期間は14日である。

▷2　矯正施設に収容中の者に対する生活環境の調整：⇨ Ⅳ-1「刑事施設被収容者に対する生活環境の調整」，Ⅳ-2「少年院在院者に対する生活環境の調整」

けた者の家族その他の関係人を訪問して協力を求めるなどの方法により行う。調整を行う事項も，矯正施設に収容中の者に対する生活環境の調整に準じており，住居を確保すること，改善更生を助けることについて家族等の関係人の理解及び協力を求めること，就業先又は通学先を確保すること，改善更生を妨げるおそれのある生活環境から影響を受けないようにすること，公共の衛生福祉に関する機関等から必要な保護を受けられるようにすること，その他健全な生活態度を保持し，自立した生活を営むために必要な事項とされている。

4 生活環境調整の手続

　保護観察付執行猶予の言渡しを受け，その裁判が確定するまでの者が保護観察所に出頭したときは，保護観察官が面接し，本人から生活状況を聴取するなどして，生活環境調整の必要性に関する調査を行う。その際，保護観察官は，裁判所から送付された**保護観察言渡連絡票**を参照するほか，検察官や家族などの関係人からも，その者に関する情報を入手する。そして，生活環境調整の必要があると認められるときは，その者に同意を求め，同意する場合には同意書に記入させる。その後，通常は，担当する保護司が指名され，保護司が必要な調整を速やかに行って保護観察所に対してその状況を書面により報告する。この報告を受けた保護観察官は，生活環境調整の計画の見直し，生活環境調整対象者との面接，保護司に対する指導，助言等を行う。

　なお，裁判の確定後は保護観察が開始されることから，確定後の保護観察を担当する予定の保護観察官と保護司が確定前の生活環境調整を担当することが通常である。

5 更生緊急保護との関係

　保護観察付執行猶予の言渡しを受けた者のうち，身柄を拘束されていた者は，裁判が確定して保護観察が開始されるまでの間は**更生緊急保護**の対象にもなる。したがって，確定前に生活環境の調整を要する事項が更生緊急保護の措置により調整できると認められる場合には，更生緊急保護の申出を受け，これによる措置を併せてとることとされている。実際，保護観察付執行猶予の言渡しを受けた住居不定者のほとんどは，言渡しの直後に保護観察所に出頭して更生緊急保護の申出を行い，更生緊急保護の対象者として**更生保護施設**等へ委託保護をされるなどしている。また，確定前の生活環境調整の期間が14日間しかないこともあり，更生緊急保護の措置によって当面の住居が確保されることになった場合には，確定前の生活環境調整は行わず，確定までの間は更生緊急保護の措置により，確定後は保護観察による応急の救護の措置により，更生保護施設等への委託保護を続ける場合も多い。

(角田　亮)

▶保護観察言渡連絡票
裁判所が保護観察付執行猶予の判決をしたときに保護観察所に送付する書類で，保護観察付執行猶予者に関する情報や特別遵守事項に関する裁判所の意見の見込みが記載されている。保護観察所における裁判確定前の生活環境の調整等を円滑にし，保護観察の実行を期すために，言渡しを受けた者が保護観察所を訪れる前に，保護観察所に直接送付されている。

▶更生緊急保護
⇨ Ⅷ-1「更生緊急保護の目的・対象・期間」，Ⅷ-2「更生緊急保護の内容・手続き」

▶更生保護施設
⇨ Ⅶ-3「更生保護施設」

Ⅴ 仮釈放・少年院からの仮退院等

 # 仮釈放等の種類

▷刑事施設
刑務所，少年刑務所及び拘置所の総称。刑務所，少年刑務所は主として受刑者を収容して矯正処遇を行う施設であり，拘置所は主として刑事裁判が確定していない未決拘禁者を収容する施設であるが，拘置所内にも刑務作業を行う受刑者が一定数収容されている。

▷少年院
⇨ Ⅲ-5「少年院」

▷婦人補導院
売春防止法17条に基づく補導処分に付された満20歳以上の女子を収容し，その更生のための補導を行う施設である。収容人員の減少等から，現在では東京婦人補導院が八王子少年鑑別所に隣接して設置されているのみである。⇨ Ⅴ-4「少年院からの仮退院」

▷地方更生保護委員会
⇨ Ⅰ-3「更生保護の組織(2)」

▷仮釈放
「仮釈放」は，長い間，「仮出獄」「仮出場」「少年院からの仮退院」及び「婦人補導院からの仮退院」を総称する用語とされてきたが，2005（平成17）年に「監獄法」が廃止されて「刑事収

1 仮釈放等とは

　仮釈放等とは，矯正施設（**刑事施設，少年院，婦人補導院**）に収容されている者を収容期間の満了前に釈放して更生の機会を与え，その円滑な社会復帰を図ろうとする処分であり，行政官庁である**地方更生保護委員会**によって決定される。
　仮釈放等制度の中心である**仮釈放**の機能としては，一般的に，恩恵，刑罰の個別化，社会の保護及び改善更生の四つの側面が指摘されている。
① 恩恵機能とは，仮釈放は，刑事施設内で良好な行状を保持した受刑者に対し褒賞として与えられるものであり，受刑者は，この恩典を得るために行状を慎み，刑務作業に励み，これによって刑事施設内の規律及び秩序も維持されることになるというものである。
② 刑罰の個別化機能とは，仮釈放は，個々の受刑者やその者を取り巻く環境等諸条件の変化に応じ，不必要，不適当となった拘禁を排除し，個別的正義を実現するための調整手段となるというものである。
③ 社会の保護機能とは，仮釈放は，受刑者を拘禁状態からいきなり全く拘束のない状態に釈放して社会を危険にさらすのではなく，一定期間保護観察に付すことによって規制を加えつつ指導監督し，徐々に社会生活に適応させることで再犯を防止し社会を犯罪の危険から保護するというものである。
④ 改善更生機能とは，仮釈放は，拘禁期間を必要最低限にとどめて受刑者を仮に釈放し，施設内生活から社会内生活への移行期間をまず保護観察によって個別的に指導監督し，補導援護することが，その者の改善更生にとって最も効果的であり，再犯防止のために有効であるというものである。
　仮釈放等には，以下の4種類がある。

2 仮釈放

　懲役又は禁錮の刑の執行のため刑事施設等に収容されている者（少年法56条3項により少年院において刑の執行を受ける者を含む）について，刑法28条の規定により収容期間の満了前に釈放する処分をいう。
　仮釈放を許す場合の形式的要件として，有期刑については刑期の3分の1，無期刑については10年の法定期間を経過していることが必要とされており，ま

た，実質的要件としては「改悛の状」があることが必要とされ，その内容をさらに具体化した仮釈放許可の基準が法務省令に規定されている。

仮釈放を許された者は，仮釈放の期間中，保護観察に付され（更生保護法40条），遵守事項を遵守しなければならない（更生50条，51条）。仮釈放期間中にさらに罪を犯して罰金以上の刑に処せられたとき，遵守事項を遵守しなかったとき等には，仮釈放の処分が取り消されて，再び刑事施設等に収容されることがある（刑法29条1項）。

❸ 仮出場

拘留の刑の執行のため刑事施設に収容されている者，罰金又は科料を完納できないため**労役場**に留置されている者について，刑法30条の規定により収容期間の満了前に釈放する処分をいう。

仮出場は，情状によっていつでも許すことができ，その期間中保護観察に付されることもなく，遵守事項も設定されないことから仮出場取消しの制度もない。したがって，仮出場の日をもって刑の執行は終了することとなり，実質的には終局的な釈放である。

❹ 少年院からの仮退院

保護処分の執行のため少年院に収容されている者について，更生保護法41条の規定により収容期間の満了前に釈放する処分をいう。

仮釈放と異なり，期間経過の要件はなく，「処遇の最高段階に達し，仮に退院させることが改善更生のために相当であると認めるとき」「処遇の最高段階に達していない場合において，その努力により成績が向上し，保護観察に付することが改善更生のために特に必要であると認めるとき」に仮退院が許される。

少年院からの仮退院を許された者は，仮退院の期間中，保護観察に付され（更生40条，42条），遵守事項を遵守しなければならない（更生50条，51条）。仮退院の期間中，遵守事項を遵守しなかったとき等には，少年院へ戻して収容されることがある（更生71条，72条）。

❺ 婦人補導院からの仮退院

補導処分の執行のため婦人補導院に収容されている者について，売春防止法25条1項の規定により収容期間の満了前に釈放する処分をいう。

婦人補導院からの仮退院を許された者は，補導処分の残期間中，保護観察に付され（売春防止法26条1項），遵守事項を遵守しなければならない（売春26条2項，更生50条，51条）。仮退院の期間中，遵守事項を遵守しなかったとき等には，婦人補導院からの仮退院が取り消されて再び婦人補導院に収容されることがある（売春27条1項）。

(笠原和男)

容施設及び被収容者等の処遇に関する法律」が成立し，刑法28条の「仮出獄」が「仮釈放」と変更されたことから，それ以降，総称する用語としては「仮釈放等」が使用されることが多い。近年，仮出場及び婦人補導院からの仮退院の運用実績はほとんどない。

▶労役場
労役場は，法務大臣が指定する刑事施設に附置される場所のことをいう（刑事収容施設法287条1項）。

V 仮釈放・少年院からの仮退院等

2 仮釈放等の手続き

1 仮釈放等の決定機関

仮釈放等の許否を判断する行政機関は**地方更生保護委員会**である（更生保護法16条）。法務省の地方支分部局として全国 8 か所に設置され，3 人以上政令で定める人数以内の委員（現在は15人）で組織され，3 人の委員で構成する合議体で仮釈放等の審理を行う。また，地方更生保護委員会には事務局が置かれ，仮釈放等に関する調査等に従事する保護観察官が配置されている。

2 仮釈放等の手続きの流れ

地方更生保護委員会における仮釈放等の一般的な流れは次の①から⑦のとおりである。仮出場，少年院からの仮退院，婦人補導院からの仮退院手続きの大部分は仮釈放手続きが準用されているので，以下では仮釈放手続きを中心に説明する。

① 矯正施設の長からの**身上調査書**の受理（受刑者の帰住希望地を所管する保護観察所の長にも同時送付）
② 保護観察所の長からの生活環境調整状況通知書の受理
③ 法定期間経過通告書の受理
④ 矯正施設の長からの仮釈放申出書の受理
⑤ 審理開始，25条調査（保護観察官，委員による調査）
⑥ 合議体（委員 3 人）による審理，**評議**
⑦ 仮釈放を許す旨の決定（仮釈放指定日，特別遵守事項等の決定）

3 矯正施設の長からの申出書の受理

刑事施設の長は，受刑者について，法定期間が経過し，かつ，法務省令で定める仮釈放許可の基準に該当すると認めるときは，地方更生保護委員会に対し，仮釈放を許すべき旨の申出をしなければならない（更生34条 1 項）。地方更生保護委員会において仮釈放の審理手続が実質的に動きだすのは，通常は，刑事施設の長から仮釈放の申出書を受理してからである。

4 審理開始，25条調査（保護観察官，委員による調査）

申出を受けた合議体は審理を開始する。審理において必要があると認めると

▷地方更生保護委員会
⇨ I-3「更生保護の組織(2)」

▷身上調査書
刑事施設の長又は少年院長が，刑事施設又は少年院に収容した者に関する身上関係の諸事項（犯罪又は非行の概要，帰住予定地，引受人の状況，釈放後の生活の計画など）を記載して通知する書面。施設の所在地を管轄する地方更生保護委員会及びその者の帰住予定地を管轄する保護観察所に送付される。保護観察所は，この身上調査書を受理したときに，生活環境の調整を開始する。仮釈放審理のための重要な資料となる。

▷評議
仮釈放等を許すか否かの裁決に先立ち，その裁決をするために行う合議体構成員 3 名による同一機会に行う合議のことである。合議においては，それぞれの委員が合議体の行うべき判断について意見及びその理由を述べ，評決する方法によって決定する。

きは，委員又は保護観察官に刑事施設において審理対象者との面接，関係人に対する質問等により調査を行わせる（更生25条）。この仮釈放等申出後の調査を，実務上「25条調査」と呼んでいる。

　仮釈放の許否に関する審理においては，原則的に合議体構成員である委員が審理対象者と面接することとされている（更生37条1項）。

5　合議体（委員3人）による審理，評議

　仮釈放の許否の審理においては，委員3人で構成する合議体の評議において，個々の審理対象者について，仮釈放の実質的要件である刑法28条に定める「改悛（かいしゅん）の状があるとき」をより具体化した仮釈放許可の基準（社会内処遇規則28条）に該当するかどうかを慎重，的確に判断することとなる。

　なお，この審理においては，被害者等から，審理対象者の仮釈放に関する意見及び被害に関する心情を述べたい旨の申出があったときは，原則として，その意見等を聴取することとされている（更生38条）。仮釈放を許す旨の判断をするときは，改善更生のための適期日を仮釈放指定日とするとともに，審理対象者の改善更生のため守るべき事項があるかどうかを検討し，特に必要と認められる範囲内で特別遵守事項を具体的に定めることとされている（更生51条）。

▷1 ⇨ XIII-2 「被害者支援制度」

6　申出によらない審理の開始，36条調査

　地方更生保護委員会は，仮釈放等を許すべき旨の申出がない場合であっても，必要があると認めるときは，矯正施設の長の意見を聴取した上で，仮釈放等の許否に関する審理を開始できることとされている（更生35条）。

　申出によらない審理の開始の適否を判断するために必要があると認めるときは，審理対象となるべき者との面接，関係人に対する質問等により調査を行わせることができ（更生36条），その調査事項は，25条調査と同様である。この仮釈放等申出前の調査を，実務上「36条調査」と呼んでいる。

　この36条調査は，保護観察所の長が行う生活環境調整に参考情報を提供する機能がある。従前は，すでに法定期間を経過し，生活環境の調整の結果，帰住予定地が確保された者に対して行うのが一般的であったことから，いわば25条調査の前倒し的機能を果たしていた。近時，仮釈放の積極的な運用の推進に伴い，刑事施設内の行状等には特段の問題はないものの，仮釈放の前提となる帰住予定地の確保が困難な受刑者についても，積極的に36条調査の対象とし，帰住予定地を確保しようとする努力が行われている。

　なお，刑の執行開始後30年が経過した無期刑受刑者については，その経過後1年以内に申出によらない仮釈放審理を開始して仮釈放の許否を判断し，その後は，10年ごとに申出によらない仮釈放審理を開始する運用とされている。

（笠原和男）

▷2　帰住予定地確保の努力　⇨ IV-1 「刑事施設被収容者に対する生活環境の調整」の注3「地方更生保護委員会の生活環境の調整への関与」参照。

▷3　刑の執行開始後30年が経過した無期刑受刑者の申出によらない仮釈放審理の趣旨：無期刑受刑者は，重大な犯罪をしたことにより，仮釈放が認められない限り身身にわたって刑事施設に収容されることに鑑み，審理の運用の透明性をさらに向上させるとともに，慎重かつ適正な審理を確保するため，2009（平成21）年からこの運用が開始された。事案の重大性から，複数委員による面接，検察官意見の聴取等が原則とされている。

Ⅴ　仮釈放・少年院からの仮退院等

刑務所からの仮釈放

1 仮釈放とは

　仮釈放とは，懲役又は禁錮の刑の執行のため刑事施設等に収容されている者を，その刑期の満了前に，仮に釈放することである。仮釈放を許された者は，仮釈放の期間中，保護観察に付され（更生保護法40条），遵守事項を守らなければならない。仮釈放の期間は，残刑期が満了するまでであり，この期間が経過すれば，刑の執行は終了することになる（無期刑仮釈放者は，恩赦により刑の執行が免除されない限り，終身保護観察が継続する）。一方，仮釈放期間中，所在を明らかにせず，保護観察から離脱したときは，保護観察の停止の措置がとられ，その場合は刑期が進行しない。また，再犯や遵守事項に違反する行為があったときは，仮釈放の処分を取り消すことができるものとされ（刑法29条），その場合は再び刑事施設等に収容されて，刑の執行を受けることになる。仮釈放は，行政官庁の処分によって許すことができるものとされ（刑28条），その行政官庁としての**地方更生保護委員会**が，仮釈放を許し，又は仮釈放の処分を取り消す権限を有している（更生16条）。

2 仮釈放の手続

　刑法は「改悛の状があるとき」に仮釈放を許すことができるとしている（刑28条）。また，仮釈放は，有期刑については刑の3分の1，無期刑については10年を経過していることを要件としており（刑28条），この期間を「法定期間」という（少年のとき言渡しを受けた者の特例がある）。

　仮釈放の審理は，刑事施設の長から仮釈放を許すべき旨の申出を受けたときに開始する。刑事施設の長は，受刑者について，法定期間が経過し，かつ，法務省令が定める基準（仮釈放の許可基準と同じ）に該当すると認めるときは，仮釈放を許すべき旨の申出をしなければならない（更生34条1項）。また，地方更生保護委員会は，申出がない場合であっても，必要があると認めるときは，矯正施設の長の意見を聴いた上で，「申出によらない審理」を開始することができる（更生35条）。地方更生保護委員会は，「申出によらない審理」を開始するか否かを判断するために，審理の対象となるべき者との面接，関係人に対する質問その他の方法により調査を行うことができる（更生36条，**36条調査**）。36条調査は，また，審理対象者の帰住予定地の生活環境上の課題（住居，就業，引受

▷懲役
自由刑の一つ。刑事施設に拘置して所定の作業を行わせる。無期と有期とがあり，有期懲役は30年以下。

▷禁錮
自由刑の一つ。刑事施設に拘置するが，作業の義務を負わない。無期と有期とがあり，有期禁固は30年以下。

▷1　仮釈放の性質：仮釈放は，一般に刑の執行の形態を変えるものとされ，受刑者に早期釈放の希望を与えてその改善更生の意欲を喚起し，受刑者を取り巻く環境の変化に伴い不必要又は不適当となった拘禁を取りやめ，また，出所者を保護観察に付して監督，援助することにより再犯を防止し，その改善更生と円滑な社会復帰を促進することを目的としている。

▷恩赦
⇨第Ⅻ章「恩赦」

▷地方更生保護委員会
⇨Ⅰ-3「更生保護の組織(2)」

▷改悛の状があるとき
社会内処遇規則28条はこれをさらに具体化して，「①悔悟の情及び改善更生の意欲があり，②再び犯罪をするおそれがなく，かつ，③保護観察に付することが改善更生のために相当であると認めるときにするものとする。ただし，④社会の感

人との関係等）を明らかにして，これを帰住予定地の保護観察所に連絡し，帰住予定地における生活環境の調整を促進する役割も果たしている。地方更生保護委員会は，3人の委員をもって構成する合議体で，仮釈放を許すか否かの審理を行う。審理においては必要な調査（25条調査）を行い，また，合議体の構成員である委員は，原則として審理対象者と面接（委員面接）をしなければならない（更生37条1項）。地方更生保護委員会は，被害者等から申出があったときは，審理対象者の仮釈放に関する意見及び被害に関する心情を聴取するものとされている（更生38条1項）。以上の審理を経て，地方更生保護委員会は，前記の仮釈放の許可基準に照らし，仮釈放を許す旨の決定をし，又はこれをしない旨の判断をすることになる。

3　仮釈放の現況

　仮釈放審理を開始した人員は，2007（平成19）年において1万8128人であった後減少に転じ，2016（平成28）年は1万4351人（前年比5.1%減）であった。これは，刑事施設受刑者の年末収容人員が，2006（平成18）年に近年で最多となる7万496人を記録して後減少に転じ，2016年末現在は4万9027人となったことを反映している。仮釈放審理を終結したもののうち仮釈放が許可されなかった人員（仮釈放の申出が取り下げられた者を除く）の比率は，2005（平成17）年から2009（平成21）年にかけては4%前後であり，その後，低下傾向にあったが，2016年は3.8%であった。近年の出所受刑者（仮釈放者及び満期釈放者に限る）の人員の推移をみると，2008（平成20）年の3万1632人をピークに減少して，2016年は2万2909人であり，仮釈放率（その年に仮釈放又は満期釈放により出所した者のうち仮釈放者の割合）の推移をみると，2005（平成17）年から6年連続で低下し，2010（平成22）年には戦後最低の49.1%を記録したが，2011（平成23）年に上昇に転じ，2016年は57.9%であった。次に，刑事施設出所者の再犯の動向をみるために，2012年の出所受刑者について，出所年を含む5年間における**累積再入率**（各年末までに刑事施設に再入所した者の累積人員の比率）を満期釈放又は仮釈放の別にみたものが図V-1である。これによると，満期釈放者の累積再入率は，仮釈放者のそれよりも相当高い。出所5年以内の累積再入率は，仮釈放者では28.9%であるが，満期釈放者では49.2%であり，その差は20.3ポイントに及ぶ。

（蛯原正敏）

図V-1　出所受刑者の出所事由別累積再入率：5年以内
（2012年）

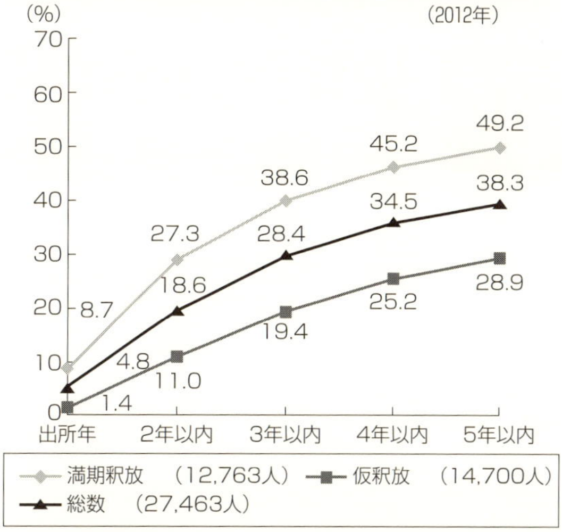

満期釈放　出所年1.4，2年以内11.0，3年以内19.4，4年以内25.2，5年以内28.9
仮釈放（14,700人）
総数　8.7，18.6，28.4，34.5，38.3（27,463人）
満期釈放　10，27.3，38.6，45.2，49.2（12,763人）

（注）1：前刑出所後の犯罪により再入所した者で，かつ，前刑出所事由が満期釈放又は仮釈放の者を計上している。
2：「累積再入率」は，2012年の出所受刑者の人員に占める同年から16年までの各年の年末までに再入所した者の累積人員の比率をいう。

出所：『犯罪白書』（平成29年版）』（第5編第2章第3節2）2017年より作成。

情がこれを是認すると認められないときは，この限りでない」と規定している。

▶36条調査
⇒V-2「仮釈放等の手続き」

▶累積再入率
2012（平成24）年の犯罪対策閣僚会議において，「再犯防止に向けた総合対策」が決定された。その中で，社会生活上困難な事情を抱える刑務所出所者等が，社会における帰住先・就労先を見つけるための支援を行うことが急務と認識されてきたとし，出所当年を含む2年間において刑務所等に再入所する者の割合（2年以内再入率）を，2021（平成33）年までに20%以上減少させることを目標とするとされた。

Ⅴ 仮釈放・少年院からの仮退院等

少年院からの仮退院

1 少年院からの仮退院とは

少年院からの仮退院とは，保護処分の執行のため少年院に収容されている者について，その収容期間の満了前に仮に退院させることである。この仮退院を許す権限は，仮釈放と同様に地方更生保護委員会が有している（更生保護法16条）。「少年院からの」と断るのは，**婦人補導院からの仮退院**と区別するためである。少年院からの仮退院を許された者は，仮退院の期間中（通常は20歳に達するまでであるが，26歳を超えない範囲で例外が認められている）保護観察に付される（更生42条）。仮退院の期間中に遵守事項を守らなかったときは，家庭裁判所の決定により少年院に戻して収容することができるものとされており（更生72条），その場合は，再び少年院に収容されて保護処分の執行を受けることになる。

2 少年院からの仮退院の手続

地方更生保護委員会は，保護処分の執行のため少年院に収容されている者について，少年院法16条に規定する処遇の段階が最高段階に達し，仮に退院させることが改善更生のために相当であると認めるとき，その他仮に退院させることが改善更生のために特に必要であると認めるときは，仮退院を許すものとされている（更生41条）。「その他仮に退院させることが改善更生のために特に必要であると認めるとき」とは，処遇の段階が最高段階に達していない場合において，その努力により成績が向上し，保護観察に付することが改善更生のために特に必要であると認めるときである（社会内処遇規則30条）。また，処遇の段階における「最高段階」とは，少年院在院者の処遇の段階が上位のものから順に，1級，2級，3級に分けられており，少年院送致の決定を受けた者は，まず，3級とされ，その後，成績の評価に応じ，処遇の段階を順次向上又は低下させ，その者にふさわしい処遇を行うものとされていることから，結局1級のことである。少年院からの仮退院については，仮釈放の場合のような収容期間にかかる要件はないので，許可基準に該当すると認めるときは，いつでも仮退院を許すことができる。

少年院からの仮退院の審理の流れは，**図Ⅴ-2**に示したとおり，おおむね仮釈放のそれと同じである。仮退院の審理は，少年院の長から仮退院を許すべき旨の申出を受けたときに開始する。仮退院の申出に当たって，仮釈放の場合の

▶少年院
⇨ Ⅲ-5「少年院」
▶婦人補導院からの仮退院
売春防止法は，売春をする目的で，公衆の目に触れるような方法で勧誘又は客待ちをしたり，勧誘のため公共の場所で人につきまとったりする行為（売春防止法5条）をした20歳以上の女子について，刑の執行を猶予するときは，補導処分に付することができるとしており，その場合は婦人補導院に収容されることになる（売春防止法17条）。婦人補導院からの仮退院は，その収容期間（6か月）の満了前に，仮に退院させる制度である。⇨ Ⅴ-1「仮釈放等の種類」
▶1 仮退院の許可基準：許可基準に該当するかどうかを判断するに当たっては，①その者の性格，年齢，経歴及び心身の状況，②非行の内容，動機及び原因並びに社会に与えた影響，③被害の実情についての認識等，④被害者等に対する慰謝の措置等，⑤保護者の監護の意欲等，⑥引受人の状況等，⑦矯正教育への取組の状況等，⑧紀律に違反する行為等，⑨出院後の生活の計画等，⑩保護観察において予定される処遇の内容及び効果，⑪少年院において予定される処遇の内容及び効果，

法定期間に相当するものはないが，少年院には，実施すべき矯正教育課程とこれに基づく矯正教育の計画に応じた矯正教育の期間が設けられており，少年院からの仮退院の申出については，これらの矯正教育課程及び矯正教育の期間に配慮した運用がなされている。地方更生保護委員会は，申出がない場合でも，必要があると認めるときは申出によらない審理を開始することができ（更生35条），これを開始すべきか否かを判断するために，在院者との面接等の方法

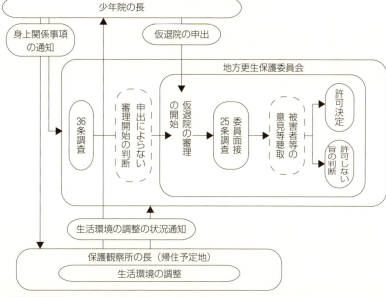

図V-2　仮退院の審査の流れ

出所：筆者作成。

により，調査を行うことができる（更生36条）。これを36条調査といい，実務上，少年院在院者については全員について行うこととされている。これは，少年院在院者の出院後の円滑な社会復帰を促進するためには，帰住予定地の生活環境の調整が極めて重要であると考えられるためであり，36条調査の結果を活用することによりその充実を図ることが期待されるからである。地方更生保護委員会は，3人の委員をもって構成する合議体で審理を行う。審理においては，審理対象者との面接（委員面接）を含む調査（25条調査）を行い，被害者等からの申出があったときは，審理対象者の仮退院に関する意見及び被害に関する心情を聴取するものとされている（更生38条1項）。なお，矯正教育の期間が2年以内の審理対象者について仮退院を許す旨の決定をするときは，委員面接を省略することができる（社会内処遇規則21条6号）。

3　少年院からの仮退院の現況

少年院からの出院者（退院者と仮退院者に限る）は，近年のピークである2002（平成14）年の6043人から年々減少して，2016（平成28）年は2750人であった。このうち2743人（99.7%）は仮退院によるものである。仮退院者の割合が高いことは，少年院送致の処分が，少年院における教育と社会内における保護観察とがあいまって，保護処分としての効果を上げることができるとの観点を反映しているものであろう。

（蛯原正敏）

⑫被害者等の感情等を考慮するものとされている。
▶2　矯正教育課程とその期間：矯正教育課程とは，少年院在院者の年齢，心身の障害の状況及び犯罪的傾向の程度，在院者が社会生活に適応するために必要な能力その他の事情に照らして一定の共通する特性を有する在院者の類型ごとに，その類型に該当する在院者に対して行う矯正教育の重点的な内容及び標準的な期間を定めたもので，法務大臣は，各少年院について，その少年院において実施すべき矯正教育課程を指定するものとされている。矯正教育課程には，短期義務教育課程・短期社会適応課程，義務教育課程Ⅰ・Ⅱ，社会適応課程Ⅰ〜Ⅴ，支援教育課程Ⅰ〜Ⅴ及び医療措置課程があり，短期課程の標準的な期間は6月以内，それ以外の課程は2年以内とされている。

Ⅵ　保護観察

 保護観察の目的・種類

1 保護観察とは

　保護観察とは，犯罪をした人や非行をした少年を刑務所や少年院等の矯正施設に収容して処遇を行うのではなく，社会内において通常の生活をさせながら処遇を行うものである。前者が**施設内処遇**と呼ばれるのに対し，後者は社会内処遇と呼ばれている。**社会内処遇**は保護観察に限るものではなく，諸外国では他の形態の社会内処遇も存在するが，日本においては，社会内処遇として保護観察が実施されている。保護観察は，通常の生活をさせながら定期的に面接を実施して生活状況を把握し，再犯・再非行に至らないよう生活全般について指導助言を行うとともに，住居の確保や就労・就学，家族関係の調整などについて援助することである。その具体的な内容については，本章の他の項目を参照されたい。

2 保護観察の目的

　保護観察について，更生保護法1条では「犯罪をした者及び非行のある少年に対し，社会内において適切な処遇を行うことにより，再び犯罪をすることを防ぎ，又はその非行をなくし，これらの者が善良な社会の一員として自立し，改善更生することを助ける……」と規定されている。なお，1条では「……もって，社会を保護し，個人及び公共の福祉を増進することを目的とする。」と規定されているが，これは更生保護（制度）全体の目的を示している。
　更生保護制度自体は，社会の保護，個人及び公共の福祉の増進を目的としているが，保護観察を受ける個人に対する社会内処遇としての保護観察では，当該個人が再び犯罪や非行をせず，健全な社会の一員として自立するように働きかけることを目的としており，そのような保護観察の目的が達成されることを通じて，社会の保護，個人及び公共の福祉の増進が目指されているといえよう。

3 保護処分としての保護観察と刑事処分としての保護観察

　保護観察は，大別すると，家庭裁判所において少年に対してなされる保護処分としての保護観察と地方裁判所や簡易裁判所などの刑事裁判所においてなされる刑事処分としての保護観察に分けることができる。一般的には，保護処分は少年に対するものであり，刑事処分は成人に対するものであることから，こ

▷施設内処遇・社会内処遇
⇨ コラム2 「施設内処遇と社会内処遇」

▷1　例えば，ニュージーランドの社会内労働(Community Work)やデンマークの社会奉仕命令(Community Service Order)などのように，社会において一定の労働や作業を行わせること自体を裁判所が当該個人に義務づける形態などがある。

こでは，便宜上，保護処分としての保護観察を少年に対する保護観察と呼び，刑事処分としての保護観察を成人に対する保護観察と呼ぶことにする。

❹ パロールとしての保護観察とプロベーションとしての保護観察

さらに，少年に対する保護観察，成人に対する保護観察のそれぞれにおいて，いったん刑務所や少年院などの矯正施設に収容された後で施設を出て社会に戻る際に行われる保護観察と，矯正施設に収容されずに当初から社会にとどまらせて行われる保護観察に分けることができる。両者を区別するために，前者をパロール（parole），後者をプロベーション（probation）と呼ぶこともあるが，現行法令では，いずれも保護観察と呼ばれている。

❺ 保護観察の種類

以上から，保護観察の種類としては，保護処分か刑事処分かの2種類，パロールかプロベーションかの2種類で，合計4種類となる。

更生保護法48条では，保護観察の対象者として，①保護観察処分少年（少年法24条1項1号の保護処分に付されている者），②少年院仮退院者（少年院からの仮退院を許されて更生保護法42条において準用する同法40条の規定により保護観察に付されている者），③仮釈放者（仮釈放を許されて更生保護法40条の規定により保護観察に付されている者），④保護観察付執行猶予者（刑法25条の2第1項の規定により保護観察に付されている者）の4種類が規定されている。

①と②が少年に対する保護処分としての少年に対する保護観察であり，③と④が刑事処分としての成人に対する保護観察である。20歳未満の少年であっても刑事処分が相当であると判断され刑事処分が行われた少年に対しては，成人に対する保護観察が実施されることになり，③あるいは④に含まれることになる。また，①と④はプロベーションとしての保護観察であり，②と③はパロールとしての保護観察である。

保護観察の実務においては，①の保護観察処分少年に対する保護観察は1号観察，②の少年院仮退院者に対する保護観察は2号観察，③の仮釈放者に対する保護観察は3号観察，④の保護観察付執行猶予者に対する保護観察は4号観察と呼ばれている。

	プロベーション	パロール	
保護処分	1号観察（①）	2号観察（②）	少年に対する保護観察
刑事処分	4号観察（④）	3号観察（③）	成人に対する保護観察

上記の4種類の保護観察対象者に加えて，売春防止法では第3章で補導処分が規定され，25条1項で婦人補導院からの仮退院が，26条1項では仮退院を許された者に対する保護観察が規定されており，パロールとしての保護観察となるが，近年，売春防止法に基づく保護観察はほとんどない。　　　（久保　貴）

▷婦人補導院
⇨Ⅴ-1「仮釈放等の種類」

Ⅵ 保護観察

 保護観察の流れ（開始と終了）

保護観察の開始

　前節「保護観察の目的・種類」で説明した5種類（更生保護法で規定される4種類，売春防止法で規定される1種類）の保護観察は，①保護観察処分少年については，家庭裁判所で保護観察処分の決定を受けたとき，②少年院仮退院者については，少年院から仮退院したとき，③仮釈放者については，刑務所等の矯正施設から仮釈放したとき，④保護観察付執行猶予者については，刑事裁判所で保護観察付執行猶予の言渡しを受け，その刑が確定したとき，⑤売春防止法に基づく保護観察については，婦人補導院から仮退院したとき，それぞれ開始される。

② 保護観察の終了

　保護観察が終了するのは，大別すると，法定期間が満了したとき，及び法定期間の満了前に保護観察を終了する旨の処分がなされたときである。前者では，期間が経過したときに（特に新たな処分として行われるのではなく）自動的に終了となるが，後者では，何らかの明示的な処分が必要である。

③ 法定期間の満了による保護観察の終了

　少年法に基づく保護処分の適用年齢は，原則として20歳になるまでであるため，保護観察処分少年に対する保護観察は20歳になるまでであるが，処分がなされてから20歳になるまでの期間が2年未満であるときは，保護観察の期間は20歳を超えて2年間となる。なお，更生保護法68条では保護観察処分少年に対する家庭裁判所への通告が規定されており，同条3項では新たな保護処分をするときには23歳を超えない期間で保護観察の期間を定めるとされていることから，通告により新たな処分がなされた場合には，20歳になるまであるいは2年間という原則の例外として，そこで定められた期間が満了するまでとなる。

　少年院仮退院者については，原則として20歳になるまでが保護観察の期間であるが，例えば，戻し収容の申請（更生保護法71条）に対して家庭裁判所で戻し収容の決定がなされた場合（更生72条），23歳を超えない期間（更生72条2項）で，あるいは26歳を超えない期間（更生72条3項）で，それぞれ少年院に収容すべき期間が定められることから，それらの者に対して少年院からの仮退院が許さ

れた場合には，そこで定められた期間が満了するまでが保護観察の期間となる。また，少年院法11条1項ただし書きにおいて，少年院送致後1年を経過しない場合に送致の日から1年間に限り収容を継続することができると規定されており，収容継続の決定がなされた者に対して少年院からの仮退院が許された場合には，20歳になるまでではなく，少年院長の収容継続の決定において定められた期間中は保護観察を受けることになる。その他にもいくつかの例外規定があるが，いずれも20歳になるまでという原則の例外として，そこで定められた収容期間が保護観察の期間となる。

　仮釈放者については，残刑期が経過するまでが保護観察の期間である。例えば，執行すべき刑期が1年である者が10か月経過時に仮釈放となった場合，残りの2か月間が保護観察期間（仮釈放期間）となる。

　保護観察付執行猶予者については，執行猶予期間が経過するまでが保護観察期間となる。例えば，懲役1年執行猶予3年の保護観察付の判決が確定した者の保護観察期間は3年間となる。

　売春防止法に基づき，婦人補導院からの仮退院を許された者については，売春防止法18条で補導処分は6か月とされ，同法26条で保護観察の期間は補導処分の残期間とされていることから，補導処分の残期間が経過するまでとなる。

▷1　ただし，少年のとき無期刑の言い渡しを受けた者は仮釈放後10年を経過するまでの期間となる。

❹ 良好措置による保護観察の終了

　保護観察の成績が良好であり，保護観察による指導の必要がないと認められる場合には，法定期間が満了する前であっても，保護観察を終了することができる。保護観察処分少年については，保護観察所長が保護観察の解除を決定したとき（更生69条），少年院仮退院者については，地方更生保護委員会が退院を決定したとき（更生74条）に，それぞれ保護観察が終了となる。また，仮釈放者については良好措置による保護観察の終了はないが，不定期刑に処せられ仮釈放を許された者については，地方更生保護委員会が不定期刑の終了を決定したとき（更生78条）に保護観察が終了となる。なお，極めて例外的ではあるが，恩赦により減刑あるいは刑の執行の免除を受けたときに保護観察が終了となる場合がある。

▷⇨Ⅴ-4「少年院からの仮退院」

▷恩赦
⇨第Ⅻ章「恩赦」

❺ 不良措置による保護観察の終了

　保護観察の期間中に再犯や再非行などがあったとき等には，不良措置により保護観察が終了する場合がある。例えば，少年については（再非行などにより新たな処分を受け）保護処分が取り消されたとき，成人については仮釈放や保護観察付執行猶予が取り消されたとき，婦人補導院から仮退院が取り消されたとき（売春防止法27条）などは，保護観察が終了する。

（久保　貴）

Ⅵ 保護観察

 保護観察の方法

1 保護観察の実施方法

保護観察の目的は，保護観察対象者の再犯防止と改善更生を図ることにあるが，この目的を達成するための保護観察の内容として，**指導監督**と**補導援護**及び**応急の救護**を実施している。

指導監督と補導援護・応急の救護は，実際の処遇場面において厳密に区別することは難しいが，一般的には，指導監督は，保護観察の権力的・監督的な側面を指し，補導援護・応急の救護は，保護観察の援助的・福祉的な側面を指しているといえる。

2 保護観察の実施者

保護観察における指導監督及び補導援護は，保護観察官又は保護司をして行わせるものと規定されている（更生保護法61条1項，なお，補導援護については，更生保護事業を営む者その他の適当な者に委託して行うこともできる）。

このようにわが国の保護観察は，その専門性を有する保護観察官と地域性・民間性を有する保護司による**協働態勢**により，保護観察の実効性を高めようとするところに特徴がある。

なお，保護観察の実施に当たり特に必要があると認めるときは，1人の保護観察対象者に対して，複数の保護観察官で処遇に当たったり，**複数保護司の指名**が行われたりすることもある。また，交通短期保護観察対象者に対する処遇，一部の保護観察所における専門的処遇プログラムの実施，自立更生促進センターにおける処遇等に当たっては，集団処遇も取り入れられている。

3 保護観察処遇の基本原則

○必要性・相当性

保護観察は，保護観察対象者の改善更生のために必要かつ相当な限度において行うものとされている（更生3条）。したがって，その目的を逸脱した不必要かつ不相当な干渉や自由の侵害は，過度の人権侵害となるばかりでなく，保護観察対象者やその関係人の反発や拒否を招いたり，依頼心を助長したりして，かえってその改善更生を阻害したり，再犯・再非行の危険性を高めたりするおそれがある。

▷指導監督
⇨ Ⅵ-4「指導監督」

▷補導援護
⇨ Ⅵ-5「補導援護」

▷応急の救護
⇨ Ⅷ-3「応急の救護」

▷協働態勢
これに関連して，当該保護観察事件を担当する保護観察官を「主任官」といい，指名を受けた保護司を「担当保護司」という。通常，保護区など一定地域を基準として，当該地域を担当する保護観察官をあらかじめ包括的に指名しており，当該地域を居住地とする保護観察事件については，当該保護観察官を主任官とする方法が一般的に採られている。

▷複数保護司の指名
例えば，①保護観察対象者本人と家族等に対する面接等をそれぞれ主に行う保護司を指名し，それぞれの役割を分担し，情報を共有しながら処遇を行う場合，②保護観察対象者やその家族等に対する面接を主に担当する保護司と，学校や福祉機関等関係機関との連絡調整を主に担当する保護司と

○個別処遇の原則

保護観察においてとる措置は，当該保護観察対象者の性格，年齢，経歴，心身の状況，家庭環境，交友関係等を十分に考慮し，その者に最もふさわしい方法によらなければならず，特に少年（保護観察処分少年又は少年院仮退院者）に対する保護観察は，その者の健全育成を期して実施しなければならない（更生3条・49条2項）。これらは，実効性のある保護観察処遇をするためには，画一的になることなく，個別の実態に対応して最もふさわしい方法をとらなければならないことを規定したものであり，保護観察における個別処遇の原則を示したものである。これを受けて，実務上では，保護観察対象者一人一人に，保護観察の実施計画を策定している。

○厳格な姿勢・慈愛の精神

保護観察の実施に当たっては，公正を旨とし，保護観察対象者に対しては厳格な姿勢と慈愛の精神をもって接し，関係人に対しては誠意をもって接し，その信頼を得るように努めなければならない旨が規定されている（社会内処遇規則3条）。保護観察対象者のうち，改善更生が進んだ者又は進まない者に対しては，段階別処遇による指導監督の緩和・強化を図ったり，適機の良好措置・不良措置の検討を行ったりするなど，改善更生の度合いにより変化をもって対応している。いたずらに厳しい姿勢ばかりで接したり，重大な違反に対しても寛容過ぎたりしては，十分な処遇効果が上げられないばかりか，再犯・再非行に至らしめることにつながるからである。

4 保護観察処遇の流れ

保護観察処遇は，通常，以下の流れとなる。

1. 保護観察官による関係記録の精査
2. 保護観察官による初回面接，特別遵守事項・生活行動指針の設定
3. 担当保護司の指名
4. 保護観察の実施計画の策定
5. 担当保護司による保護観察経過報告（保護観察終了まで継続）
   この間，
   ・主任官と担当保護司による処遇協議等による緊密な連携
   ・（状況に応じて）主任官面接
   ・（事件種別及び状況に応じて）良好措置・不良措置の検討
6. 保護観察終了

このうち，上記5.については，担当保護司が毎月「保護観察経過報告書」を主任官に提出し，これをもとに，主任官が必要かつ適切な対応をしている。なお，保護観察期間中，様々な事情から，保護観察対象者が転居や旅行をしなければならない場合，一般遵守事項の規定に従い，事前の手続・許可を求めるように指導し，所在不明にならないようにしている。

（岡田和也）

いう役割分担をする場合，③保護観察事件の担当経験が少ない保護司と，担当経験の豊富な保護司とを指名することにより，担当経験が少ない保護司が，保護観察事件等の具体的な進め方や処遇技術等を学ぶ機会をつくる場合等が挙げられる。

▷1 ⇒ Ⅵ-8 「専門的処遇プログラム」，Ⅶ-4 「自立更生促進センター」

▷2 ⇒ Ⅵ-7 「段階・類型別処遇」中の「段階別処遇」参照。

Ⅵ　保護観察

 指導監督

1 指導監督とは

保護観察は，保護観察対象者の改善更生を図ることを目的として，指導監督及び補導援護を行うことにより実施している（更生保護法49条）が，このうち指導監督は，保護観察の権力的・監督的側面と位置づけられる。▷1

2 指導監督の実施者

指導監督は，保護観察官又は保護司により直接行わなければならない（更生61条1項）。よって，補導援護のように，更生保護事業を営む者その他の適当な者に委託して行うことはできない。

3 指導監督の方法

指導監督の方法として，次の3項目が規定されている（更生57条1項）。

> 1．面接その他の適当な方法により保護観察対象者と接触を保ち，その行状を把握すること。
> 2．保護観察対象者が遵守事項を遵守し，並びに生活行動指針に即して生活し，及び行動するよう，必要な指示その他の措置をとること。
> 3．特定の犯罪的傾向を改善するための専門的処遇を実施すること。

規制薬物等に対する依存がある保護観察対象者に対する指導監督については，これら3項目に加えて，特別の指導監督の方法が規定されている（更生65条の3）。▷2

また，これらの指導監督を適切に行うため特に必要があると認めるときは，保護観察対象者に対し，当該指導監督に適した宿泊場所を供与することができる旨が規定されている（更生57条2項）。▷3

4 接触・行状把握

「保護観察は，接触に始まり，接触に終わる」といわれるほど，接触，特に面接は，保護観察処遇の中核をなす。接触を重ねることにより，保護観察対象者の思考や行動様式を知り，現在どのような問題を抱えているかなどを正確に把握することができ，ひいては，改善更生を促進し，再犯・再非行の予兆を察知することにつながる。一般遵守事項の中に，接触に関する事項が規定されて

▷1 ⇨ Ⅵ-3「保護観察の方法」

▷2 ⇨ ⅩⅥ-2「薬物事犯者等特定の問題を抱える者への指導・支援の強化」

▷3 ⇨ Ⅶ-4「自立更生促進センター」

いるのは，そのためである。その者が所在不明等により接触がとれなくなると，行状把握ができなくなり，再犯・再非行の危険性が高くなる。

接触の最も中心的方法は，面接である。保護司との面接の場合は，呼出し（当該保護観察対象者が担当保護司の居宅等を訪問すること。実務上「来訪」と呼んでいる）と訪問（担当保護司がその者の自宅等へ訪問すること。実務上「往訪」と呼んでいる）によるものがある。また，状況に応じて，保護観察官も面接（呼出し，訪問）を定期的に実施する。

保護観察における接触は，上記のとおり呼出し，訪問による面接が基本であるが，これを補完するものとして，電話，郵便，電子メール等の通信手段によるものも活用されている。特に，最近では，保護観察対象者のほとんどが携帯電話・スマートフォンを所持しており，電子メールによるやりとりも頻繁に行われている。

なお，保護観察対象者に対する指導監督とは異なるが，その者の引受人や家族等とも接触を取り，協力を求めることにより，その者の家庭環境等を調整・整備している。

⑤ 指示その他の措置

保護観察対象者に遵守事項を遵守させ，生活行動指針に即した生活・行動をさせていくために，個別具体的かつ実際的な形で与えられる注意・助言等をいう。したがって，その者の生活状況全般ではなく，遵守事項・生活行動指針に定められた事項に即して行われることとなる。

また，教育的な効果を特に意図して構成された「しょく罪指導プログラム」や，交通保護観察対象者に対する交通に関する学習も，これに含まれる。

⑥ 専門的処遇

例えば，薬物事犯者や性犯罪者のように，反復性のある特定の犯罪的傾向を有する者に対しては，そのような犯罪的傾向の改善を目的として，認知行動療法等の専門的知見に基づく専門的処遇を実施している。

ここでいう「専門的処遇」は，特別遵守事項に設定して受講が義務づけられる**専門的処遇プログラム**よりも広い概念である。したがって，必ずしも「体系化された手順による」ものである必要はなく，法務大臣による告示の必要もない。例えば，自発的意思に基づく簡易薬物検出検査を活用した処遇がこれに該当する。一方，更生保護施設等において実施されている生活技能訓練（SST）は，補導援護の措置の一つである「社会生活に適応させるために必要な生活指導」として位置づけられる。

（岡田和也）

▷4 ⇨ XI-1 「警察」

▷専門的処遇プログラム
⇨ VI-8 「専門的処遇プログラム」

▷5 ⇨ VIII-4 「更生保護施設の処遇」

▷6 ⇨ VI-5 「補導援護」

Ⅵ 保護観察

補導援護

1 補導援護とは

　補導援護とは，保護観察の実施方法の一つであり，保護観察対象者が自立した生活を営むことができるようにするために，その自助の責任を踏まえつつ行われる援助等の総称である。**指導監督**が保護観察における権力的・監督的機能を担っているのに対して，補導援護は援助的・福祉的機能を担っているといえる。健全な社会生活を送る上で安定した居住環境や健康，職業生活等は最も基本となる要素であることから，補導援護にはこれらの生活基盤を確立するための直接的・間接的な援助的措置が含まれるほか，健全な社会生活に向けた生活全般の向上に資する援助的措置も含まれる。

　補導援護は，対象者の自助の責任を踏まえつつ行うこととされているが，これは，人間には誰でも生まれつき，自ら成長し，発展と適応へ向かう欲求と能力が備わっているとの考えに立ち，他人に過度に依存することなく自立して生活する責任を有することを表している。そのため，対象者の依存心を助長したり，自発性や自主性を損なったりすることがないよう，必要かつ相当な限度において行うことが重要とされている。

　補導援護は，対象者の改善更生を図るため有効かつ適切であると認められる場合には，更生保護事業を営む者その他の適当な者に委託して行うことができる。

2 補導援護の方法

　補導援護は，以下のような方法によって行われる（更生保護法58条）。
　①適切な生活その他の宿泊場所を得ること及び当該宿泊場所に帰住することを助けること。
　改善更生に適した住居に居住するよう助言することや住居を確保するために必要な手続きをとることを助けること，家族等がいる者であれば，同居可能な家族等と連絡をとらせること，宿泊場所が整えられればそれらの場所への帰住の方法について教示すること，帰住に同行することなどが挙げられる。
　②医療及び療養を受けることを助けること
　医療や療養の必要性が認められる者について，本人に必要な医療又は療養を受けるよう助言すること，病状に応じて適切な医療機関に関する情報を提供す

▷指導監督
⇨ Ⅵ-4 「指導監督」

▷1 ⇨ Ⅶ-3 「更生保護施設」（補導職員・福祉スタッフ），Ⅷ-4 「更生保護施設の処遇」

ること，通院又は服薬を継続するよう助言することなどが挙げられる。

③職業を補導し，及び就職を助けること

対象者の就労意欲を喚起し，就労に必要な態度及び技能が習得され，就労の習慣が定着するよう助言その他の措置をとることとされており，必要があると認められるときは，対象者の就労意欲，職業能力，年齢，経歴，心身の状況，生活の計画などを勘案して職業訓練を実施することとなっている。これらの補導援護を行うに当たっては，公共職業安定所（ハローワーク）との連携協力に努めることとされており，具体的な方法としては，就労に関する情報を提供することや公共職業安定所の利用を促すことなどが挙げられる。近年，保護観察対象者などに対する就労支援の重要性がいわれており，就労支援施策の充実化が図られてきている。

④教養訓練の手段を得ることを助けること

円滑な社会生活を送る上で必要な知識及び教養を身につけさせるとともに情操を涵養するため，スポーツ，音楽その他のレクリエーション，ボランティア活動等への参加を促すこと，健全な余暇の過ごし方などについて助言することなどが挙げられる。

⑤生活環境を改善し，及び調整すること

生活保護法に規定される保護施設その他の施設への入所をあっせんすることや，対象者の改善更生を助けることについて家族その他の関係人の理解及び協力を求めること，公共職業安定所に対し就労支援又は職業紹介を依頼すること，対象者の改善更生に協力する事業主に雇用又はその継続を依頼することなどがある。また，通学を継続できるよう学校に対し理解及び協力を求めること，医療機関に対し必要な診察又は治療を依頼すること，生活保護法の生活扶助等の保護を受けられるようあっせんすることなどが挙げられる。

⑥社会生活に適応させるために必要な生活指導を行うこと

対象者に自立及び協調の精神を会得させ，健全な社会生活を営むために必要な態度，習慣及び能力を養わせるための指導を行うものである。具体的には，アルコール依存又は薬物依存からの回復を支援する団体に関する情報を提供すること，規制薬物等に対する依存の改善に資する訓練を実施すること，調理，洗濯，掃除等の日常生活を営むための知識，技術等を習得させること，社会生活に適応させるために必要な能力を習得させるための社会生活技能訓練（SST）を実施することなどが挙げられる。

⑦その他，健全な社会生活を営むために必要な助言その他の措置をとること

適切な金銭管理に関し助言すること，健康保険等の手続をとることを助けること，法律相談等のため適切な相談機関を紹介することなどが挙げられる。

（守谷哲毅）

▶2 ⇨ X-3「協力雇用主」，X-4「就労支援事業者機構」，XI-8「就労支援機関：ハローワーク」，XVI-1「刑務所出者等の住居・就労先確保の強化」，コラム5「就労支援対策」

Ⅵ 保護観察

6 遵守事項

 1　遵守事項とは

　遵守事項とは，保護観察の対象となった者がその保護観察の期間中遵守しなければならない事項であり，保護観察の対象となった者に共通して法律において定められている一般遵守事項と，個々の対象者の事情に応じて，その改善更生のため特に必要と認められる範囲内で具体的に定められる特別遵守事項とに分けられる。対象者が遵守事項を遵守しない場合には，保護観察処分少年であれば警告や少年院への施設送致，少年院仮退院者であれば少年院への再収容，仮釈放者であれば仮釈放の取消し，保護観察付執行猶予者であれば執行猶予の取消しなどの処分がとられることもある。

2　一般遵守事項

　一般遵守事項は，以下のようなものが法律において定められている（更生保護法50条）。

　まず，改善更生の最も基本的な事項として，対象者は再犯や再非行がないよう健全な生活態度を保持することが義務づけられている。

　また，対象者は**保護観察官**又は**保護司**による指導監督を誠実に受けることが義務づけられている。具体的には保護観察官や保護司の呼出し又は訪問を受けた際は面接を受けることや，労働又は通学の状況等の生活の実態を示す事実であって指導監督を行うため把握すべきものを明らかにするように求められたときは，これに応じて事実を申告したり関係する資料（例えば給与明細書の写し等）を提示したりすることが求められる。保護観察は面接等を中心とした保護観察対象者との接触を通じて対象者の生活実態を把握し，指導監督・補導援護を行うものであることから，保護観察対象者との接触，面接及び生活実態の把握を確実なものにするために，これらの事項が定められている。

　さらに，保護観察開始時に住居の届出をすることや特定の住居に居住すること，転居又は7日以上の旅行をするときは事前に保護観察所の長の許可を得ることなどが遵守事項として定められている。対象者の生活状況を把握し，往訪（家庭訪問），呼出しを適切に行うためにその住居を把握しておく必要があることに加え，健全な生活態度を保持させる上で，特定の住居を確保させ，その居住環境を把握し，また，必要に応じてその改善のために働きかけを行う必要が

▶保護観察官
⇨ Ⅶ-1「保護観察官」

▶保護司
⇨ Ⅶ-2「保護司」

あるためである。

3 特別遵守事項

特別遵守事項は，個々の対象者の事情に応じて，保護観察処分少年及び保護観察付執行猶予者については保護観察所の長が，裁判所の意見を聴いた上で設定・変更し，少年院仮退院者又は仮釈放者については，地方更生保護委員会が設定・変更を行う。必要がなくなったと認められる場合は，取り消される。

設定や変更に当たっては，当該遵守事項が守られなかった場合に仮釈放の取消しなどの処分がなされうることを踏まえ，法律に定められた一定の類型（特定の行動の禁止や特定の行動の実行又は継続等）に該当し，対象者の改善更生に特に必要と認められる範囲で具体的に定められる（更生51条）。

犯罪又は非行に結び付くおそれのある特定の行動の禁止を義務づけるものとして，例えば遊興を原因として生活困窮に陥り窃盗などを行った者に対して「パチンコ店やスロット店に出入りしないこと」などと定める例が挙げられる。

再犯や再非行のない健全な生活態度を保持するために必要と認められる特定の行動の実行や継続を義務づけるものとして，例えばいわゆる無為徒食の生活が犯罪・非行に結びついた対象者に対して「就職活動を行い，又は仕事をすること」などを定める例が挙げられる。

指導監督を行うため事前に把握しておくことが特に重要と認められる生活上又は身分上の特定の事項について，緊急の場合を除き，あらかじめ申告することを義務づけるものとして，例えば所在不明になるおそれの高い保護観察対象者について，「3日以上の旅行をするときは，緊急の場合を除き，あらかじめ，保護観察官又は保護司に申告すること」などを定める例が挙げられる。

医学，心理学，教育学，社会学その他の専門的知識に基づく特定の犯罪的傾向を改善するための体系化された手順による処遇を義務づけるものとして，認知行動療法などを基盤として開発された専門的処遇の受講を定めることがある。現在，性犯罪者処遇プログラム，薬物再乱用防止プログラム，暴力防止プログラム及び飲酒運転防止プログラムの4つが実施されている。

▷1 ⇨ Ⅵ-8「専門的処遇プログラム」（全体概要）

また，法務大臣が指定する施設など，対象者の改善更生のために適当と認められる特定の場所に一定の期間宿泊して指導監督を受けることを義務づけるものがある。例えば特に濃密な指導監督が必要とされる保護観察対象者について，保護観察官が直接かつ濃密な指導監督等を行う**自立更生促進センター**への宿泊及びそこでの指導監督を受けることを義務づけることが挙げられる。

▷自立更生促進センター
⇨ Ⅶ-4「自立更生促進センター」

なお，社会貢献活動の導入に伴い，特別遵守事項に掲げられる類型として，「善良な社会の一員としての意識の涵養及び規範意識の向上に資する地域社会の利益の増進に寄与する社会的活動を一定の時間行うこと」が追加された。

▷2 ⇨ ⅩⅥ-3「社会貢献活動の導入」

（守谷哲毅）

コラム-3

少年事件（保護観察処分少年・少年院仮退院者）

「保護観察は面倒だったけど，約束ごと（遵守事項）を守っていたら，自然にちゃんとした生活になった。」

「悪いのは自分じゃないって思っていたけど，保護司さんのおかげで，自分の問題に気づくことができた。」

保護観察を終えた少年たちは，過去の非行や保護観察の指導を振り返りこうした言葉を発することが多い。少年に対する保護観察はどのようになされるか，事例により概観したい。

【事例1】 窃盗（万引き）により保護観察処分に付された中学3年生男子（A君）

スポーツ好きなA君は，中学2年のときに怪我により部活動を辞めてから生活が乱れ，中3の夏に遊び仲間と万引きし，保護観察処分となった。審判後の保護観察所での初回面接では，保護観察官が，本人及び保護者等に保護観察の意義や仕組みを説明し，本人の生活状況等を確認し，問題点や更生の手がかりなどを見極める。A君は，神妙な顔つきで，生活を立て直して高校に進学したいと述べた。「学校に通うこと」「共犯者と交際しないこと」が特別遵守事項（⇨Ⅵ-6「遵守事項」）と決められた。保護観察の基本は，本人が自ら保護司を訪ねて生活状況を報告し，困ったことや悩んでいることを相談し，指導，助言を受けて生活を立て直すことにある。A君は，勉強がわからず友だちにも避けられ学校に居づらい，高校で再度スポーツをしたいと保護司に語るようになった。保護観察官は，A君にBBS会のともだち活動（⇨Ⅹ-2「BBS会」）を勧めた。A君は体育大学の学生と「ともだち」になり，A君宅で勉強を教えてもらい，時にスポーツの楽しさを語り合うようになった。一方，保護観察官と保護司は中学校を訪ね，担当教諭らとA君の交友関係の再構築や適切な進路選択について協議を重ねた。こうしたサポートを受け，A君は本来の前向きさを取り戻し，希望する高校に進学し，高2の春に保護観察は解除により終了した。

【事例2】 年長男性と覚せい剤を使用し少年院送致となった17歳女子（Bさん）

Bさんは，学童期から両親の不仲に苦しみ，17歳頃になると自宅を

嫌って夜遊びをしがちとなり，年長男性と覚せい剤を使用し少年院送致となった。保護観察所ではＢさんの生活環境の調整（⇨Ⅳ-2「少年院在院者に対する生活環境の調整」）を開始した。子どもの対応に悩む保護者は少なくなく，保護観察官は，両親に保護観察所で行う保護者会への参加を促し，Ｂさんの心情の理解と適切な関わり方を助言した。約１年後，少年院仮退院が認められＢさんの保護観察が開始された。Ｂさんには，社会貢献活動を行う旨の生活行動指針が付され（⇨Ⅶ-3「社会貢献活動の導入」），福祉施設で介護補助活動を経験し，少しずつ自信を取り戻していった。非行歴や学歴の問題を抱える少年は，就労先がみつからないことが多く，Ｂさんは事情を承知した協力雇用主（⇨Ⅹ-3「協力雇用主」）のもとで働くこととなった。些細なトラブルを機に仕事を休みがちとなった際には，保護観察官と保護司が面接を重ね，少年院（⇨Ⅲ-5「少年院」）で学んだ「困難にぶつかると不良交遊や薬物使用に逃避しがち」「一つの失敗で全てを諦めがち」という自己の問題点を思い起こさせ，「できないこと」を引きずらず，「できたこと」を積み重ねようと助言した。協力雇用主の温かいまなざしのもと，Ｂさんの生活は徐々に安定し，20歳を前に保護観察が終了した。

　保護観察を受ける少年は，家庭が安らぎの場ではなく，学校や職場でも居場所をみつけられず，自分の気持ちを周囲に適切に伝えることができない者が少なくない。遵守事項により生活の枠組みを設定するとともに，どこに問題があり，何を悩んでいるのか，一方，大切にすべき特性や意欲の引き出し方などを一人一人見極めながら保護観察は行われる。家族や学校，職場への働きかけや，福祉機関，医療機関などをはじめ地域社会との連携も重要である。こうして，年間約１万4000人の少年が保護観察処分に付され，約3400人の少年が少年院を仮退院するが，その多くは良好措置又は期間満了により保護観察を終了している（『平成26年版　犯罪白書』による）。

　　　　　　　　　　　　　　　　　　　　　　　（瀧澤千都子）

VI 保護観察

段階・類型別処遇

1 段階別処遇とは

　保護観察においては，処遇にメリハリをつけ，改善更生が進んだ者には制約を緩和して自立と改善更生に向けた自発的な意欲をさらに喚起し，他方，改善更生が進んでいない者には制約を重くして改善更生に努めようとする自覚を促し，さらに，社会内処遇での更生が困難である者には適切に施設内処遇に移行させることが肝要である。

　段階別処遇とは，保護観察対象者を，改善更生の進み具合，再犯の可能性の程度，補導援護の必要性等に応じて，4区分された段階（処遇段階）に編入し，問題性の深い保護観察対象者に対しては，保護観察官の関与の度合いや保護観察官・保護司との接触頻度等を高め，より重点的な処遇を実施する処遇施策である。また，処遇状況に即して，処遇段階の変更，特別遵守事項の設定（変更・取消），**不良措置**や**良好措置**などの措置が的確にとられるようにするものである。

　段階別処遇の対象となるのは，**短期保護観察**対象者・**交通短期保護観察**対象者を除く保護観察対象者である。

　処遇段階の区分は，S・A・B・Cの4段階である。そのうち，Sは長期刑仮釈放者のうち一定期間を経過しない者，凶悪重大な事件を起こした少年等が該当し，それ以外の者はA・B・Cに編入される。

2 処遇段階の編入，処遇の強化や緩和

　保護観察の開始時において，Sに編入すべき者はSとする。それ以外の者は，非行や犯罪事実の内容，非行歴・犯罪歴等の内容，保護観察開始時において留意すべき指導領域に関する特別遵守事項，生活行動指針の有無，補導援護の措置の要否等に応じて，A・B・Cのいずれかに編入する。

　保護観察の実施過程において，遵守事項違反を認めたときに，その内容，理由，態様，保護観察の実施状況，遵守事項違反後の情状や環境の変化を検討し，不良措置をとらない場合は，処遇を強化するための処遇段階の変更，特別遵守事項の設定又は変更，生活行動指針の設定又は変更，必要な補導援護等の措置をとる。逆に，遵守事項を遵守して生活し，新たな特別遵守事項を設定する必要なく一定期間経過した場合などは，処遇を緩和するための処遇段階の変更，

▷**不良措置**
社会内における改善更生が困難であると認められる保護観察対象者に対し，施設内処遇に移行させる場合等にとる措置を指す。保護観察処分少年に対する通告，警告及び施設送致申請，少年院仮退院者に対する戻し収容申請，仮釈放者に対する保護観察停止，仮釈放取消，保護観察付執行猶予者に対する刑の執行猶予の取消申出がこれに当たる。
⇨ Ⅵ-2「保護観察の流れ」も参照。

▷**良好措置**
保護観察を継続しなくとも改善更生することができると認められるときに，保護観察期間満了前に保護観察を一時的又は終局的に終了させる措置を指す。保護観察処分少年に対する一時解除，解除，少年院仮退院者に対する退院，仮釈放者のうち，不定期刑の者に対する不定期刑の終了，保護観察付執行猶予者に対する仮解除がこれに当たる。 ⇨
Ⅵ-2「保護観察の流れ」も参照。

▷**短期保護観察**
交通事件以外の事件により保護観察に付された保護観察処分少年のうち，非行性の進度がそれほど深くないなど，家庭裁判所により短期保護観察が相当である旨の処遇勧告がなされた者が対象。保護観察官及び保

特別遵守事項の取消し，生活行動指針の取消しや良好措置を検討する。

3 類型別処遇とは

保護観察には，「その者に最もふさわしい方法により行う」という個別処遇の原則がある。一方，犯罪や非行の態様や属性等の共通する者については，類似した問題性が認められることがあり，蓄積された実務経験や知見に基づく対処方法を活用することが効果的，効率的な場合もある。

類型別処遇とは，保護観察対象者の問題性その他の特性を，その犯罪・非行の態様等によって類型化して把握し，類型ごとに共通する問題性等に焦点を当てた効率的な処遇を実施することにより，保護観察の実効を高めることを目的とした処遇施策である。この制度は，1990（平成2）年に創設され，2003（平成15）年に類型と認定項目（該当条件）を拡充した。

類型別処遇の検討の対象となるのは，短期保護観察，交通短期保護観察を除くすべての保護観察対象者である。

類型は，シンナー等乱用，覚せい剤事犯，問題飲酒，暴力団関係，暴走族，性犯罪等，精神障害等，中学生，校内暴力，高齢，無職等，家庭内暴力及びギャンブル等依存の13類型がある。保護観察対象者によっては，複数の類型に該当する場合があるが，その場合は，該当するすべての類型について認定する。

類型については，保護観察の開始時又は保護観察の途中経過において，保護観察対象者が認定項目のいずれかに該当する場合は認定する。認定後，類型別処遇を実施することが不適当となった場合に，類型を解除する。

類型ごとに，該当する保護観察対象者の特性や標準的な処遇のあり方等がマニュアルに具体的に示されており，それを参考に個別処遇が行われるほか，一部の保護観察所では，保護観察対象者に対する集団処遇や，保護者・引受人等を対象とする講習会等が実施されている。

2014（平成26）年末における保護観察対象者の類型認定状況は，**表Ⅵ-1**のとおりである。

（瀧澤千都子）

表Ⅵ-1 保護観察対象者の類型認定状況

（2014〔平成26〕年12月31日現在）

類型区分	保護観察処分少年	少年院仮退院者	仮釈放者	保護観察付執行猶予者
総　数	13,515	4,454	5,364	10,692
シンナー等乱用	28	46	17	48
覚せい剤事犯	55	91	1,589	1,423
問題飲酒	261	87	495	1,230
暴力団関係	28	20	93	141
暴走族	808	533	2	17
性犯罪等	566	303	318	1,262
精神障害等	531	357	399	1,324
中学生	1,159	83	－	－
校内暴力	238	47	－	－
高齢	－	－	551	676
無職等	1,328	1,236	1,821	2,023
家庭内暴力	165	82	44	366
ギャンブル等依存	56	72	589	589

（注）1：保護統計年報及び法務省保護局の資料による。
2：保護観察処分少年の「総数」は，交通短期保護観察の対象者及び短期保護観察の対象者を除く。

出所：『平成27年版　犯罪白書』による。

司による社会適応を促進するための指導を中心とした短期間（6～7月）の保護観察を実施することで，その者の改善更生を図ることを目的としている。⇨ Ⅵ-1「保護観察の目的・種類」も参照。

▶交通短期保護観察

交通事件により保護観察に付された保護観察処分少年のうち，一般非行性がなく交通関係の非行性が固定化していないなど，家庭裁判所により交通短期保護観察が相当である旨の処遇勧告がなされた者が対象。処遇の中心は集団処遇であり，短期間（3～4月）の保護観察を実施することで，その者の改善更生を図ることを目的としている。⇨ Ⅵ-1「保護観察の目的・種類」も参照。

コラム-4

成人事件：暴力事件を繰り返す人への処遇

　「成人事件」といっても様々な事件があり一概にいえるものではないが，保護観察対象者の中には，同じタイプの犯罪を繰り返している人たちがいる。薬物事犯や飲酒によるトラブルを繰り返している人，暴力事件を繰り返している人などである。

　例えば，傷害や暴行等の暴力事件を繰り返している人は，普段からキレやすい考え方をすることが多い。「店員の態度が悪い」「となりの客がうるさい」と些細なことでイライラし，「自分がバカにされた」といっては怒りを爆発させる。暴力事件を繰り返す人は，物事をネガティブに捉えたり，視野が狭い傾向の人が多い。また，問題解決のスキルに乏しく，困難な場面に遭遇すると，暴力といった短絡的な手段に頼りがちとなる。

　専門的処遇プログラム（⇨ Ⅵ-8 「専門的処遇プログラム」）で活用されている認知行動療法では，その人の「ものの考え方（認知）」や「受け取り方」に焦点を当て，考え方を柔軟にし，行動の幅を広げていくことにより，その人が長年培ってきた「認知のゆがみ」を修正し，その人の問題解決の手助けを行う。「認知のゆがみ」を修正するためには，まず，その人が自分の行動パターンに気づくことが重要となる。なぜ，そういう行動をとるのか，その背景になっている自分のクセや考え方に自分自身で気づくよう働きかけ，行動を続けるメリットとデメリットを整理させるなど，その人が考えの幅を広げる契機をつくっていく。

　一般的に，キレやすい人は，成育歴の中で安心感や安らぎなどの穏やか感情を周りから与えられた経験が少ないといわれる。幼少期に家庭内で虐待を受けていた人もおり，問題は根深い。「自分が一番強い」「問題を解決するには，奴を殴る以外方法がない」というような誤った認知と行動の

サイクルを断ち切り，適切な認知に変容を促すためには，頭で考えているだけではダメで，実際の日常生活において繰り返し練習を重ねることが必要となる。「暴力防止プログラム」において，毎回，宿題が出されるのは，このためである。自分がどんな場面で怒りを感じやすいのかを具体的に知り，それに応じた対処方法を学ぶのである。例えば，職場でイヤなことがあったときに，その人が，保護観察官と「怒りでどうしようもなくなったら，とにかくその場から離れること」と約束したことを思い出せれば，再犯を防止する可能性も高まるのだ。
　とはいえ，暴力事件を繰り返している人は，暴力だけでなく，飲酒や借金，家族不和など，様々な問題を抱えていることが多い。対人トラブルで離転職を繰り返している人に対し，まず就労支援に取り組まなければならない場合もある。ただ，暴力を止める，犯罪行為をしない，というだけでは不十分だ。対象者一人一人に応じて，きめ細やかなアセスメントを行いつつ，緊急性や問題の大きさを考慮し臨機応変に取り組んでいくしかない。
　また，自分の感情や考え方というのは，自分一人で振り返ることは難しく，むしろ，他の人と話をしたり，あるいは他者の話を聞いて気づかされることも多い。最近では，飲酒問題，薬物問題，ギャンブル依存など，多様なタイプの自助グループが広がりつつある。「飲酒運転防止プログラム」では，アルコールへの依存の高い人に対し，アルコール依存専門の地域の医療機関や自助グループへの参加について助言を行っている。保護観察期間中の再犯防止だけではなく，保護観察終了後を見据え，医療機関や自助グループ，就労支援機関と連携した息の長い働きかけが望まれる。

　　　　　　　　　　　　　　　　　　　　　　　　（田島佳代子）

Ⅵ　保護観察

 専門的処遇プログラム

1 専門的処遇プログラムとは

　保護観察所では，特定の犯罪的傾向を有する保護観察対象者に対し，その傾向を改善するため，専門的処遇プログラムとして，心理学等の専門的知識に基づき，**認知行動療法**を理論的基盤として開発されたプログラムを実施している。2018（平成30）年2月現在，「性犯罪者処遇プログラム」「薬物再乱用防止プログラム」「暴力防止プログラム」及び「飲酒運転防止プログラム」の4種類がある。

　「薬物再乱用防止プログラム」を除く各プログラムは，5課程からなる構造化されたセッションを中心に構成されており，保護観察官が保護観察対象者と面接しながら，ワークブック等を活用し，自己の問題性（犯罪行動に至るまでの自己統制不足や認知の歪み）について考えさせるとともに，**ロールプレイング**などの方法で，犯罪に至らないための行動方法を学習する。5課程の修了時には再発防止計画を作成し，さらに薬物再乱用防止プログラムについては，引き続きステップアッププログラムを実施する。

　専門的処遇プログラムは，通常，保護観察対象者に対し**特別遵守事項**として受講が義務づけられており，正当な理由なくその受講に欠席，遅刻した場合には遵守事項違反と認定され，仮釈放や執行猶予が取り消される可能性があるという強制力を伴う。

　なお，刑事施設で「性犯罪再犯防止指導」や「薬物依存離脱指導」を受講した仮釈放者については，各刑事施設から実施結果を引き継ぎ，刑事施設と保護

▷認知行動療法
その人の「ものの考え方（認知）」や「受け取り方」によって，「（適切でない）行動」のパターンや「困りごと（症状）」が続いてしまう悪循環に気付き，考え方や行動の幅を広げ柔軟にしていくことにより，認知の偏りを修正し，問題解決の手助けを行うことを目的とする心理療法。精神疾患にとどまらず，日常のストレス対処，司法や教育場面の問題等に広く応用されている。

▷ロールプレイング（役割演技）
実際に起こりうる場面を想定し，複数の人がそれぞれの役を演じて疑似体験することにより，その事柄が現実に起こったときに適切に対応できるよう訓練する学習方法。

▷特別遵守事項
⇨ Ⅵ-6 「遵守事項」

表Ⅵ-2　4種の専門的処遇プログラム

プログラム（開始年）	対象
性犯罪者処遇プログラム（2006〔平18〕）	本件が強姦，強制わいせつ等のほか，下着盗，のぞき等犯罪の原因・動機が性的欲求に基づく，男性の仮釈放者及び保護観察付執行猶予者
薬物再乱用防止プログラム（2016〔平28〕）	本件に規制薬物等及び指定薬物の使用・所持の事実が含まれている仮釈放者及び保護観察執行猶予者
暴力防止プログラム（2008〔平20〕）	本件に暴力犯罪が含まれており，かつ暴力犯罪の前歴を有する仮釈放者及び保護観察付執行猶予者
飲酒運転防止プログラム（2010〔平22〕）	本件に危険運転致死傷（アルコールの影響による行為に係るもの），酒酔い運転，酒気帯び運転等の事実が含まれている仮釈放者及び保護観察付執行猶予者

観察所との間で一貫性のある指導に努めている。また，性犯罪者処遇プログラムについては，刑事施設のプログラムとともに**効果検証**が行われ，再犯を減らす効果があることが示されている。

❷ 性犯罪者処遇プログラム

　性犯罪に至るプロセスや自己の問題点を理解させ，自己管理や対人関係スキルの学習等を行うことを目的とする。プログラムは，①5セッションからなる「コア・プログラム」を中核に，②刑事施設でプログラムを受講していない者に対する「導入プログラム」，③対象者の生活実態把握と指導を行う「指導強化プログラム」，④「家族プログラム」を組み合わせて実施する。

❸ 薬物再乱用防止プログラム

　従前の「覚せい剤事犯者処遇プログラム」（2008〔平20〕年）に代えて，対象を覚せい剤から規制薬物等及び指定薬物の使用・所持に拡大し，それらの再乱用を防止することを目的とする。教育課程は，依存性薬物（規制薬物等，指定薬物及び危険ドラッグ）の悪影響を認識させ，その再乱用防止のための具体的な方法を習得させるコアプログラムと，コアプログラムの内容を定着・応用・実践させるためのステップアッププログラムの2つで構成され，簡易薬物検出検査と併せて実施する。

❹ 暴力防止プログラム

　自己の暴力について分析し，怒りや暴力につながりやすい考え方に気づき，再び暴力を起こしそうな危機場面での対処方法や対人関係の技術を習得することを目的とする。プログラムでは，ロールプレイング等を用い，できるだけ具体的な対人関係のスキルを身に付けることを重視するほか，毎回，**宿題**が出され，面接場面だけでなく，日常場面で学習した事柄を実践させることにより，プログラムの実効性を高めるよう配意されている。なお，2015（平成27）年から，DV・飲酒の問題性に応じ，教育内容が追加された。

❺ 飲酒運転防止プログラム

　アルコールが心身や自動車等の運転に与える影響を認識させ，飲酒運転に結びつく自己の問題性を理解し，飲酒運転を防止することを目的とする。プログラムは，保護観察対象者のアルコールに対する依存の程度に応じた内容のコースを選択して実施しており，アルコールへの依存が高い者については，アルコール依存からの回復方法等についての教育を実施し，地域の医療機関や自助グループの活用などについても助言を行う。

（田島佳代子）

▷効果検証
2012（平成24）年12月，保護観察所において2006（平成18）年9月から行われている性犯罪者処遇プログラムについて，処遇効果を検証するため，プログラムを受講した保護観察対象者と受講しなかった保護観察対象者の再犯の発生状況を追跡調査し，再犯率の相違を統計的に分析した。分析結果については法務省ホームページ（http://www.moj.go.jp/hogo1/soumu/hogo01_press-release01_index.html）を参照。

▷性犯罪者処遇プログラム
⇨ Ⅵ-9「性犯罪者への処遇」

▷薬物再乱用防止プログラム
⇨ Ⅵ-10「薬物事犯者への処遇」

▷宿題
「暴力を振るわないために普段から取り組んでいること」や，「危機場面での対処法」を日常生活で実践させ記録させるもの。プログラムで学んだ対処法や取組みについて日常生活での継続的な実践を促し，その実践の結果を丁寧に取り上げ適切に評価することによって，より具体的で実効性のある対処法・取組みが選択できるよう支援している。

コラム-5

就労支援対策

　刑務所出所者等の就労を確保するためには，協力雇用主のもとでの雇用を拡大し，就労を継続していくことが極めて重要である（⇨ X-3 「協力雇用主」参照）。

　ここでは，2つの事例を取り上げ，協力雇用主の活動の一端を紹介する。

【事例1】　店長を信じてくれてありがとう（ガソリンスタンド経営）

　保護司をしている妻から「お父さん，今担当しているT君，仕事に困っているのよ。うちで働かせてくれないかしら。」といわれました。T君は，無免許・暴走にシンナーにも手を出して，両親は手を焼き，一人暮らしのおばさんの家に寝泊まりし，相談相手もなく淋しい状況でした。

　身近に話してみると，心根のやさしい，よく気配りする少年ですが，自分に自信がもてないようでした。その頃，わが社独自の洗車事業を開始していたので，T君をその責任者に抜擢しました。その時，T君に「このおじちゃんを信じてくれ，おじちゃんも君を信じるから」と約束し，いつしか，わが社の中にこの約束事を守る雰囲気ができ上がり，T君は責任者として見事に期待に応えてくれました。

　私は，面接した子は皆採用します。立ち直りたいと決心し職場を求めてきたのですから失望させたくありません。はじめから仕事ができる子はいません。入社当初は，遅刻することが多いのですが，決して叱りません。遅刻しても「よう来たね。」と社員全員拍手で迎えます。そのうち，子どもたちの方から「おはようございます。」とあいさつが返ってきます。いつしか，子どもたちは家族同然になっていきます。

　わが社は"一生懸命さ"を評価することにしています。社員一人一人の頑張りをお互いに評価すること，人は誰でも一つは良いところをもっている，そのことを認め，その良いところをお互いに引き出す職場にするこ▶

と，これをわが社流クラブワークと称して，社是にしています。

【事例2】 明日を夢見て生きて行こう（タンク製造業）

　私の会社は大型タンクの建設や修理を営んでいますが，タンク建設の仕事は青空の下，野外での作業であり，日本全国の港々での長期にわたる出張が続くこともあり，さらに高所作業もあって，きつい仕事です。また，タンクの中身が油やガスの危険物であるため，高度の溶接技術が求められます。職人になればかなりの高賃金を得られますが，職人になるまで3年ほどの修業期間が必要です。保護観察を受けた人たちがこの期間を辛抱してくれるか，また，私や会社の仲間たちが引っ張っていってあげられるかが勝負です。

　現在，少年院などを出た7名の人たちがわが社の中堅として活躍してくれています。もう彼らに再犯の可能性など微塵もありませんが，中でもK君は現場作業が終わった後も工場の片隅で黙々と溶接の練習を続け，わずか2年余りでわがタンク業界の最高峰の溶接免許を取得しました。

　ある時，K君に「今の夢はなんだ？」と聞くと，「母親の家を建ててやること。」と笑顔で言います。K君が少年院を出るときに，彼の引取りを拒んだ親の家を建てるのが夢だと言う。私は彼に感激して思わず下を向いてしまう。こんなに素晴らしく更生した男たちを見るとき，「協力雇用主を続けて来て良かったな。」とつくづく思うのです。

　このように，日々真剣勝負の取組みを積み重ねておられる協力雇用主に対する物心両面の支援をさらに充実強化していくことが求められている。

参考文献：全国就労支援事業者機構『協力雇用主活動事例集「更生に寄り添う喜び」』2014年。

（中島祐司）

Ⅵ 保護観察

 性犯罪者への処遇

1 性犯罪者への処遇【架空事例】

　Aは，強制わいせつ事件を繰り返して実刑判決を受け，刑事施設に収容された。受刑中は刑事施設において**性犯罪再犯防止指導**を受講した。

　その後，刑期を6か月残して仮釈放となり，母親の許に帰住し，保護観察が開始された。特別遵守事項に性犯罪者処遇プログラムの受講が設定されたため，2週間に1回保護観察所に出頭して，全5回のプログラム（導入プログラム，コア・プログラム）を受講した。A自身，プログラムを通して，性犯罪を是認するような誤った考え方や偏った物の見方等を自覚し，性犯罪を起こさないための具体的な方法を考え，生活場面において自身の衝動や感情をコントロールできるようになった。保護司面接ではプログラムの振り返りを行い，実生活における再発防止計画の実行状況などを確認し，自らの**再犯リスク**に気づくことができるようになった。また，保護観察官は毎月保護司の報告をもとに**急性リスク**をチェックし，適宜介入（面接指導等）してリスクの低減に務めた。

　さらに保護観察官が，Aへの対処に苦慮していた母親とも面接をして助言し（家族プログラム実施），性依存症者の家族のための自助グループにつなげたところ，自身の不安や悩みを吐露できるようになり，また，具体的な場面に応じたAへの有効な対応方法を知ることができた。

　Aは，コア・プログラム終了後も定期的に保護観察官面接（指導強化プログラム）を受けて，社会生活に応じた再発防止計画の見直しを行っていたが，保護観察終了後の相談先に不安を感じていた。そのため，保護観察官，保護司の勧めもあり，性依存症治療を行っている医療機関に一時通院し，また，性依存症者の自助グループに参加し，性依存からの回復努力を続けている。

2 性犯罪対象者の特徴

　性犯罪者は人格や認知（考え方）の歪みが大きく，性犯罪自体も興味本位の一過性のもの，性癖化したものなど様々である。また，性犯罪を繰り返す者は性犯罪の再犯リスクが大きく，就労状況の安定と性犯罪の危険因子，リスク要因の低下との関連性には様々な意見があり，就労指導に重点を置く通常の保護観察処遇は必ずしも有効ではない。さらに性犯罪の危険因子は人によって異なるため，再犯リスクの感知は難しく，処遇困難なケースが多くみられる。

▷**性犯罪再犯防止指導**
刑事施設の特別改善指導の一つでグループワークを中心に実施されている。保護観察所のプログラムとは認知行動療法やリラプス・プリベンション（認知行動療法の一技法で「再発防止」ともいう）などの背景理論は共通しており，両者は緊密な連携が図られている。

▷**再犯リスク**
年齢，性別，犯罪歴など処遇によって変更できない再犯リスク要因を意味する「静的リスク」と住居・就労の有無，家庭関係の安定，薬物乱用の有無と程度など処遇によって改善・変更可能な再犯リスク要因を意味する「動的リスク」に分けられる。

▷**急性リスク**
動的再犯リスクの一種で再犯の契機を生む短期的な状態（再犯の予兆）を指すものである。対象者の急性リスクに顕著な変化が見られ，危険性が高まったと判断される場合などには保護観察官が必要な介入を行う。

▷**性依存症者の支援機関**
わが国の性犯罪者への処遇は，刑事施設や保護観察所など刑事司法機関を中心に実施されている。薬物・アルコール依存症者と比べて，精神保健福祉センター，保健所などの社会内における公的機関の支援体制は十分に整っていない。

③ 性依存症者の支援機関

性依存症者の支援機関には，**SA**など自助グループ，性依存症を専門とする医療機関などがあり，性犯罪対象者に対する保護観察処遇においては，これらの社会資源の説明を行った上，関係資料を手渡すなどして参加を促している。

④ 性犯罪者処遇プログラム

2004（平成16）年11月に奈良県で発生した小学1年生女児誘拐殺人事件をきっかけに，2006（平成18）年度から仮釈放者，保護観察付執行猶予者の一部に対してリラプス・プリベンションや認知行動療法を理論的背景とする**性犯罪者処遇プログラム**が導入され，欧米各国の犯罪者処遇では一般的である実証的根拠に基づく実践（**EBP**）と**RNRモデル**の実践が行われるようになった。

具体的には，対象者の再犯リスクの大きさ（静的リスクの評点）で決められた接触頻度で保護司及び保護観察官面接を実施し（リスク原則），性犯罪者に共通の安定的な動的リスク（ニーズ）に対処するコア・プログラムを実施し，毎月保護観察官が対象者の急性リスクのチェックを行って動的リスクに焦点を当てた処遇を実施し（ニーズ原則），コア・プログラムは認知行動療法を基礎にしている（リスポンシビティ原則）。

プログラム終了後に再犯に至ったケースもみられるが，再犯の要因として「歪んだ認知」「ストレス負荷」「薬物問題」「孤立感」などの影響が大きく，再犯防止には「居場所」「相談先」「適切なストレス発露」「より良い人生への意欲」「再発防止計画の見直し・確認」などが必要であることが示唆されている。

⑤ 性犯罪者への有効なアプローチ

性犯罪者の抱える諸問題の解決には，臨床心理学，精神医学，ソーシャルワーク，教育学など様々な学問的アプローチが重要であり，これらの学問が高い次元で融合することが必要である。近年，諸外国ではRNRモデルに加えて，犯罪者の長所を基盤として更生を促そうとするもので犯罪者の具体的な関心や能力，願望に応答する**グッド・ライブズ・モデル（GLM）**が新潮流として活性化し，両者を両輪としてプログラムを進めることが主流となっている。わが国でも，RNRモデルとGLMを融合した性犯罪者処遇の実践が有効かもしれない。

保護観察所が性犯罪をした人に関わるのは保護観察という短い期間だけである。保護観察の枠組みの期間内に，再び性犯罪をしないための具体的な方法を習得させ，犯罪傾向を改善できるように支援し，さらには適切な社会資源と結びつけ，保護観察終了後においても地域で彼らの性依存からの回復を助けられる環境を調整するなど，先を見据えた処遇が必要といえる。

（中村秀郷）

▷**SA**（Sexaholics Anonymous）
性依存症からの回復を目的とする自助グループ。

▷**性犯罪者処遇プログラム**
コア・プログラムは一部の保護観察所ではグループワークを中心に実施されている。グループワークは対人認知の歪みや対人スキルを学ぶ場としてふさわしく，他の受講者の影響から動機付けに対する効果や自身の特異な考え方の傾向を知り，多様な認知への気付きが促され，認知の変容に与える影響が大きい。 ⇒Ⅵ-8「専門的処遇プログラム」

▷**RNRモデル**（Risk-Need-Responsivity model）
再犯の減少のためには，犯罪者の再犯リスクを評価し，処遇密度を犯罪者の再犯リスクの大きさに合わせて処遇を行い（Risk：リスク原則），当該犯罪者が抱えている再犯リスク要因のうち処遇によって改善可能な動的リスクに処遇の焦点を当て（Need：ニード原則），当該犯罪者に最も適合した処遇方法を選択して処遇を実施する（Responsivity：反応性原則）ことが最も効果的であるとされるモデル。

▷**グッド・ライブズ・モデル（GLM）**
⇒Ⅶ-1「欧米における更生保護」

（引用・参考文献）
中村秀郷・大塚和徳（2014）「更生保護における性犯罪者処遇プログラムの現状と課題-性犯罪加害者処遇に関する一考察-」『更生保護学研究』第5号，日本更生保護学会，3-15頁。

VI 保護観察

 薬物事犯者への処遇

▷1 『平成26年版 犯罪白書』より。

▷刑の一部の執行猶予制度
⇨ XVI-5 「刑の一部の執行猶予制度」

▷地域連携ガイドライン
薬物依存を抱えた保護観察対象者に対して地域における切れ目のない支援を行うため，保護観察所と地域の関係機関がそれぞれ果たすべき役割や，保護観察所と医療，保健，福祉機関や民間団体との協力のあり方について示したもので，2016（平成28）年度から実施されている。

▷マトリックス・モデル
(Matrix Model)
1984年に設立されたマトリックス研究所のクリニックで開発された，覚せい剤・コカイン依存に対する統合的外来治療プログラム。

▷一定の条件を満たした薬物事犯者
2016（平成28）年6月から，犯罪事実に規制薬物及び指定薬物等の所持・使用等に当たる事実が含まれる者のうち，保護観察期間が6か月以上の仮釈放者及び保護観察付執行猶予者が対象となった。保護観察期間が6か月未満の仮釈放者には，任意の簡易薬物検出検査を定期的に実施している。

① 覚せい剤事犯者の再犯防止対策

　覚せい剤取締法違反の検挙人員は，おおむね減少傾向にあるものの，毎年1万人を超える状況が続いている。2013（平成25）年における同一罪名による再犯者の比率をみると63.8％と一般刑法犯と比べても高く，2008（平成20）年の出所受刑者のうち仮釈放者の41.3％，満期釈放者の60.2％が5年以内に再入所するなど，再犯率の高さが覚せい剤事犯者の特徴といえる。そこで政府は薬物事犯者の再犯防止を図るため，2016（平成28）年6月に**刑の一部の執行猶予制度**を導入した。これに伴い，法務省は，新たな薬物処遇プログラムを開発するとともに，厚生労働省と共同で**地域連携ガイドライン**を策定した。保護観察所では，薬物事犯者に対する処遇として，後述する薬物再乱用防止プログラム，簡易薬物検出検査，家族支援，及び地域連携ガイドラインに基づく事業を実施している。

② 新たな薬物処遇プログラムの開発

　新たな薬物処遇プログラムのワークブックは，米国の**マトリックス・モデル**を理論的基盤としたもので，刑の一部の執行猶予制度の施行に伴い，規制薬物及び指定薬物全般に対応し，集団での実施が可能な内容となっている。現在は，専門的処遇プログラムの一つである薬物再乱用防止プログラムとして，**一定の条件を満たした薬物事犯者**の仮釈放者及び保護観察付執行猶予者（以下対象者とする）に対し，**特別遵守事項**に定めて受講を義務づけている。内容はワークブックに基づく教育課程と簡易薬物検出検査からなる。全5課程のコアプログラムをおおむね2週間に1回の頻度で実施し，コアプログラム終了後，現在は仮釈放者及び保護観察付一部執行猶予者に対し，おおむね月1回の頻度でステップアッププログラムを実施している。教育課程は，薬物への渇望に対する具体的対処法及び薬物依存の知識の習得を目的としている。簡易薬物検出検査は，陰性の結果を出し続けることで，対象者の断薬意思の強化及び維持を図るとともに，家族や身近な人に安心感と信頼をもたらす効果が期待できる。

③ 薬物再乱用防止プログラムの実際

　プログラムの実施においては，対象者が安心して自由に意見を述べることが

できる雰囲気づくりを重視し，教育を授けるのではなく，ともに学ぶという基本姿勢を心がけている。集団で実施する場合，実施補助者として**ダルク**スタッフが参加していることもあり，先行く回復者の意見を聴いて対象者の理解が深まることが多い。また，他の対象者の体験談に共通点を見出して不安を解消したり，互いに対処スキルのヒントを得るなどの効果がみられる。個別での実施に比べてワークブックの内容の理解が深まり，「みんなが頑張っているから自分も頑張ろう」という気持ちが少しずつ芽生えるようになる。グループがもたらす相互援助的な側面や一体感が，プログラムの受講意欲の向上，断薬意思の継続に結びついている。集団での実施については，いわゆる悪風感染が懸念されるが，実際にはプラスの効果がリスクをはるかに上回っている。

　プログラムの開始当初は，ほとんどの対象者が受講に対して消極的である。「自分さえしっかりしていれば大丈夫」「薬物のことを考えないのが一番」という対象者もいる。保護観察では，こうした受講の必要性を感じていない対象者に対しても，特別遵守事項として義務づけることにより，薬物依存や自己の問題に向き合う機会をつくることができる。また，矯正施設出所後の不安定な時期を，同じ立場の者同士で共感し励まし合うことで乗り越え，プログラムに参加し続けることが，再犯防止や回復につながっている。このような観点からも，保護観察所が実施するプログラムは非常に重要な役割を担っているといえる。

❹ 家族支援

　薬物依存症者を支える家族の多くは，不安や悩みを周囲に打ち明けることができず孤立している。度重なる問題行動に疲弊して家族機能が低下し，さらに深刻な薬物依存の問題を招き，家庭が崩壊してしまう場合も少なくない。家族が薬物依存の基礎知識や適切な対応を身に付け，同じ悩みを抱えた者同士の交流を通して元気を取り戻すことが，長期的にみて薬物依存症の回復につながる。保護観察所では，**ナラノン**や**ダルク家族会**の協力を得るなどして，定期的に家族支援教室や受刑者の引受人集会を実施している。

❺ 地域連携ガイドラインに基づいた連携

　薬物依存症の回復には継続的で多様な機関の支援が必要である。保護観察終了後も引き続き再使用を防止するためには，対象者やその家族を地域の支援機関に繋ぐことが重要な課題となる。保護観察所では，ダルクなどの回復支援施設，医療機関，精神保健福祉センターと連携し，効果的な保護観察や家族支援に向けた事業を実施している。薬物再乱用防止プログラムの実施者及び実施補助者としての協力依頼，施設への通所，治療，薬物相談の橋渡しなどである。また，情報共有や今後の課題に対する共通認識をもつ場として，連絡協議会や研修会を実施し，地域の関係機関との連携強化を進めている。　　（本山美恵）

▷**特別遵守事項**
⇒ VI-6「遵守事項」，VI-8「専門的処遇プログラム」

▷**ダルク**（Drug Addiction Rehabilitation Center）は薬物依存症からの回復及び社会復帰を支援することを目的とした民間のリハビリテーション施設。

▷**ナラノン**
身近な人の薬物依存の問題によって影響を受けてきた，または，今も影響を受けている家族や友人たちのための自助グループ。世界中に数多く存在する。

▷**ダルク家族会**
ダルクと連携を保ちながら活動を行っている薬物依存症者の家族の自助組織。

コラム-6

更生保護における家族への働きかけ：「システムズ・アプローチ」

　家族への働きかけを行う家族臨床のための専門的技法が「家族療法」と呼ばれるもので，その理論的基盤を提供するのが「家族システム論」，それに基づく実践が「システムズ・アプローチ」である。家族をシステムとしてとらえることにより，他領域のシステムに関する知見を活用する方法論が生まれ，①家族の一部の変化が全体に影響する（全体性），②各家族員のデータを単に足しても家族全体はわからない（非総和性），③多様な状態・環境からでも同じ症状・問題が生まれる（等結果性），反対に同じ状態・環境から異なる症状・問題が生じる（多結果性），④家族の問題は原因が特定されない（円環的因果律）と仮定するものである。

　◯**家族システム論に基づくシステムズ・アプローチ**

　家族療法は，家族システムに問題性を見出すのではない。個人システムへの介入である人格障害などへの治療や社会システムへの介入である学校への働きかけよりも，家族システムへの介入こそが，「この事例では得策」と臨床的に判断したときに行うものである。家族システムである家庭での居場所感の回復が，個人システムである対象者の心身の安定につながり，その結果，社会システムである学校や職場での適応も向上する「開放システム」の特性に着目した介入となっている。また，家族療法は，開放システムの特質である「すべてのシステムが関与している」という，より広いコンテクスト（文脈）を重視する視点が肝要である。多様なシステムに多元的にアプローチすることが非行・犯罪臨床では不可欠であり，家族システムの上位にある学校や地域社会のNPOが運営する子育てプログラムなど「社会環境システム」を視野に入れた生態学的（エコロジカル）なアプローチとしても展開するものである。臨床実践の基本認識である，バイオ（bio：生物的），サイコ（psycho：心理的），ソーシャル（social：社会的）の三方面から問題行動をとらえるモデルとして理解したい。

　◯**更生保護におけるシステムズ・アプローチ**

　わが国の更生保護の処遇現場において，ファミリー・ケースワークをモデルとして，保護観察少年及びその家族に対する試みは1960年代から導

入されてきた。システム論に基づく家族療法は，1980年代から筆者らをはじめとして，個別ケースにおいても，そして，横浜保護観察所では「家族教室」の名称でグループワークが実施，展開されていった（生島，1993）。

家族臨床を公的機関が組織的に実施する上では，2000（平成12）年に改正された少年法（25条の2）において，「家庭裁判所は，必要があると認めるときは，保護者に対し，少年の監護に関する責任を自覚させ，その非行を防止するため，調査又は審判において，自ら訓戒，指導その他の適当な措置をとることができる」と明文化されたことは意義が大きい。また，更生保護法，少年院法でも，同様の保護者に対する措置が明記され，非行臨床機関において法的な裏づけが整ったのである。

成人犯罪の臨床においても，仮釈放者の引受人家族に対して，保護観察所による生活環境の調整の一環として，個別に，そして，覚せい剤事犯については，「引受人教室」が開催されている場合もある。さらに，薬物事犯者等に対する刑の一部の執行猶予制度が2016（平成28）年に始まったが，そこでも家族支援が重視されている。薬物依存症に関する正しい知識をもつことにより，家族の適切な対応がなされるよう法務省保護局において，「薬物依存に関する家族支援の手引」が作成されている。家族の働きかけによって，治療を受けるなど本人の立ち直りへの動機づけが高まり，再犯率の低下が期待されているのである。

更生保護に関しては，保護観察官と保護司との「協働態勢」がシステムズ・アプローチの原点である。かつて，保護観察官に父性，保護司に母性の機能を見てとったことが一例であるが，対象者とその家族に加えて，処遇者やその所属機関を含めた臨床に関わる全体を一つのシステムとして認識し，その職制や権限を生かすシステムズ・アプローチが，多職種・多機関連携においてもさらに展開することが期待されている。

参考文献：生島浩『非行少年への対応と援助』金剛出版，1993年。

（生島　浩）

Ⅶ　更生保護の実施機関・施設

1　保護観察官

▷保護司
⇨ Ⅶ-2「保護司」

▷仮釈放
⇨第Ⅴ章「仮釈放・少年院からの仮退院等」

▷指導監督
⇨ Ⅵ-4「指導監督」

▷補導援護
⇨ Ⅵ-5「補導援護」

▷専門的処遇
⇨ Ⅵ-8「専門的処遇プログラム」、Ⅵ-9「性犯罪者への処遇」、Ⅵ-10「薬物事犯者への処遇」

▷スーパービジョン（supervision）
通常、経験豊かで専門性の高いワーカー（supervisor）が、経験の浅いワーカー（supervisee）の相談にのり、その機能を十分発揮できるよう適切な助言・指導を行うことをいう。更生保護の分野では、保護観察官がその専門家としての立場から、主として、保護司のケース処遇上の相談に応じたり、助言をしたりする場合に用いられる。

▷良好・不良措置
保護観察の成績が良好であり、もはや保護観察を継続する必要がないと認められる者については、法律で定める期間が満了する前に保

1　保護観察官とは

　わが国における更生保護制度は、常勤の国家公務員である保護観察官と民間のボランティアである**保護司**の協働態勢によって実施されている。保護観察官は、この協働態勢における国側の責任主体であり、実行機関（実施者）である。医学、心理学、教育学、社会学その他更生保護に関する専門的知識に基づき（更生保護法31条2項）、法務省保護局の出先機関である保護観察所（全国に50か所）及び地方更生保護委員会（全国に8か所）に配置され、保護観察や**仮釈放**事件調査などに従事する。

　保護観察官は、人間を対象とする高度に専門的な職業であるため、広い知識と処遇の技法を習得することが要求され、かつ望ましい人間関係が形成できる成熟した人格が期待されている。2017（平成29）年の場合、全国で保護観察官に補職（任命）されている者の総数は1396人であるが、そのうち保護観察所の現場第一線で働く保護観察官の数は2017年4月現在959人であり、東京、大阪などの大規模保護観察所では、その約半数が女性保護観察官となっている。

2　保護観察官の仕事

○保護観察の実施

　保護観察対象者の再犯・再非行の防止と改善更生を図ることを目的として、約束を守らせ行状を見守る**指導監督**や本人の社会復帰や自立を物心両面で援助する**補導援護**等を行う。具体的には、面接の実施、調査とケースアセスメント、保護観察事件の直接担当、**専門的処遇（性犯罪者、覚せい剤事犯者処遇プログラム等の実施）**、保護司に対する**スーパービジョン**、**良好・不良措置**など有権的（公権力による）措置の実施等である。特に対象者の過半を占める少年については、再犯・再非行の防止とともに、その社会復帰と改善更生、健全育成を図ることを目的に、様々なケースワーク的働きかけが行われる。

○生活環境調整の実施

　刑事施設や少年院等の矯正施設収容中の人が、釈放後に円滑な社会復帰を果たすために、釈放後の住居、就業先その他の生活環境の調整を図る。具体的には、直接又は保護司と協働して、収容中の人の家族等と面接を行うなどして、①矯正施設から釈放された後の住居や引受人の確保、②就業先又は通学先の確

保，③関係者や関係機関からの理解及び協力を得ること，などを行っている。また，本人の生活計画の聴取や社会復帰に向けての意欲喚起などを目的として，必要に応じ矯正施設に出向いて，収容中の本人と面接を実施する。

○**地方更生保護委員会保護観察官の調査の実施**

地方更生保護委員会事務局に所属する保護観察官は，刑事施設や少年院に収容中の人と面接を行うなどして，本人の反省悔悟の気持ちや彼らの有する問題性を把握し，改善更生の状況や出所または出院後の生活計画など，地方更生保護委員会が行う仮釈放や仮退院の審理に必要な調査を行っている。

○**その他**

上記のほか，保護観察官は，①刑事施設を満期釈放になった者で，生活に困窮し，社会復帰に必要な資金や宿泊所がない者に対する**更生緊急保護**，②保護観察中に遵守事項を守らないなど再犯・再非行のおそれの強い者に対する不良措置，③保護観察中に所在不明になっている者に対する所在調査，④**恩赦**上申に関する事務，⑤犯罪や非行のない地域社会の実現のための犯罪予防活動の促進，⑥保護司等に対する研修，⑦**社会貢献活動**，⑧集団処遇，⑨家族療法，⑩社会生活技能訓練（Social Skills Training），⑪**更生保護ボランティア**との連携，⑫関係機関との連携等，幅広い仕事に携わっている。

3 採用・補職

保護観察官になるためには，①国家公務員採用総合職試験に合格する，②法務省専門職員（人間科学）採用試験保護観察官区分に合格する，という2つの方法がある。前者の試験については，人事院あるいは法務省保護局総務課に，後者の試験については，各地方更生保護委員会に照会することにより，その詳細を知ることができる。なお，後者の試験は2012（平成24）年度から新たに実施されるようになった試験で，社会学，心理学，社会福祉など人間科学を専攻した者を対象に新設されたものである。採用後は，法務省保護局又は更生保護官署（地方更生保護委員会又は保護観察所）に法務事務官として一定期間勤務した後，保護観察官に補職（任命）され，保護観察業務等に従事することになる。

4 保護観察官の研修

更生保護機関に採用された者は，初等科研修，中等科研修，専修科研修，処遇強化研修等の研修が実施され，継続的な専門性や実務能力の向上が段階的に図られる。また，それぞれの配属庁では，経験を積んだ先輩保護観察官（統括，上席）が新任保護観察官の指導育成（スーパービジョン）に当たっている。

（高木俊彦）

護観察を打ち切ったり，仮に解除したりする良好措置が，その反対に，保護観察中に再犯・再非行があったり，その虞が強い者，遵守すべき事項が守れていない者等については，仮釈放の取消しや少年院への戻し収容などの不良措置が採られる。⇨Ⅵ-2「保護観察の流れ」も参照。

▷1 ⇨第Ⅳ章「社会復帰のための生活環境の調整」

▷**更生緊急保護**
⇨Ⅷ-1「更生緊急保護の目的・対象・期間」，Ⅷ-2「更生緊急保護の内容・手続き」

▷**恩赦**
⇨第Ⅻ章「恩赦」

▷**社会貢献活動**
⇨ⅩⅥ-3「社会貢献活動の導入」

▷**更生保護ボランティア**
⇨Ⅹ-1「更生保護女性会」，Ⅹ-2「BBS会」，Ⅹ-3「協力雇用主」

VII 更生保護の実施機関・施設

 保護司

1 保護司の法的位置づけ

保護司は，保護観察官で十分でないところを補い，保護観察所長の指揮監督を受けて，保護観察所の担当する事務に従事する（更生保護法32条）。

保護司の使命は，社会奉仕の精神をもって，保護観察対象者等の改善更生を助けるとともに，犯罪予防のための世論啓発に努めて地域社会の浄化を図り，個人及び公共の福祉に寄与することである（保護司法1条）。

保護司の身分は非常勤の国家公務員であり，①社会的信望，②熱意と時間的余裕，③生活の安定，④健康と活動力という諸条件を具備した者のうちから法務大臣が委嘱する（保護司3条1項）。委嘱に当たり，保護観察所長は，**保護司選考会**の意見を聴いた上で，保護司候補者を法務大臣に推薦する。

保護司の任期は2年であるが，再任を妨げない（保護司7条）。ただし，新任の場合は委嘱予定日現在66歳以下であることを原則とし，再任の場合は委嘱予定日現在76歳未満であることが必要である。

保護司の定数は，全国で5万2500人以内とされており，各保護司は，法務大臣が定める区域である保護区に配置され（保護司2条1項・2項），その保護区ごとに保護司会を組織する（保護司13条1項）。

なお，保護司には給与は支給されず，職務遂行に当たって要した費用の全部又は一部が実費弁償されることとなっている（保護司11条）。

2 保護司の実態

法律上の保護司は，保護観察官で十分でないところを補う存在と規定されているが，実際の保護観察，生活環境の調整，犯罪予防活動等の保護観察所の主要な業務の多くの部分は保護司によって担われており，民間篤志家である保護司がいなければ更生保護は立ちゆかない。

統計的にみると（数値はいずれも2015〔平成27〕年1月1日現在），保護司の実人員は4万7872人であり，近年減少傾向にある。男女比は約3：1であり，女性の比率が少しずつ高まっている。平均年齢は64.7歳であり，徐々に上昇している。年齢別構成比をみると，60歳代が最も多く51.4％，70歳代の構成比が年々上昇して28.5％となっている。職業別構成比をみると，無職（主婦を含む）が最も多く27％，次いで，会社員等23％，宗教家11％，同じく商業従事者11％，

▷1 ①保護司に対する補償制度：保護司に対しては国家公務員災害補償法が適用されるため，公務による人的損害（治療を要するケガなど）に対しては一定の補償がなされる。また，2012（平成24）年度には，保護観察対象者等から受けた物的損害（器物損壊，盗難など）を補償する制度も創設された。
②国家公務員法の適用除外：保護司に対しては，民間篤志家であるという特殊性から，例えば，政治的行為の禁止又は制限に関する規定は適用されず，また，国家公務員倫理法も適用されない。

▷保護司選考会
保護司選考会は，各保護観察所に置かれる附属機関であり（保護司5条1項），保護観察所長の諮問に応じて保護司の委嘱及び解嘱に関する意見を述べることなどの役割を担っている。保護司選考会の委員は13人（東京は15人）以内で組織され（保護司5条2項），地方裁判所長，家庭裁判所長，検事正，弁護士会長，保護司代表，学識経験者等のうちから法務大臣が委嘱する。

▷2 保護司の活動実態と意識に関する調査：2004（平成16）年に法務総合研

農林漁業従事者8％の順となっている。近年，退職者や主婦の割合が上昇し，農林漁業従事者や宗教家の割合が低下する傾向にある。

また，保護司による処遇活動の実態をみると，保護観察対象者との面接を自宅において行っている保護司が多く，面接を行う曜日や時間帯は土日や夜間であることも多い。処遇に当たって保護司が心がけているのは，「対象者の話をよく聴く」，「和やかな雰囲気をつくる」などであった。

以上のことから，保護司が多様な背景をもった民間人であり，民間の地域性や柔軟性をもって処遇活動に当たっていることがわかる。

❸ 保護司に対する研修

保護司の資質や処遇能力の向上は，更生保護活動にとって極めて重要であるため，保護観察所においては，新任保護司研修，地域別定例研修，特別研修等の各種研修を実施している。特に，地域別定例研修は，保護司全員を対象に，保護区単位で年数回行われており，様々なテーマで保護観察官が講義することとなっている。また，保護司会ごとの自主的な研修も盛んに行われている。

❹ 保護司の組織活動

1999（平成11）年4月施行の保護司法の一部改正により，保護区ごとの保護司会（2015年1月1日現在全国886か所）と保護観察所の管轄区域ごとの保護司会連合会（全国50か所）が法定組織となり，その任務が明確にされた。特に，保護区内のすべての保護司を構成員とする保護司会は，犯罪予防活動や各種社会資源の開拓の推進など地域活動をより効果的に行うとともに，個々の保護司の処遇活動を支援する役割などを果たしている。2008（平成20）年度からは，この保護司会の活動拠点として，**更生保護サポートセンター**の設置が進められている。なお，全国の保護司組織の連絡と保護司活動の充実のために結成されている全国保護司連盟は，2011（平成23）年12月に更生保護法人となった。

❺ 保護司の今後

先進国の多くは，保護観察官による直接処遇により保護観察等が実施されており，わが国のように官民協働が基軸となっている制度は極めて稀である。これを支えるのが，「地域社会のために役立ちたい」「対象者の更生に尽くしたい」という思いをもって保護司となる人々の存在であり，保護司はまさにわが国の刑事政策における宝物であるといえる。

近年，保護司人員の減少が続くなど，保護司制度を取り巻く状況は厳しいが，この世界に誇れる制度を持続可能なものとしていくためにも，多角的な現状分析に基づき，多様かつ効果的な取組みを今後も進めていくことが必要である。

（押切久遠）

究所が3000人（回答数2260人）の保護司を対象に行った調査による。最近では，2012（平成24）年に同研究所が3007人（回答数2414人）の保護司を対象とする意識等調査を行っている。

▷**更生保護サポートセンター**
自宅等における面接が困難な保護司が利用できる面接室を備えるほか，保護司会を始めとする更生保護関係団体と地域の関係機関・団体や地域住民との連携を強化し，対象者への支援ネットワークの構築や保護司の処遇活動への支援等を進めるための，地域における更生保護の拠点。2015年度中に全国446か所に設置される見込みである。

▷3 ①保護司制度の基盤整備に関する検討会：2011（平成23）年3月，保護司や学識経験者等を構成員として設置され，約1年かけて，1）保護司候補者の確保と保護司の育成，2）社会の変化に即した保護司の活動環境の整備，3）地域との連携強化，4）保護司組織の積極的な役割等について検討がなされ，2012（平成24）年3月に報告書が保護局長へ提出された。
②保護司候補者検討協議会：2008（平成20）年度から，保護司活動に対する地域の理解を深め，幅広い人材から保護司の候補者を確保するとともに，保護司候補者の推薦手続きの一層の適正化を図るため，保護区ごとに設置している。協議会の構成メンバーは，地方公共団体，自治会，教育機関等の関係者である。

Ⅶ 更生保護の実施機関・施設

 ## 更生保護施設

1 更生保護施設とは

　少年院あるいは刑務所・拘置所等の刑事施設から釈放された人たちの中には，頼るべき親族や知人がなく，更生するための居住場所もない人たちがいる。更生保護施設は，そのような人たちに宿泊場所や食事を提供し，併せて自立に必要な生活指導等を行うことにより，円滑な社会復帰を支援する施設である。

　更生保護施設のさきがけは，1888（明治21）年に設立された「**静岡県出獄人保護会社**（現「静岡県勧善会」）」といわれており，今日まで民間篤志家が中心となって運営されている。多くの更生保護施設は法務大臣の認可を受けた更生保護法人により運営されているが，近年は事業認可を受けた社会福祉法人や特定非営利活動法人も更生保護事業に参入している。

▷静岡県出獄人保護会社
⇨ Ⅰ-7「更生保護の歴史(1)」

2 更生保護施設の現況

　全国に更生保護施設は103施設（2015〔平成27〕年4月現在）ある。このうち男子専門施設は89施設，女子専門施設は7施設，少年専門施設は3施設である。全国の収容定員は約2400人であるが，男子の定員が全体の9割を超えている。

　更生保護施設には施設長のほか，補導主任，補導員，調理員等が配置されている。その他，高齢又は障害により自立が困難な人を一時的に受け入れ，福祉関係機関等と連携し，地域社会への移行を支援するため，社会福祉士などの福祉専門職員を配置している施設が過半数ある。また，薬物処遇を集中的に行うため，精神保健福祉士や臨床心理士等の資格を有する薬物専門職員を配置している施設もある。全国には，更生保護施設に勤務する常勤職員が約600人，非常勤職員が約100人いる。

　更生保護施設の運営費は，国からの更生保護委託費及び寄付金等によって賄われているが，運営費の9割近くは**更生保護委託費**である。

▷1 東京都19施設，北海道8施設，福岡県7施設，愛知県6施設，大阪府及び神奈川県4施設が設置されているが，多くの県は概ね1施設である。

▷2 定員100人を超える大規模施設もあるが，定員20人以下の施設が全体の8割近くあり，1施設当たりの平均収容定員は約23人である。

▷更生保護委託費
委託費の基本構造は，1人1日当たりの単価が設定されており，保護観察所から委託された被保護の人数と日数に基づいて支弁される。

3 更生保護施設の業務

　更生保護施設の本質的な業務は，被保護者が世間一般に通用する生活基礎力を備え，生活者として社会に再統合していく上で必要な支援や調整を行うことである。具体的には，被保護者の生活規律の改善，健康管理，金銭管理，教養趣味の涵養という日常生活に関する支援のほか，就労による自立支援や退所後

の住居確保など，施設退所後の円滑な地域移行への支援である。さらに退所後も通信や通所による相談援助などのフォローアップ支援に力を注いでいる施設もある。

4 被保護者に対する指導，支援

更生保護施設では年間に約1万人を保護しており，主な被保護者は刑務所からの仮釈放者，満期釈放者及び刑の執行猶予者である。その他，少年院からの仮退院者や家庭裁判所で保護観察処分を受けた少年も保護している。

被保護者の退所先は借家，就業先，親族，知人，社会福祉施設等の順となっており，8割以上の被保護者は再犯や無断退所することなく，居住場所を見つけて自立退所している。被保護者の利用期間は数日から1年と様々であるが，平均利用期間は約3か月である。

更生保護施設では**補導援護**の実施施設として，被保護者の円滑な社会復帰を支援するため，限られた期間内に各更生保護施設の特色や被保護者の特性に合わせた指導，支援がなされている。具体的には，基本的な生活態度等を身につけるための一般的な生活指導のほか，次のような指導，支援が行われている。

○社会生活技能訓練（SST）：対人関係の改善を目的とした認知行動療法の一つであり，他の被保護者と共に模擬練習を行わせながら，危機場面等において，実際にどのような行動をすればよいのかを学習させ，社会的スキルを向上させる。

○酒害・薬害教育：専門家を講師に招き，酒害・薬害の正しい知識等を学習させ，回復への動機づけを高めさせるとともに，医療や福祉機関等と連携するなどして，退所後も薬物等に依存しない生活環境を構築させる。

○料理教室：自立した生活を送ることができるよう，買い物の仕方，食材の選び方，保存の仕方，調理器具の使い方などを学習させる。

○コラージュ療法：芸術療法の一種であり，雑誌等を好きなように台紙に切り貼りして，言語にできない感情を表現させ，抑圧された心理の解放と思考の深まりを促し，情緒の安定を図る。

○就労支援講座：就職活動の仕方，履歴書の書き方，面接の受け方などを学習させ，あるいは協力雇用主等への就労を支援する。

5 更生保護施設と地域社会

更生保護施設は，地域の理解と協力があって，初めてその機能を発揮することができる。多くの施設では，町内会や地域の親睦団体などに会議室など施設の一部を開放したり，施設職員や被保護者による施設周辺の清掃活動や町内会主催のイベント等に参加，協力している。

（丸山晴夫）

▷3 ⇨ Ⅴ-3「刑務所からの仮釈放」

▷4 ⇨ Ⅱ-3「猶予制度と更生保護」

▷5 ⇨ Ⅴ-4「少年院からの仮退院」

▷補導援護
⇨ Ⅵ-5「補導援護」

Ⅶ 更生保護の実施機関・施設

 自立更生促進センター

1 自立更生促進センターとは

　刑務所等を出所するに当たり頼るべき人や住居がなく，**更生保護施設**でも社会復帰のために必要な環境を整えることができない刑務所出所者等を対象とし，保護観察官が直接，濃密な指導監督と手厚い就労支援等を行うことにより，それらの者の改善更生と再犯防止を図ることを目的として国が設置した宿泊施設（保護観察所に併設）である。このうち，特定の問題性に応じた重点的・専門的な**社会内処遇**を実施する施設を「自立更生促進センター」と呼び，主として農業等の職業訓練を行う施設を「就業支援センター」と呼んでいる。現在，福島市及び北九州市に自立更生促進センターが，北海道沼田町及び茨城県ひたちなか市に就業支援センターが，それぞれ設置・運営されている。

　保護観察対象者が，これらのセンターに入所するに当たっては，一定の期間，当該センターに宿泊し，指導監督を受けることやその他の必要な事項が，**特別遵守事項**として定められる。

2 設置に至る経緯

　更生保護施設については，従前，国立の施設が必要であるといわれてきた。国立の施設があれば，民間の施設ではできない，より権力的・処遇的配慮を要する対象者を保護するとともに，その施設で効果的な処遇体制や処遇技法を開発していくことも可能であるからである。矯正保護審議会による提言（2000〔平成12〕年11月28日）においては，「更生保護施設の設置は，更生保護事業法上，国，地方公共団体又は法務大臣の認可を受けて更生保護事業を営む者（更生保護法人等）が設置できるものであるが，現状においては，国又は地方公共団体が設置する更生保護施設はなく，すべて民間の施設となっている」と指摘した上で，「処遇に特段の配慮や専門性を必要とし，民間の施設では対応が困難な者が増加していること」「専門的処遇に関する調査研究及び更生保護施設職員に対して国が研修を行う必要性が高まっていること」から，これらの機能を備えた更生保護センター（仮称）の設置を検討することが望まれるとされた。さらに，更生保護のあり方を考える有識者会議による報告（2006〔平成18〕年6月27日）においては，センターは「強化された就労支援」「民間の施設では対応が困難な者に対する受け皿」「改善更生のため強化された処遇の実施」「保護観

▷**更生保護施設**
⇨ Ⅶ-3「更生保護施設」，Ⅷ-4「更生保護施設の処遇」

▷**社会内処遇**
⇨ Ⅰ-1「更生保護とは何か」，コラム2「施設内処遇と社会内処遇」

▷**特別遵守事項**
⇨ Ⅵ-6「遵守事項」

▷1　矯正保護審議会は，1967（昭和42）年法務省に設置された審議会であり，2001（平成13）年行政改革（中央省庁再編）の折，廃止された。したがって，この時（2000〔平成12〕年11月28日）の提言「21世紀における矯正運営及び更生保護の在り方について」が最後となった。

▷2　更生保護のあり方を考える有識者会議は，保護観察対象者等による重大再犯事件が相次いだことなどから，2005（平成17）年7月20日法務大臣により設置され，17回の会議等を経て，2006（平成18）年6月27日「更生保護制度改革の提言―安全・安心の国づくり，地域づくりを目指して―」を報告した。

察官の訓練」「処遇プログラムの開発」「民間の更生保護施設や保護司に対する支援」「夜間休日等における種々の緊急連絡への対応」等様々な面でのセンター機能を併せ有するものとすることを検討すべきであるとの提言がなされた。

これらの提言を受け，センター設置に向けた動きが，2006（平成18）年，本格的に開始された。当初，福島市，京都市及び福岡市の3か所が設置候補地とされたが，いずれも近隣住民の反対を受け，京都市と福岡市では計画が凍結され，福島市においては当初の予定から約2年遅れての開所となった。その間，北九州市に自立更生促進センターが，北海道沼田町及び茨城県ひたちなか市に就業支援センターが開設されたのである。

3 各センターの概要

○沼田町就業支援センター

【開所】2007（平成19）年10月【入所者】男子少年院仮退院者等【定員】12名【入所期間】6か月～1年程度【就労支援】沼田町及び**職安**と連携【農業実習】（沼田町就農支援実習農場に委託）椎茸，イチゴ，トマト，じゃがいも等の栽培，肉牛飼育及び対面販売実習。

▷職安
⇨ⅩⅠ-8「就労支援機関：ハローワーク」

○北九州自立更生促進センター

【開所】2009（平成21）年6月【入所者】男性仮釈放者【定員】14名【入所期間】おおむね3か月【処遇の特徴】①再犯防止プログラムの実施，②薬物依存回復訓練の実施，③臨床心理士によるカウンセリング，④**社会貢献活動**【地域との連携】地域の清掃活動，保護司会，**更生保護女性会**等の協力による各種行事，地域住民や近隣事業者等で構成される第三者機関「センター運営連絡会」の開催。

▷社会貢献活動
⇨ⅩⅥ-3「社会貢献活動の導入」

▷更生保護女性会
⇨Ⅹ-1「更生保護女性会」

○茨城就業支援センター

【開所】2009（平成21）年9月【入所者】男性仮釈放者等【定員】12名【入所期間】6か月【職業訓練】法務省（指導監督等），厚生労働省（公共職業訓練の嘱託及び訓練中の手当支給）及び農林水産省（就農先確保の支援等）の三省連携【農業実習】ほうれん草，なす等野菜の採種・植え付けから収穫・出荷及び学科指導。

○福島自立更生促進センター

【開所】2010（平成22）年8月【入所者】男性仮釈放者【定員】20名（ただし，当面はおおむね9名以内）【入所期間】おおむね3か月【処遇の特徴】①再犯防止プログラムの実施，②外部講師による園芸療法，しょく罪指導の実施，③断酒会等自助グループとの連携，④**協力雇用主**との連携による就労支援【地域の理解を得るための取組み】地域住民の代表者や学校関係者等で構成される第三者機関「運営連絡会議」を毎月1回開催し，入所者や運営状況等に関する情報提供等。周辺パトロールや入所者等による地域の清掃・美化活動等。

▷協力雇用主
⇨Ⅹ-3「協力雇用主」

（南元英夫）

VII 更生保護の実施機関・施設

 ## 5 社会復帰調整官

1 社会復帰調整官とは

　社会復帰調整官は，2005（平成17）年7月に施行された「心神喪失等の状態で重大な他害行為を行った者の医療及び観察等に関する法律」（「心神喪失者等医療観察法」，「医療観察法」）に基づいて新設され，保護観察所に配置されたもので，その身分は一般職の国家公務員である。

　社会復帰調整官は精神保健福祉の知識を生かし，保護観察所が行うこととされている**生活環境の調査**，**生活環境の調整**，**精神保健観察**及び関係機関相互の連携の確保等の業務を行っている。このような業務を遂行するには，精神保健福祉等に関する専門的知識及び経験を要するので，犯罪者や非行少年に対する保護観察を主な業務とする保護観察官とは専門性を異にしている。

2 社会復帰調整官の業務内容

　心神喪失等の状態で重大な他害行為を行い，不起訴や無罪になった人については，検察官から地方裁判所に，適切な処遇の決定を求める申立て（「当初審判」）がなされる。申立てを受けた裁判所は，裁判官と精神科医である**精神保健審判員**で合議体を構成して審判を行うことになる。審判の過程で精神保健審判員とは別の精神科医である鑑定医による詳しい鑑定が行われるほか，必要に応じて，保護観察所に生活環境の調査が求められる。社会復帰調整官が，対象者の生活歴や治療歴，家族や居住地の状況，精神保健福祉サービス等を調査し，裁判所に保護観察所の長の意見を付して調査結果の報告をする。合議体は，鑑定の結果を基礎とし，生活環境を考慮するなどして医療観察法に基づく医療の必要性，必要である場合にはその内容（入院又は通院）を判断する。

　医療観察法に基づく入院医療を要すると決定された場合は，**指定入院医療機関**において医療が提供される。社会復帰調整官は，対象者が地域社会に円滑に社会復帰できるよう，入院処遇の期間中に生活環境の調整を実施する。生活環境の調整は，対象者や家族との面接，居住予定地の都道府県や市町村等の関係機関と連携し，地域社会へ円滑に移行できるよう調整している。

　当初審判において通院医療を要すると判断された場合，又は指定入院医療機関に入院中の対象者に対して裁判所から退院の許可が決定された場合は，**指定通院医療機関**において医療が提供されるとともに，保護観察所における精神保

▷生活環境の調査
⇨ XV-2「保護観察所の役割(1)」

▷生活環境の調整
⇨ XV-3「保護観察所の役割(2)」

▷精神保健観察
⇨ XV-4「保護観察所の役割(3)」

▷精神保健審判員
医療観察法に定める精神保健審判員の職務を行うのに必要な学識経験を有する医師のことで，毎年，厚生労働大臣が名簿を作成して最高裁判所に送付されている。最高裁判所規則で定めるところにより地方裁判所があらかじめ選任した者の中から，処遇事件ごとに地方裁判所が任命している。

▷1 ⇨ XV-1「医療観察制度とは」

▷指定入院医療機関
国，都道府県，特定独立行政法人等が開設する病院であって厚生労働省令で基準

健観察に付される。社会復帰調整官は，指定通院医療機関や保健所，精神保健福祉センター等の関係機関と連携しつつ，対象者の生活状況を見守り，継続的な医療を受けさせるために必要な指導等の精神保健観察を実施している。

保護観察所は，関係機関相互の連携が十分確保されるように処遇のコーディネートをする役割が重要である。精神保健観察だけでなく，生活環境の調査・調整においても関係機関の相互の連携が医療観察制度の要であるため，平素から関係機関相互の連携を確保・強化する必要がある。そのために，関係機関等の代表者によって構成する「医療観察制度運営連絡協議会」の開催や精神保健福祉の実務担当者を対象にした「地域連絡協議」の開催などを保護観察所等が実施している。

以上のように，社会復帰調整官は，医療観察制度の入口である当初審判から処遇終了時まで一環して関与する立場にある。また，対象者が都道府県を越えて転居等をした場合であっても，新たな居住地を管轄する保護観察所に移送することによって処遇を継続することができる。

3 社会復帰調整官の採用

社会復帰調整官の採用要件は，以下のとおりである。
- 医療観察制度の対象となる精神障害者の円滑な社会復帰に関心と熱意を有していること
- 精神保健福祉士の資格を有すること，又は，精神障害者の保健及び福祉に関する高い専門性を有し，かつ，社会福祉士，保健師，看護師，作業療法士，公認心理師若しくは臨床心理士の資格を有すること
- 精神保健福祉に関する業務において8年以上の実務経験を有すること
- 大学卒業以上の学歴を有すること，又は大学を卒業した者と同等と認められる資格を有すること。

採用案内は，地方更生保護委員会及び保護観察所が関係機関やハローワークを利用するなどのほか，法務省ホームページにも掲載される。

4 勤務地・研修等

勤務地は，通常，採用された保護観察所又はその支部に勤務することとなり，異動は，原則として選考を行った更生保護委員会管内の保護観察所を中心に行われ，昇進に応じて異動の範囲が広がる。昇任は，社会復帰調整官として職務に従事した後，勤務成績に応じて統括社会復帰調整官や首席社会復帰調整官，保護観察所長等へと範囲が広がる。

研修は，採用後に社会復帰調整官新任研修が1か月間程度実施され，所属する保護観察所において実務訓練等が実施される。採用後2年目に社会復帰調整官専修科研修が2週間程度実施されている。

（宇津木　朗）

に適合するものについて厚生労働大臣が指定し，入院処遇の決定を受けた対象者が入院できる医療機関である。

▶ **指定通院医療機関**
厚生労働省令で基準に適合する病院もしくは診療所で，その開設者の同意を得て厚生労働大臣が指定する医療機関，通院処遇の決定を受けた対象者が医療を受ける医療機関のことである。

▶2　この場合において，「大学を卒業した者と同等と認められる資格を有する」者は，平成23年人事院公示第18号の3に該当する者とする。

Ⅶ　更生保護の実施機関・施設

更生保護の研修制度

1　保護観察官と社会復帰調整官の専門性

　保護観察は，保護観察対象者に一定の事項を遵守することを義務づけ，指導監督や補導援護を行うことによって，保護観察対象者の再犯防止と改善更生を図るものである。保護観察対象者の行動を規制する枠組みを適切に組み立て，効果的な指導や援助を行うためには，保護観察対象者が犯罪行動をした原因となった問題点（例えば，不良交友，不就労等）をもれなく把握し，さらに，犯罪や問題行動の意味やその背後に潜む想いを理解しようとすることが肝要である。加えて，人の行動が変化していくためには，反省や後悔等の否定的動機づけのみならず，自己価値感，希望等の肯定的な動機づけも必要である。したがって，保護観察においても，保護観察対象者の将来への希望や健康的な面，強みを見出し，支えていくことが重要である。保護観察官は，医学，心理学，教育学，社会学等の専門的知識（更生保護法31条第2項）に基づき，保護観察対象者の性格，年齢，経歴，心身の状況，家庭環境，交友関係等を十分に考慮して，その者に最もふさわしい方法をとる（更生3条）ことが求められている。

▷医療観察制度
⇨第XV章「医療観察制度」

　医療観察制度は，継続的かつ適切な医療を確保することによって，病状の改善と重大な他害行為を防止しようとするものである。そのために，医療・保健・福祉に関する機関と連携し，社会復帰の支援やコーディネートを行う。社会復帰調整官には，精神障害者の保健，福祉等の専門的知識が求められている（心神喪失等の状態で重大な他害行為を行った者の医療及び観察等に関する法律20条）。

▷社会内処遇
⇨ Ⅰ-1 「更生保護とは何か」, コラム2 「施設内処遇と社会内処遇」

　このように，保護観察官や社会復帰調整官には**社会内処遇**の専門家としての知識や技能が必要とされる。そればかりでなく，裁判所で決定された判決や処分を執行する役割を担っているため，法律の解釈や理論に関する知識や観点をもつことも求められる。

　加えて，行政機関である更生保護官署の職員として，行政的な視点をもつことも重要である。すなわち，行政の迅速性，公平性，柔軟性の観点や，業務の効率性，適正な予算執行等を考慮し，組織の一員として円滑な業務遂行を図ることが重要である。

2　研修体系

　以上で述べたように，保護観察官と社会復帰調整官は，処遇の専門家，法の

執行者，行政機関の職員という3つの役割をもち，高度な職務を担うものである。そもそも，国の行政機関は職員の育成のために計画的に研修を行うものとされている（国家公務員法3章4節の2）が，専門性の高い保護観察官と社会復帰調整官を育成するため，段階的・体系的な研修のほか，その時々の必要性に応じた短期的な研修を実施している。一般的に，前者は**法務省法務総合研究所**が実施し，後者は法務省保護局や各更生保護官署が実施している。以下，前者の研修体系の概略について述べる。

まず，新規採用職員には，採用当初に初任者のための研修がある。この研修においては，職員として必要な基礎的な知識を修得することとなる。次に，採用後保護観察官に補職（任命）された新任の保護観察官には，職務の遂行に必要な法令や人間科学に関する知識及び技能を修得させることを目的とする約50日間の保護観察官中等科研修が実施されている。同研修終了後1年以上の実務実習を受けた保護観察官にはさらに約40日間の保護観察官専修科研修が実施される。新任の社会復帰調整官にも，社会復帰調整官初任研修とその後の社会復帰調整官専修科研修が実施されている。これら中等科・専修科研修を修了することで，保護観察官あるいは社会復帰調整官としての一人立ちということになる。その後は，保護観察官の専門的処遇能力を高めることを目的とする処遇強化特別研修，指導的立場にある保護観察官等を対象とする高等科研修，中間監督者である統括保護観察官や統括社会復帰調整官等を対象とする管理科研修，企画調整課長を対象とする企画調整特別研修，地方更生保護委員会の事務局長，保護観察所長及び次長を対象とする管理研究科研修がある。

3 研修の意義

これらの研修は，一定期間寮生活を送りながら，集中的に実施されるものであり，研修を通じて更生保護官署職員として必要な知識の付与，態度の涵養，意欲の向上等を図っているが，職員同士の連帯感を高め，同じ職場の仲間としてのつながりを築くことも，研修の重要な機能の一つといえる。特に，職員への採用当初や保護観察官あるいは社会復帰調整官への任用当初の研修同期生は，職務でも心理的な面でも支え合うような，その後の職業生活における大きな財産となることが少なくない。

職員の育成の方法は，これらの集合研修のみではない。職場での上司や同僚からの指導や助言が不可欠である。一定期間の体系的な研修は，新たな知識や視点，気づきを提供するものだが，それらを実務に生かし，どのように実践していくかは，職場での日常的な支えや学びにかかっている。若手職員の指導や育成は，管理職のほか，主任保護観察官，上席社会復帰調整官に指名された職員を中心として行われている。集合研修と職場での指導や支援とがかみ合うことによって，さらに，職員の育成の実を上げることができるだろう。　（勝田　聡）

▷**法務省法務総合研究所**
法務総合研究所は，研究部門と研修部門を擁する法務省の代表的な研究・研修機関である。

▷1　研修は，法務総合研究所教官が担当するが，学識経験者，法務省保護局や各庁の先輩職員による講義，演習等も行う。最も長期間となるのが先述の保護観察官中等科研修である。

コラム-7

新任保護観察官の日々

　私が保護観察官になって間もなく1年が経つ。採用後5年間は総務関係の仕事をしてきたが，今年度からは保護観察官として1つの保護区の主任官を務めるほか，社会貢献活動や交通講習も担当している。保護観察対象者には，家族，友人，仕事や学校など社会とのつながりに様々な問題を抱えている人が少なくないため，新任保護観察官の私は，その問題改善に向けてどのようにかかわるべきか，日々悩みながら処遇に当たっている。

　私が担当した中で，印象に残っているのがAくんのケースである。彼には発達障害があり，興奮すると粗暴な言動をとることがあった。両親はAくんの日常的な問題行動への対応や再非行への不安から精神的に疲弊し，彼に否定的な態度を示すようになっていた。

　こだわりが強く，自身の行動を省みようとしないAくんへの指導に難しさを感じた私は，彼が利用する障害者支援施設の担当者と障害特性に配慮した指導のあり方について協議を重ねた。その過程で指導への不安は次第に軽減され，彼の話を聴くときは言葉の背景にある気持ちに目を向けるとともに，こちらから重要なことを伝えるときは理解しやすい言葉や具体的な表現を用いるなど指導方法の工夫を心がけるようになった。担当保護司とともに本人の気持ちを受け入れながら話を聴くうちに，Aくんは親に見捨てられる不安があること，ストレスを言葉で表現できずに乱暴な行動を起こしてしまうことを話し始めた。一方，両親は，彼の非行に対する責任の重圧に苦しんできたことを打ち明けてくれた。

　私は，Aくんが自身の行動を振り返り両親に受け入れられることで，家族内に居場所を見出し，自尊心を回復できるのではないかと考えた。加えて両親には，今までの苦労に共感しながら話を聴き，社会の中で孤立しないよう継続的な支援体制の確保を心がけた。

　私がAくんに日記をつけることや家の手伝いをすることを提案したところ，彼は日記から，褒められたことや指導されたことを振り返り，少し

ずつ自身の行動を客観視することができるようになっていった。そして手伝いをして両親から「ありがとう」と言われる経験を通して，家族のために積極的に行動することが増えていった。両親は「Aの良い面に気づかなくなっていたのかもしれません。」と肯定的な姿勢でAくんに向き合い始めた。

　この事例は，私に保護観察官としての重要な視点を改めて認識させてくれた。

　第一は，保護観察対象者が自身の問題点と向き合うために，保護観察官は改善を促すだけでなく，周囲の環境を含めて本人を理解するよう努め，関心をもってかかわる必要があるということである。それにより本人の特性や行動の背景にある思いを把握し，本人に適した指導方法や必要とされる支援を見極めることが可能になると思うからである。

　第二は，保護観察の終了とともに必要な支援が途切れることがないよう，先を見据えて処遇を行う視点である。保護観察官が保護観察対象者にかかわる期間は限られているが，彼らはこれから先も社会の中で様々な問題に直面しながら生きていく。そのような状況下で，再び犯罪や非行を起こさず自らの力で問題を乗り越えていけるよう，保護観察官は本人や家族が継続的に必要な社会資源を利用できる環境を整えておくことが必要だと思う。

　保護観察の処遇には決まった答えがなく，日々変化する人や周囲の状況に柔軟に対応していくことが求められる。そのため，新任保護観察官の私は処遇のあり方に悩むことも少なくないが，保護司をはじめ地域社会で更生保護を支える人々と協力するとともに，上司や先輩保護観察官に学びながら一つ一つの事案に真摯に向き合っていきたいと思う。そしてこの仕事を通して自分自身も日々成長していけるよう，保護観察官としての責任と自覚をもって知識と経験の幅を広げる努力を続けたい。　　　（津山朋子）

コラム-8

自立準備ホーム

○自立準備ホームとは

　法務省は，2011（平成23）年度から，「緊急的住居確保・自立支援対策」を開始した。

　これは，更生保護施設の収容には限界があることなどから，社会の中にさらに多様な受け皿を確保するために，あらかじめ保護観察所に登録した民間法人・団体等の事業者に，保護観察所が，宿泊場所の供与と自立のための生活指導（自立準備支援）のほか，必要に応じて食事の給与を委託する。この宿泊場所を自立準備ホームと呼び，2014（平成26）年3月31日現在の登録事業者数は289（前年比53〔22.5％〕増）であり，2013（平成25）年度の委託実人員は1278人（うち新たに委託を開始した人員1109人），延べ人員は7万6332人であった（法務省保護局の資料による）。

○生活困窮者支援団体が自立準備ホームを行うことの意味

　筆者が所属するNPO法人もすべての施設・ベッドを2011（平成23）年度から自立準備ホームに登録した。さらに自立準備ホーム専用施設として2棟19室を確保し，計235名（2014年11月30日現在）の引き受けを行っている。2012（平成24）年度における当会の保護観察所からの委託延人員数は，自立準備ホーム全体の委託延人員数に対して，1割を超える利用割合を占めている。

　これほど多くの対象者の引き受けを行う理由は次のとおりである。

　諸外国のホームレス研究からは，ホームレスの重要な一群として，病院，刑事施設，そしてホームレス状態（路上等）を行き来する群が存在していることが指摘されている。

　我々の支援現場においてもこれらの群が存在していることは明らかで，その多くが養育時期から児童養護施設，刑事施設，病院あるいは保護施設，そして路上生活あるいは路上対策施設などを転々とし，地域社会での居場所を喪失した状態でいる。

　従来，「要保護状態」の対象者に対し，民間法人・支援団体は「シェ

ルター」という形態で応急援護を実施してきた。しかしその費用は法人による持ち出しあるいは寄付等に依存することになり，居住水準や援護期間，事業の継続性などを保障するものではなかった。

　こうした中，法務省が開始した自立準備ホームの制度に全国各地の支援団体は一斉に登録することになる。それは，更生保護対象者（更生緊急保護対象者及び保護観察対象者）に限られているとはいえ，制度的保障を受けた応急援護が可能となったことが大きい。支援団体は，この事業を基点に施設間を行き来する人たちの悪循環を断ち切り，地域社会に定着できる機会を提供できる「ホームレス予防」の観点から評価・参入に至っているのである。

○自立準備ホームの中身

　例として，当会が運営する自立準備ホームの実績235名（2014年11月30日現在）では，年齢構成は10代〜80代まで，罪名は窃盗，詐欺，住居侵入，覚せい剤，性犯罪，暴行傷害等であるが罪名による制限はせず，半数が満期釈放，残りの半数が不起訴，執行猶予，罰金科料の処分となっている。自立準備ホーム入所前の居所としては，矯正施設，路上生活，ネットカフェ等が多数を占めている。

　収容期間は60〜90日がほとんどで，65％が建築土木や運送，製造業などへ就職してアパートや住み込み先へ転居・自立していく。中には飲食業を起業した人もいた。

○地域社会の「入口」としての自立準備ホームへの期待

　近年，いわゆる「出口支援」「入口支援」と呼ばれる矯正施設を軸にした様々な制度がつくられ成果が上がっている。今後は地域社会への「入口」としての自立準備ホームが，登録事業者同士や協力雇用主等との情報交流に留まらず，住宅や福祉などのネットワークを形成して，重要な地域社会資源としての役割を任うようになることに期待したい。　（秋山雅彦）

コラム-9

更生保護サポートセンター

○更生保護サポートセンターとは

　更生保護サポートセンターは，保護司会が，その区域内の公的な建物等に専用の場所を設け，「企画調整保護司」の指名を受けた経験豊富な保護司が常駐して，会所属の保護司の処遇活動に対する支援や犯罪予防活動等を行う，地域における更生保護の拠点である。

　更生保護サポートセンターが生まれた背景の一つとしては，これまで保護司は保護観察対象者と自宅で面接することが多く，それは民間ならではの良さがあるものの，他方，近年の住環境や家族状況の変化等により，自宅以外での面接可能な場所がほしいという切実な声が保護司から上がっていたことが挙げられる。加えて，保護司会の事務量の増加等により，保護司の自宅を保護司会の事務所にするのでは事務処理の複雑化に対応できないことや，地域社会の連帯感の低下や保護観察対象者の問題性の多様化等に伴い，保護司活動の負担が増大し，保護司のなり手の確保がますます難しくなってきたなどの事情があった。そこで，個々の保護司への負担をなるべく減らすとともに，保護司会の組織としての活動の充実強化，基盤整備を図るために，この更生保護サポートセンターが設置されるようになったのである。

○設置の経過

　まず，2008（平成20）年度には，全国に6地区を指定して更生保護サポートセンターを設置した（ただし，当初の名称は「更生保護活動サポートセンター」）。処遇活動の支援，地域における関係機関・団体及び地域住民との連携等を推進したところ，相応の効果が認められたので，その後，徐々に拡充を図り，全国すべての保護観察所管内のいずれかの保護司会に設置されるようになった（2011〔平成23〕年度から現在の名称に変更）。その結果，2014（平成26）年度までに345か所に設置され，2015（平成27）年度の政府予算案では，新たに101か所増設され，全国886保護司会のうち約半数の保護司会に更生保護サポートセンターが設置されることとなっている。設

置に当たっては，保護司会として活用しやすい場所の確保に困難を来していることが多いが，昨今の安全・安心を求める地域住民の意向やその実現に貢献している保護司活動への評価の高まりを受け，地方公共団体による保護司会への協力の一環として施設が提供されていることが多い。

○効果と今後の展望

保護司会からは，更生保護サポートセンターの設置により，①対象者との面接場所としての利用のほか，「企画調整保護司」が新任保護司に助言をしたり保護司同士の処遇協議が活発に行われたりするなどして個々の保護司の活動への支援が進んだ，②福祉，就労，医療等の関係機関・団体との連携が深まり，刑務所出所者等の帰住先・定住先の調整等がスムーズになった，③理事会，専門部会等が活発に開かれたり，保護観察所からの連絡文書や広報資料等の保管，活用が円滑になったりして保護司会運営に役立つとの声が多く聞かれ，保護司会内外の情報交換，意思疎通が一層図られ，保護司会の活性化につながっていることがうかがわれる。そのほか，センターによっては，上述の機能に加えて，ハローワーク職員が定期的に駐在したり，地域住民から，虐待，いじめ，DVなど困りごと相談や防犯活動に関する相談を受けたり，社会貢献活動の実施場所として利用するなど，地域や保護司会それぞれのニーズに応じて積極的な活用が図られており，各保護司会の意気込みが伝わってくる。

2014（平成26）年12月16日に開催された犯罪対策閣僚会議では，犯罪が繰り返されない，何よりも新たな被害者を生まない，国民が安全で安心して暮らせるよう「宣言：犯罪に戻らない・戻さない」が決定されたが，その中にも「犯罪や非行をした者の立ち直りを中心的に担っている保護司が，活動しやすい環境をつくるため…（中略）…取組を，地方公共団体，経済界と手を携えて推進する」とされ，その取組みの一つとして，更生保護サポートセンターの円滑な設置運営が掲げられているところである。今後，更生保護サポートセンターのさらなる拡充が望まれる。　　　（西瀬戸伸子）

Ⅷ 更生緊急保護及び応急の救護等

 更生緊急保護の目的・対象・期間

① 更生緊急保護とは

　刑事手続や保護処分により身柄を拘束されていた者が，釈放された後に社会生活を送るに当たって，住居や仕事がなく，所持金も十分でないため，当面の生計維持に困窮することがある。そのようなときに，その者の申出に基づいて，緊急に国が保護の措置をとり，その者の改善更生を図ることをいう。

② 更生緊急保護の目的

　刑事上の手続き又は保護処分による身体の拘束を解かれた者の中には，必要な保護を受けられないために社会生活に適応できず再犯等に至る者も少なくない。更生緊急保護は，その対象となる者に，必要な援助等を行うことにより，その者が進んで法律を守る善良な社会の一員となることを援護し，その速やかな改善更生を保護することを目的とする。

③ 更生緊急保護の対象

　更生緊急保護は，その対象として以下の①から⑨までに掲げる者が，刑事上の手続き又は保護処分による身体の拘束を解かれた後に，(1)**親族からの援助を受けることができない**，もしくは(2)**公共の衛生福祉に関する機関その他の機関**から医療，宿泊，職業その他の保護を受けることができない場合，又は(3)それらの援助もしくは保護のみによっては改善更生することができないと認められる場合に必要な措置がとられる（更生保護法85条1項）ものであり，刑事政策的な観点から緊急に行う特別な保護であって，その実施に当たっては，まず親族からの援助や公的保護が優先されることになる。

【更生緊急保護の対象となる者】
　①**懲役，禁錮又は拘留の刑の執行を終わった者**。②懲役，禁錮又は拘留の**刑の執行の免除を得た者**。③懲役又は禁錮の刑の執行猶予の言渡しを受け，その裁判が確定するまでの者。④③に掲げる者のほか，懲役又は禁錮の刑の執行猶予の言渡しを受け，保護観察に付されなかった者。⑤懲役又は禁錮につき刑の一部の執行猶予の言渡しを受け，その猶予の期間中保護観察に付されなかった者であって，その刑のうち執行が猶予されなかった部分の期間の執行を終わった者。⑥訴追を必要としないため**公訴を提起しない処分を受け**

▷**公共の衛生福祉に関する機関その他の機関**
⇨ Ⅳ-1「刑務所収容者に対する生活環境の調整」

▷**懲役，禁錮又は拘留の刑の執行を終わった者**
刑事施設を満期釈放された者のほか仮釈放期間を終了した者，不定期刑の終了により刑の執行を受け終わったものとされた者が該当する。

▷**刑の執行の免除を得た者**
恩赦法8条に規定する刑の執行の免除が行われた者のほか，外国で刑の執行を受ける等して刑法5条等の規定により刑の執行を免除された者を含むが，過剰防衛，緊急避難，犯罪の未遂，特定の罪についての自首又は自白等によって，刑法36条2項，37条1項，43条等の規定により刑を免除された者は該当しない。

▷**公訴を提起しない処分を受けた者**
検察官により不起訴処分を受けて釈放された者のうち，起訴猶予とされた者が該当する。不起訴処分を受けた者でも，嫌疑なし，嫌疑不十分とされた者や，訴訟条件の欠如を理由に不起訴とされた者については，犯罪をした者の改善更生を助けることを目的とする更生緊急保護の対象とはならない。

た者。⑦罰金又は科料の言渡しを受けた者。⑧**労役場**から出場し，又は仮出場を許された者。⑨少年院から退院し，又は仮退院を許された者（保護観察に付されている者を除く）。

なお，保護観察との関係については，上記④及び⑨の記述から明らかなように，保護観察付きの執行猶予刑が確定した者及び少年院から仮退院して保護観察期間中である者は，いずれも保護観察対象者として**応急の救護**の規定が適用されるので，更生緊急保護の対象にはならない。

④ 更生緊急保護の期間

更生緊急保護は，その対象となる者が刑事上の手続き又は保護処分による身体の拘束を解かれた後に6か月を超えない範囲内において，その意思に反しない場合に限り，行うものとされている（更生85条4項）。この6か月間を一般法定期間という。期間の起算は，初日である身体の拘束を解かれた日を算入せず，翌日から起算し，6か月目に該当する日の終了をもって満了する。

また，高齢，疾病，障害等のため一般法定期間又は仮釈放等の期間内に自立した生活を営むことが困難な場合等，改善更生を保護するために特に必要があると認められるときは，さらに6か月を超えない範囲内において，保護を行うことができるとされている（同項ただし書き）。これを**特別法定期間**といい，一般法定期間を超えて更生緊急保護を行うに当たっては，その必要性を一層慎重に判断した上で謙抑的に運用することが求められている。特別法定期間は，一般法定期間満了日の翌日から起算して6か月以内の期間，又は仮釈放等の日の翌日から起算して12か月以内で満了する。

⑤ 国の責任等

更生緊急保護は，その対象となる者の改善更生のために必要な限度で，国の責任において行うものである（更生85条2項）。更生緊急保護の対象は，犯罪をした者及び非行のある少年で，かつ保護観察に付されていない者であり，その改善更生は，本来は自身の努力によって成し遂げられるべきものであるが，刑事上の手続き等による身体の拘束を解かれた直後であり，親族の援助や他の公的保護が受けられないという緊急の場合であることから，国が必要かつ相当な範囲で保護を行うというところがその趣旨である。ここで「国の責任において」とは，国が要否を認定し，措置を実施し，経費を支出することを意味する。

なお，更生緊急保護を行うに当たっては，その対象となる者が公共の衛生福祉に関する機関等から必要な保護が受けられるようあっせんするとともに，更生緊急保護の効率化に努めて，その期間の短縮と費用の節減を図らなければならないとされている（更生85条5項）。

(齋場昌宏)

▷労役場
⇒Ⅴ-1「仮釈放等の種類」

▷応急の救護
⇒Ⅷ-3「応急の救護」

▷特別法定期間
①仮釈放等となっていない者又は仮釈放等の期間が6月未満である者は，一般法定期間満了日の翌日から起算して6月以内の期間，②仮釈放等の期間が6月以上12月未満の者は，仮釈放等の期間満了日の翌日から，仮釈放等の日の翌日を起算日として12月以内の期間

Ⅷ 更生緊急保護及び応急の救護等

 更生緊急保護の内容・手続き

1 更生緊急保護の内容

　更生緊急保護の内容とは，①金品を給与し，または貸与すること，②宿泊場所を供与すること，③宿泊場所への帰住を助けること，④医療又は療養を助けること，⑤就職を助けること，⑥教養訓練を助けること，⑦職業を補導すること，⑧社会生活に適応させるために必要な生活指導を行うこと，⑨生活環境の改善又は調整を図ること，であり（更生保護法85条1項），後述する保護観察における**応急の救護**と同じである。

　また，①と②については，以下の方法その他の保護観察所の長が必要と認める方法によるものとされている（犯罪をした者及び非行のある少年に対する社会内における処遇に関する規則116条）。

(1) 住居その他の宿泊場所がない者に対し，宿泊場所並びに宿泊に必要な設備及び備品を供与すること（実務では，更生保護施設等に宿泊保護を委託して行っているが，この委託と併せて③から⑨の委託も行っている）。

(2) 食事を得ることができない者に対し，食事を給与すること（実務では，保護観察所で食事費を現金で給与したり，更生保護施設等への宿泊保護の委託に合わせて食事給与を委託したりしている）。

(3) 住居その他の宿泊場所への帰住を助けるため，旅費を給与し，又は貸与すること（実務では，本人の所持金等に応じて旅費を給与している）。

(4) その他就業又は当面の生活を助けるために必要な金銭，衣料，器具その他の物品を給与し，又は貸与すること（実務では，保護観察所で下着，靴下，作業着等を給与又は貸与している）。

　なお，⑤と⑦については，保護観察対象者に対する就労のための補導援護に関する規定（規則56条）を準用している（規則117条）。

2 更生緊急保護の手続き

①身柄釈放時の教示

　検察官，刑事施設の長又は少年院の長は，**更生保護法85条1項に掲げる者**について，刑事上の手続き又は保護処分による身体の拘束を解く場合において，必要があると認めるときは，その者に対し，更生緊急保護の制度及び申出の手続きについて教示しなければならない（更生86条2項）とされており，身柄釈

▷応急の救護
⇨ Ⅷ-3 「応急の救護」

▷更生保護法85条1項に掲げる者
⇨ Ⅷ-1 「更生緊急保護の目的・対象・期間」③更生緊急保護の対象

放時に教示している。

②**保護カード**の交付

身柄釈放時において，更生緊急保護の必要があると認めるとき又は釈放者がこれを希望するときは，更生緊急保護の必要性に関する意見等を記入した書面（**保護カード**）を釈放時に交付しなければならない（規則118条2項）。

③更生緊急保護の申出

更生緊急保護は，本人からの申出があった場合において，保護観察所の長がその必要があると認めたときに限り，行うものとする（更生86条1項）とされており，更生緊急保護を受けようとする者に対し，書面により申出をさせなければならない（規則118条1項）。

④要否の判断

保護観察所の長は，更生緊急保護を行う必要があるか否かを判断するに当たっては，検察官，刑事施設の長又は少年院の長の意見を聴かなければならない（更生86条3項）とされており，その判断に当たり，その者の性格，年齢，経歴，心身の状況，家庭環境，交友関係，親族の状況，生活の能力，生活の計画その他の事項について，申出をした者との面接，保護カード等の書面その他による必要な調査を行わなければならない（規則119条）。

⑤措置の選定

保護観察所の長は，調査を行った結果，更生緊急保護を行う必要があると認めるときは，当該更生緊急保護としてとるべき措置を選定する。この場合において，更生保護法85条3項の規定により，当該措置を委託するときは，その委託先及び委託期間を定めなければならない（規則120条1項）。

⑥委託の手続き

更生緊急保護は，保護観察所の長が自ら行い，又は更生保護事業法の規定により更生保護事業を営む者その他適当な者に委託して行うものとされており（更生85条3項），委託の手続きについては，その性質に反しない限り，保護観察における補導援護及び後述する応急の救護の委託手続と同様である（規則122条）。

⑦費用の支弁

更生緊急保護を委託して行った場合には，国は，法務大臣が財務大臣と協議して定める基準に従い，委託によって生じる費用を支弁する（更生87条1項）とされており，これに基づき，**更生保護委託費**支弁基準が定められ，補導援護費，更生保護施設等の宿泊費，食事付宿泊費，委託事務費等の金額が被保護者1人1日単位で決められている。

(古賀正明)

▷保護カード
本人の氏名や生年月日のほか，身柄拘束期間や釈放事由，釈放時の所持金品，扶養義務者，更生緊急保護の必要性に関する意見や参考事項等を記入した書面であり，カードという名称だが，実務上は書面である。

▷更生保護委託費
⇨ Ⅶ-3「更生保護施設」

VIII 更生緊急保護及び応急の救護等

3 応急の救護

1 応急の救護とは

　応急の救護とは，保護観察対象者に緊急事態が生じ，適切な医療，食事，住居その他の健全な社会生活を営むために必要な手段を得ることができないため，その改善更生が妨げられるおそれがある場合に，必要な救護を得られるよう援護する措置である。更生保護法58条で規定する**補導援護**の一形態である。

▶補導援護
⇨ Ⅵ-5「補導援護」

　具体的には，所持金のない保護観察対象者に対し食費や旅費を支給したり，差し当たって住む場所のない保護観察対象者に対して宿泊施設を設置している更生保護事業者などに宿泊保護等を委託することが主な内容である。

2 応急の救護の意義

　保護観察所の長は，保護観察対象者が，適切な医療，食事，住居その他の健全な社会生活を営むために必要な手段を得ることができないため，その改善更生が妨げられるおそれがある場合には，当該保護観察対象者が**公共の衛生福祉に関する機関その他の機関**からその目的の範囲内で必要な応急の救護を得られるよう，これを援護しなければならず，この援護によっては必要な応急の救護が得られない場合は，保護観察所の長は，予算の範囲内で，自らこの救護を行うものとされている（更生62条1・2項）。

▶公共の衛生福祉に関する機関その他の機関
⇨ Ⅳ-1「刑事施設被収容者に対する生活環境の調整」

　すなわち，応急の救護は補導援護の一形態であるが，「保護観察対象者の改善更生が妨げられるおそれがある場合に，応急的な措置としてとられる点」が補導援護と異なるものであり，特に「公共の衛生福祉に関する機関その他の機関では必要な応急の救護が得られない場合」に，「保護観察所の長が自ら又は更生保護事業を行う者その他適当な者に委託して，措置をとることができる点」に意義がある。

3 応急の救護の内容

　保護観察所の長が自ら行う応急の救護の措置は，以下の方法その他の保護観察所の長が必要と認める方法によって行うと規定されている（犯罪をした者及び非行のある少年に対する社会内における処遇に関する規則65条）。

①適切な住居その他の宿泊場所がない者に対し，宿泊場所並びに宿泊に必要な設備及び備品を供与すること（具体的には，更生保護施設その他改善更生に適し

た設備や環境を備えた施設等に宿泊させて行うことが考えられる)。

②適切な食事を得ることができない者に対し、食事を給与すること(具体的には、更生保護施設等において食事を給与したり、保護観察所で食事費を現金で給与して行うことが考えられる)。

③住居その他の宿泊場所への帰住を助けるため、旅費を給与し、又は貸与すること(具体的には、その対象となる者の所持金等を勘案した上で、保護観察所で旅費として現金を給与し、又は貸与することが考えられる)。

④その他就業又は当面の生活を助けるために必要な金銭、衣料、器具その他の物品を給与し、又は貸与すること(具体的には、作業着や下着その他の物品を給与し、又は貸与することが考えられる)。

4 応急の救護の留意事項

応急の救護を行うに当たっては、以下の留意事項が挙げられる。

①自助の責任、必要かつ相当な限度

更生保護法58条では、補導援護について、「保護観察対象者の自助の責任を踏まえつつ行う」旨が規定されている。その上で、応急の救護については、同法62条4項で「保護観察対象者の自助の責任の自覚を損なわないよう配慮しなければならない」と保護観察所の長に義務づけている。

これは、補導援護や応急の救護の措置が具体的利益や物的援助を提供することが多いためであり、これらの措置によって、保護観察対象者にかえって依存心を起こさせて自発性や自主性を損なったり、過度の心理的な負担を与えたりすることのないよう、「必要かつ相当な限度において行うものとする」規定がなされているものである(規則41条2項)。

②公共施設優先の原則、社会資源の活用

「応急の救護の意義」で述べたとおり、保護観察所の長は、宿泊、医療、食事等の援助に際しては、まず、公共の衛生福祉に関する機関その他の機関からその目的の範囲内で必要な応急の救護を得られるよう援護しなければならず、これを「公共施設優先の原則」という。

ただし、実務場面では、これらの機関からの援助を受けるための手続きが保護観察対象者にとって日時を要することが少なくないため、事実上、応急の救護が先行してしまう事態が生じる。そこで、基本的留意事項として、「保護観察所の長は、補導援護及び応急の救護を行うに当たっては、地方公共団体、学校、病院、公共の衛生福祉に関する機関その他の者から必要な援助又は協力が得られるよう、あらかじめ、必要な情報交換を行うなどして協力体制を整備するとともに、緊密な連携を保つものとする」旨の規定がなされている(事務規程58条1項)。

(古賀正明)

▷1 保護観察対象者の当面の窮地を脱するための措置であるため、これを過度に行って、依存心を生んだり、自立を妨げたりしない限度。

▷2 公共の衛生福祉に関する機関その他の機関による援助は、すべての国民に対して平等に適用されるものであって、犯罪をした者や非行のある少年であっても、その権利を奪われるものではなく、それだけで十分である場合には保護観察所の長による応急の救護の措置は必要としないという原則である。

Ⅷ 更生緊急保護及び応急の救護等

 更生保護施設の処遇

▷更生保護施設
⇨Ⅶ-3「更生保護施設」

1 更生保護施設における処遇の基準

更生保護施設においては,被保護者が抱える個別の問題性や事情等に対応して処遇が行われており,被保護者が社会生活に適応するために必要な生活指導を行うなど,帰るべき場所のない犯罪をした者や非行のある少年の専門的な処遇施設として,貴重な役割を担っている。

そのため,更生保護施設における処遇については,更生保護事業法49条の2において特に重要かつ基本的な事項が定められているほか,法務省令である更生保護施設における処遇の基準等に関する規則(以下「基準規則」という)第2章「処遇の基準」において細目的又は手続的事項が定められている。

①処遇の基準(更生保護事業法49条の2:以下,更生事)
  (1) 被保護者の人権に十分に配慮すること
  (2) 被保護者に対する処遇の計画を立て,常にその被保護者の心身の状態,生活環境の推移等を把握し,その者の状況に応じた適切な保護を実施すること

▷自助の責任
⇨Ⅷ-3「応急の救護」④応急の救護の留意事項

  (3) 被保護者に対し,**自助の責任**の自覚を促し,社会生活に適応するために必要な能力を会得させるとともに,特に保護観察に付されている者に対しては,**遵守すべき事項**を守るよう適切な補導を行うこと

▷遵守すべき事項
⇨Ⅵ-6「遵守事項」

②その他法務省令で定める事項(基準規則2章)
  (1) 処遇規程及び保護の実施(基準規則3条)
      更生保護施設においては,被保護者に対する処遇の方法を明らかにする処遇規程を定めなければならず,処遇規程は更生保護施設を営むに当たっての法務大臣の認可事項である(更生事45条4号)。
      次に,更生保護施設においては,保護観察所の長から保護の委託を受けたときは,委託の趣旨に従い速やかにその保護を行わなければならない。また,被保護者から保護の申出を受けた場合において,当該被保護者が現に改善更生のために保護を必要としていると認めたときは,その改善更生のために最も適切と認められる保護を行うものとされている。
  (2) 処遇の一般原則(基準規則4条)
      被保護者の処遇に当たる者は,被保護者に常に懇切で誠意ある態度で接するほか,次の事項に留意しなければならない。

- 処遇計画に従って**被保護者に最もふさわしい方法**を用いて生活指導等を行うことにより，社会生活に適応するために必要な態度，習慣等を養わせること
- 読書の指導，教養講座の開催等を行って，被保護者の教養を高めることに努めること
- 就労の意欲を喚起し，その習慣を身に付けさせるように指導するとともに，公共職業安定所の協力を得るなどして，被保護者に適した職業が得られるように努めること
- 浪費を慎み，所有する金品は，改善更生に役立てるために適切に使用し，又は**貯蓄するように指導**すること
- 親族との融和を図るなどして，**生活環境の改善・調整を図ること**

2 更生保護施設における実際の処遇

　更生保護施設においては，被保護者からの多岐にわたる相談に応じており，就労や貯蓄の指導のほか，金銭管理，食生活管理，言葉遣い等の健全な社会生活を営む上で必要となる基本的な生活態度の習得について，日常の施設生活の様々な場面を通じ，指導や助言を行っている（図Ⅷ-1参照）。

　また，個別面接や集団処遇等の被保護者に最もふさわしい方法を用いるなどして，被保護者の改善更生の妨げとなっている問題性や生活課題を解決するための指導に取り組んでいる。

　このほか，更生保護施設においては，保護観察所との処遇協議や各種報告・連絡，関係機関・団体との連絡調整，施設運営，地域社会との交流等の処遇を支える様々な実務を行っている。

（古賀正明）

▷**被保護者に最もふさわしい方法**
被保護者に対する継続的な面接指導，SST（社会生活技能訓練），酒害教育，薬害教育等の処遇方法のうち，被保護者に最もふさわしい方法。

▷**貯蓄するように指導**
被保護者のほとんどは，頼るべき人がいない，帰るべき住居がない等の理由で保護を受けていることから，限られた入所期間内で退所先を確保できるよう，入所当初から必要な貯蓄額を考えて貯金することが大切である。

▷**生活環境の改善・調整**
高齢の受刑者が増加していることから，2009（平成21）年度から法務大臣が指定する全国57の更生保護施設に福祉職員を配置して，福祉的な支援が必要な，帰るべき場所がない高齢又は障害のある受刑者等を受け入れるための特別調整・特別処遇を行っている。

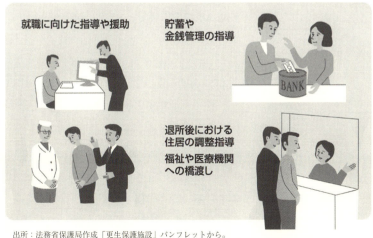

図Ⅷ-1　更生保護施設における指導や調整

出所：法務省保護局作成「更生保護施設」パンフレットから。

コラム-10

女子更生保護施設

　更生保護施設は起源をたどれば，刑罰を終えた者を再犯に陥らせないために，衣食住を与え，生活が成り立つよう，支援したものといわれている。その基本思想である「緊急保護」の考え方は今でも続いているが，現在の様相は相当変わってきている。入寮者のうち6割以上が保護観察の付く仮釈放者で占められており，生活指導，就労支援，集団生活のための寮生集会，薬物離脱指導，SST（社会生活技能訓練），心理療法の一つであるコラージュ療法などが，それぞれの施設で職員や外部講師の協力を得て行われている（⇨ Ⅶ-3 「更生保護施設」）。

　7つしかない女性施設では（ほかに男女施設が7），女子の犯罪の増加，特に覚せい剤事犯の増加や高齢者の窃盗の再犯が喫緊の課題である。東京都内の施設を例に，最近の女子更生保護施設における再犯防止に向けての処遇の実情を紹介したい。

　①「女性の健康を考える会」の実施

　覚せい剤事犯者の激増に伴い，1998（平成10）年から「女性の健康を考える会」の名称で，精神科医，地域の専門機関に所属する保健師，弁護士，臨床心理士などの協力を得て，月1回の研修会を開催している。また，統合失調症様の症状を示す覚せい剤後遺症やうつ状態がみられるケースも多いため，自助グループであるダルク（DARC）のミーティングへの参加のほか，精神科への受診を勧めている。また，自己主張（アサーション）力の向上を目指して，自分の考えをきちんと伝えることができるよう，指導を行っている（⇨ Ⅵ-10 「覚せい剤事犯者の処遇」）。

　②施設内でのカウンセリングの実施

　臨床心理士により，主に窃盗事犯者を対象にカウンセリングを実施し

ている。窃盗事犯者については，その要因，背景が様々であることから，入寮者の個々の問題に焦点を合わせ，グループ・アプローチではなく，個別的にカウンセリングを行っている。

　カウンセリングに当たっては，累犯者特有の模範的な回答の矛盾点を指摘し，偏りを自覚させながら本心を引き出していく。しかし，入寮者は，その生育歴が悲惨である，考え方の偏りが大きいなど資質的な問題がある，犯罪行動が習慣化していて犯罪による利得が忘れられないなど個々に深刻な問題を抱えていることが多い。また，女子の窃盗犯では，摂食障害，クレプトマニア（病的な窃盗癖）といった精神医学的診断がなされ，それが犯罪の要因となっている事案もある。そのため，急激な直面化や安易な聞き出しは，不安を増大させ，衝動的な行動化となるリスクが伴う。また，寮内の人間関係によるストレスも軽視できないものがあり，もともとストレス耐性が極めて脆弱であることから，再犯に至るというケースもみられる。面接では，万引き犯に特徴的な「自分のお金を出して買うのはもったいない」「自分一人くらい万引きをしても店は困らないだろう」「あのドキドキ感が忘れられない」などかなり偏った認知が語られる。しかし，カウンセリングを続けていくうちに，再犯による受刑生活は，決して自分の残された人生にとって良いことではないことを理解していく者も多い。若年の寮生は，高齢者に自分の「将来の姿」をみて，内省に至ることもある。大半の寮生は，引受人となる家族がいない現実がある。退寮後一人で自分の生活を成り立たせていくことへの不安が高まる中で，保護観察の法的期間に縛られず，希望者にはカウンセリングの継続も行っている。

（杉原紗千子）

コラム-11

少年更生保護施設

　少年更生保護施設での処遇の基本は「教え育むこと」であり，成人更生保護施設におけるような住居・食事・医療・職業等の救護援護だけでは，なかなか少年を更生に結び付けることは困難である。このことは，少年法の理念と目的である，少年の健全育成を期し，非行のある少年に対して性格の矯正及び環境の調整に関する保護処分を行うことと，その基調にある，少年の可塑性（少年は人格的に未成熟で，心情的にも不安定で環境からの影響を多大に受けるため，適切な教育や処遇によって更生することが可能ということ）に端を発している。

　少年へのかかわり方は，少年院での教育における個々人の目標を，社会内でも継続させ，一貫性をもたせることが望ましいと考えられる。特に更生保護施設に入所する少年においては，多くの場合，見知らぬ土地で縁故者もほぼいない中で，生活を開始することになり，少年の不安や緊張は極度に高まりそれと同時に，拘禁状態から解かれることへの喜びや安堵感，解放感，さらには保護者の下へ帰れぬ不満や悲哀といった感情が複雑に絡み合って，前向きに生きる意欲が，なかなか湧かない状態であることも否めない。そこで，必要となるのが本人の更生意欲の持続と喚起，更生へ向けた適切な住環境・就労環境の整備と段階的に緩やかに社会に再統合していくことだと考えられる。故に少年処遇には時間と資金，多くの労力，多面的な支援が必要となるのである。

　ここでは，更生保護施設立正園での処遇を一部紹介する。立正園での入所期間は，概ね6か月を目途としており，集団生活と継続した就労による，再非行をしない自分づくりと自立準備を，職員と寝食を共にしながら目指している。処遇については，少年それぞれの成育歴や性格，本人の希望を話し合いながら個別に処遇計画書を作成し，生活の目的を意識化することに留意し，処遇を次頁の4カテゴリーに分類し実施している。こうした生活を続けた後の主な退所先は，①一人暮らし（賃貸物件利用），②就職先

の社員寮，③自宅，の順となっており，同世代の者と比較すると，精神的に幼く，人格形成が未成熟で社会常識も兼ね備えていない少年たちが，立正園での生活を通じて，生きる力を涵養し，少しでもスムーズに自立更生へのきっかけがつかめるよう心掛けられている。
　【更生保護施設立正園での処遇】
①個別処遇……家庭的な雰囲気の中で，職員との信頼関係を構築し，生活上で表面化する様々な問題に，少年が主体的に向き合い，改善できるように適切な援助，指導を行う（日記指導・週間目標の作成と自己評価・カウンセリング・SST〔社会生活技能訓練〕など）。
②集団処遇……年齢，出身地，非行の度合い，少年院入所の有無や回数などに差があるため，園内のルールや約束を主体的に守り，互いを理解・尊重・受容し合いながら，穏やかな雰囲気の中で生活が維持できるようにする（全体集会・レクリエーション・地域清掃活動・スポーツ教室・裁縫教室・SSTなど）。
③就労処遇……協力雇用主の下で就労を義務化し，転職離職は原則として認めない。不得手なものでも，見方を変え挑み続けることで「働く意味」を知り「働き方」を体得し「継続して働く力」を培うことを目指す。
④家族処遇……親子関係が変調をきたし，当事者のみでは修復できない状況にある。しかし，少しでも保護者の手を借りることができれば自立の際の選択肢は格段に増える（例えば，アパートを借りる際の保証人の問題）。職員が家族間に入り親子双方の調整を行う（親子キャンプ，母親の夕食作りや父親の施設内整備の手伝い，保護者会など）。

　参照：更生保護施設 立正園　http://www.gc-net.jp/halfwayhouse-risshoen/

（百瀬覚由）

IX 福祉の支援を必要とする更生保護対象者

更生保護と司法福祉

1 司法福祉とは

　司法福祉の定義は，時代，また論者によって，変化がみられる。
　司法福祉という用語を創り出した**山口幸男**は，「国民の司法活用の権利を実質化し，司法を通じて一定の社会問題の個別的・実体的緩和−解決を追求する政策と具体的業務」であると定義した。この定義において注目すべき点は，「社会問題の個別的・実体的緩和−解決」という考え方である。司法では，法律という一律のルールを判断基準に使い，白黒をはっきりさせて決着させる「規範的解決」が図られる。これに対して，山口は，社会の中で発生する問題に司法が関わることがきっかけとなって，個々の状況に合わせた，実体的＝実質的な形での問題の緩和−解決（「実体的解決」）の重要性を指摘し，その営みが司法福祉であるとした。このように司法福祉という概念は，司法業務の一環として構想され，家庭裁判所調査官などの実務家を中心として，少年司法領域から発展してきたという歴史をもつ。
　その後，司法福祉が対象とする社会問題は，高齢者や障害者の虐待，成年後見，家庭内暴力などへと多様化してきている。また，活動領域も社会福祉や学校教育などといった司法業務の外へと広がっている。こうした変化に対応するために，定義を修正する動きがみられる。具体的には，問題解決のために心理，教育，社会福祉などの知見や方法を活用すること，当事者の権利擁護を図ることが強調され，方法や対象が拡張されてきている。ただし，社会問題の実体的解決を目指すという目的自体は変わっていない。

2 更生保護と司法福祉

　更生保護と司法福祉の関係では，**保護観察**と**医療観察制度**において特に両者の関わりが深い。近年，これらの領域に関連する法が制定，改定されたり，新たな取組みが開始されたりしたことによって，医療，心理，教育，社会福祉などの知見の活用，福祉的援助との連携がよりいっそう強調されるようになってきている。
　保護観察については，犯罪者予防更生法と執行猶予者保護観察法が統合され，2007（平成19）年に新たな基幹法となる更生保護法が成立した。この法律では，保護観察は指導監督と補導援護によって実施すると規定されている。このうち

▷**山口幸男**（やまぐち・さちお）
1949（昭和24）年に新設された家庭裁判所において，黎明期から調査官として勤務。佐野健吾，赤羽忠之らとともに司法福祉研究会の中心的存在として活動し，1968（昭和43）年に司法福祉という術語を初めて用いた。大学教員に転じてからも，司法福祉学領域における教育研究に力を注ぎ，2000（平成12）年に日本司法福祉学会が発足した際には初代会長を務めた。

▷1　山口幸男『司法福祉論　増補版』ミネルヴァ書房，2005年。

▷2　日本司法福祉学会編『司法福祉』生活書院，2012年。

▷**保護観察**
⇨第Ⅵ章「保護観察」

▷**医療観察制度**
⇨第ⅩⅤ章「医療観察制度」

▷3　⇨ Ⅰ-8 「更生保護の歴史(2)」

補導援護については，旧法と同様，住居や宿泊場所の確保，医療へのアクセス，就職支援など，保護観察対象者の生活に関わる福祉的援助が想定されている（更生保護法58条）。また，**指導監督**の内容としては，「特定の犯罪的傾向を改善するための専門的処遇を実施すること」（更生57条1項3号）が新たに規定され，専門的処遇には認知行動療法などの心理的知見が用いられている。

また，2003（平成15）年に医療観察法（心神喪失等の状態で重大な他害行為を行った者の医療及び観察等に関する法律）が成立したことによって，法の要件を満たす場合には，刑事司法が関わったことを契機として，対象者を継続的かつ適切な医療へとつなぐ仕組みが整備された。医療観察法については，一部精神疾患患者のみを対象としていること，適切な医療とは何かについて議論があることなど，様々な問題も指摘されている。しかし，司法福祉の観点からは，医療や福祉との連携を通じて，加害行為の原因となったと考えられる精神疾患の改善を目指すことで，問題の実体的解決を図ろうとしている点，そのために精神保健福祉の専門家を**社会復帰調整官**として保護観察所に配置した点については，評価されるであろう。

▷補導援護
⇨ Ⅵ-5「補導援護」

▷指導監督
⇨ Ⅵ-4「指導監督」

▷社会復帰調整官
⇨ Ⅶ-5「社会復帰調整官」

③ 更生保護における司法福祉のアプローチの広がり

心理，教育，社会福祉などの知見や方法を活用し，当事者の権利を擁護しながら，社会問題の実体的な緩和や解決を目指すという司法福祉のアプローチは，更生保護の領域においても，近年，さらに広く使われるようになってきている。具体的には，矯正施設被収容者への釈放時援助，および被疑者段階での対応がある。

釈放時援助としては，刑務所や少年院の被収容者のうち，帰住先がなく，高齢や障害によって特別な支援が必要とされる人に対して，矯正施設，保護観察所と医療，福祉，行政などの各機関が連携して，釈放後の生活を支援する体制整備が進んでいる。具体的には，①矯正施設に社会福祉士等を配置し，支援を必要とする者を発見すること，②保護観察所に専門の担当官を配置し，円滑な対応を図ること，③各都道府県に地域生活定着支援センターを設置し，社会福祉などの支援機関との連携を促進すること，④一部の更生保護施設に福祉スタッフを配置し，福祉的支援の必要性が高い人にも対応できるようにすること，という4つの施策が2000年代半ばから実施されている。

被疑者段階での対応としては，検察庁と保護観察所の連携による更生緊急保護事前調整モデルがある。対象となるのは，起訴猶予による更生緊急保護が見込まれる勾留中の被疑者である。釈放後の生活の安定を目的として，障害，高齢，ホームレス状態などの被疑者の特性に応じて，検察官からの依頼によって保護観察所が福祉サービスの受給や住居の確保などを支援している。2013（平成25）年から試行されており，実施庁の数は増えてきている。　　　（水藤昌彦）

▷4　⇨ Ⅸ-2「地域生活定着支援センター・特別調整」

▷5　⇨ Ⅶ-3「更生保護施設」。全国に103の更生保護施設があるが，2009（平成21）年から，そのうちの57施設には，高齢又は障害によって自立が困難な刑務所出所者などを支援するために福祉スタッフが配置されている（2015年5月現在）。

▷6　⇨ Ⅸ-3「更生保護における「入口」支援」

IX 福祉の支援を必要とする更生保護対象者

2 地域生活定着支援センター・特別調整

1 地域生活定着支援センター設置の背景

刑務所や少年院等の矯正施設から出所する人の中には，高齢であることや障害を有することなどにより，就労先が確保できず，また，家族や知人の支援を受けることもできず，さらに出所後住むべき住居がない人がいることが指摘されている。また，矯正施設に入所している人で，本来，福祉的な支援を必要とするにもかかわらず，これまで，必要とする福祉サービスを受けていなかった人は少なくない。◁1,◁2

矯正施設から出所する人については，出所後に福祉的な支援を必要とする場合も含め，保護観察所による生活環境の調整を行うこととされている（更生保護法82条1項）が，保護観察所などの司法関係機関には福祉に関するノウハウが十分になく，福祉的な支援を必要とする矯正施設出所者に対して十分な調整が行われず，その結果，矯正施設出所後，福祉的な支援を受けられないまま生活に困窮して再犯を繰り返してしまう高齢者，障害者が後を絶たない状況となっていた。

そこで，厚生労働省は，このような矯正施設出所者に対する福祉の充実を図るため，2009（平成21）年度から，矯正施設出所後の生活の安定を図る「地域生活定着支援センター」（以下本節において「センター」という）を各都道府県に設置し，◁3高齢，障害により矯正施設出所後自立した生活を営むことが困難と認められる人に対し，矯正施設入所中の段階から，福祉サービスの利用支援を行うことなどにより，その人の円滑な地域生活への移行を図っている。

また，センターの設置に合わせ，法務省においては，生活環境の調整の特別の手続きとして，2009年度から，高齢又は障害により自立が困難で住居もない矯正施設入所者について，矯正施設出所後速やかに，社会福祉施設に入所するなど適切な介護，医療等のサービスを受けることができるようにする特別調整を実施している。特別調整においては，保護観察所ごとに担当の保護観察官が配置され，センターと連携して出所後の福祉的支援の調整を行っている。

2 センターの事業

都道府県が設置するセンター（社会福祉法人等に委託可能）には，社会福祉士，精神保健福祉士など福祉に関する専門的知識をもつ職員が配置される。セン

▷1 関連する書籍，調査には，山本譲司『獄窓記』（ポプラ社，2003年），「罪を犯した障がい者の地域生活支援に関する研究」（平成18～20年度厚生労働科学研究〔障害保健福祉総合研究事業〕平成21年），「刑事施設，少年院における知的障害者の実態調査」（平成19年5月25日法務省矯正局発表）などがある。

▷2 65歳以上の満期釈放者の5年以内刑務所再入所率は70％前後と，64歳以下の年齢層（60％前後）に比べて高い（法務省特別調査）。また，調査対象受刑者のうち，療育手帳所持者は0.1％，知的障害者又は知的障害が疑われる者のうち犯罪の動機が「困窮・生活苦」であった者は36.8％であった。

▷3 センターが全都道府県に設置されたのは，2012（平成24）年3月である。

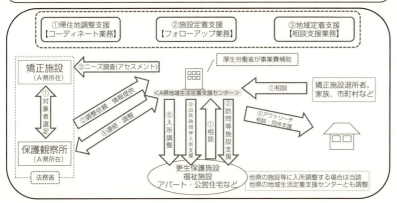

図IX-1　地域生活定着促進事業の概要

出所：厚生労働省ホームページから筆者作成。

ターは，保護観察所などから依頼を受けて，主に高齢（おおむね65歳以上）又は障害を有する入所者のうち，出所後の住居のない人等について，矯正施設出所後の受入先となる社会福祉施設のあっせんや福祉サービスの申請支援を行う**コーディネート業務**，矯正施設出所者を受け入れた施設等に対して，福祉サービスの利用，生活上の助言を行う**フォローアップ業務**，矯正施設出所者の福祉サービスの利用に関して，本人又はその関係者からの相談に応じて，助言その他必要な支援を行う**相談・支援業務**を行うこととされている。

3　関係機関との連携

センターは，個々の支援業務について，矯正施設出所者の希望や意思を踏まえつつ，地方公共団体，関係機関と必要な協議を重ねながら，受入れ先の確保や福祉サービスの利用につなぐ支援を実施する。その過程で，適時必要に応じて，関係機関と情報を共有し，連携を図っていくための支援調整会議などを行うこととされている。

また，センターが，その業務を円滑かつ効果的に実施するためには，平素から，関係機関との十分なネットワークを築き，連携が取れる態勢を整えておくことが必要である。そのため，保護観察所が主催する連絡協議会に参加するなどして，関係機関との連携に努め，地域全体で矯正施設出所者の生活の支援に向けた気運の醸成を図ることが重要である。

（梶川一成）

▶**コーディネート業務**

センターの職員が，本人と面接を行うなどして，本人の意思，心身の状況，福祉的なニーズ，本人が福祉サービスを利用する上での問題点等を把握し，出所した後，円滑に福祉サービス等を利用できるようにするための調整に関する計画を作成する。その計画に基づき，受入可能な社会福祉施設等を確保するための調整を行い，本人に必要と認められる福祉サービスの申請支援等を行う。2013（平成25）年度における全国のセンターのコーディネート業務実施件数は1234件である（厚生労働省社会・援護局総務課調べ）。

▶**フォローアップ業務**

本人が受入先施設等の利用を開始したときを契機として，必要な期間，実施される。2013（平成25）年度における全国のセンターのフォローアップ業務実施件数は1430件である（厚生労働省社会・援護局総務課調べ）。

▶**相談・支援業務**

2013（平成25）年度における全国のセンターの相談・支援業務実施件数は，1098件である（厚生労働省社会・援護局総務課調べ）。なお，相談・支援の対象は，出所者に限定されず，センターが福祉的な支援を必要とすると認める者を含むこととされており，被疑者，被告人段階にあって起訴猶予や執行猶予が見込まれる人に対する身柄釈放後の福祉的支援に関与しているセンターもある。

Ⅸ　福祉の支援を必要とする更生保護対象者

更生保護における「入口支援」

１　更生保護における「入口支援」導入までの経緯

　頼るべき身寄りもなく福祉とのつながりももたないままに刑期を終え，刑事施設から釈放される高齢者あるいは障害を有する者など，刑事司法制度と福祉制度の狭間にあって，必要な福祉的支援を受けられずにいる人たちに対し，近年社会的な関心が向けられている。現在，官民が連携し，こうした人たちを支援する様々な取組みが進められており，「入口支援」はこれら支援の一環として位置づけられる。なお，「入口支援」は，犯罪発生から処分に至るまでの，刑事司法手続きのいわば入口段階における支援を指す用語として，主に福祉関係者の間で用いられている。

　保護観察所では2009（平成21）年度から，矯正施設，地域生活定着支援センター等と連携し，高齢又は障害を有する刑事施設からの出所者等を対象とする特別調整を実施し，再犯防止の観点から，これら福祉的支援を要する者の帰住先の確保及び福祉サービスの利用調整などの支援を行っている。

　こうしたいわば出口段階にある者への支援実績を踏まえ，入口段階にある者に対しても同様に再犯防止の取組みを充実すべく，2013（平成25）年10月から2015（平成27）年３月にかけて，複数の保護観察所をモデル庁として，対応する検察庁との連携のもと，起訴猶予処分が見込まれる勾留中の被疑者のうち福祉的支援を要する者を対象に，更生緊急保護の事前調整の試行（以下「事前調整」という）が実施された。

事前調整の趣旨及び具体的手続き

　更生緊急保護は，刑事手続による身体の拘束を解かれた者等に対して保護観察所の長が行う緊急的な保護の措置である。その対象の大部分を占める刑事施設からの満期出所者に関しては，生活環境の調整等を通じ一定程度の情報が保護観察所に集約されており，具体的な措置の検討が可能となっている。一方，起訴猶予者に関しては，身柄拘束が解かれるまでの一連の手続きに保護観察所が関与しないことから，適切な措置をとるに必要な情報と調査・調整に要する時間が不足しがちで，とり得る措置が限定される傾向が認められた。

　事前調整は，被疑者の勾留段階から検察庁と保護観察所が連携し，事前の調査・調整を行うことにより，事後に適切な措置をとることを可能にするための

▷１　試行開始当初は７庁。2014（平成26）年４月からは新規に13庁を追加し，20庁で実施。

▷更生緊急保護
⇨ Ⅷ-１「更生緊急保護の目的・対象・期間」

運用上の方策である。その手続きはおおむね以下によるが，具体的な実施方法は各地の実情に応じ，保護観察所と検察庁が協議して定めることとされた。

①検察庁と保護観察所が協議の上で本試行の対象者を選定し，検察庁において当該対象者に更生緊急保護の内容等を説明し，その同意を得た上で保護観察所に協力を依頼する。

②依頼を受けた保護観察所は，検察庁で対象者と面談するなどの調査を行うとともに，関係機関・団体等との調整を行い，結果を検察庁に報告する。

③検察官は，対象者を起訴猶予処分とし，かつ，更生緊急保護の申出を行わせることを相当と認めるときは，所要の手続きを経た後に本人を釈放する。

④保護観察所は，対象者の申出を受けて必要な措置を行うとともに，福祉サービス等につなげる。なお，本人に希望があれば，継続的な相談・支援（フォローアップ）を実施する。

3 具体的な支援事例

【ホームレス生活を送っていた50代男性】

事前調整により特別支援学校への通学歴が判明。釈放後，更生保護施設に保護を委託するとともに，フォローアップ期間中に学籍確認を行い，福祉機関等と調整の上，療育手帳の取得及び障害基礎年金受給の各手続を支援した。

【身体障害・アルコール依存のある60代男性】

医療措置が必要な事案であったことから，事前調整を通じて入院先の確保，家族及び地方公共団体との連絡調整を実施。釈放後の速やかな入院治療に結び付けた。

4 今後の課題

本試行を通じ，約300人の対象者に住居の確保支援，生活保護の受給調整，介護・福祉サービスの利用支援，就労支援など多岐にわたる充実した支援が行われた。その一方で，対象者が知的障害と精神障害など複数の障害を併有している場合など，事案により，事前調整期間内での調査・調整になお限界が認められること，勾留先の地理的条件及び交通事情等により，保護観察所が行う支援・調整が物理的・時間的な制約を受けざるを得ないこと，綿密な調査・調整を行うべき事案とそうでない事案との適切な選別を要することなどの課題も明らかになった。2015（平成27）年度においては，本試行の効果・課題も踏まえ，検察庁からの事前の情報提供を活用しつつ，特に重点的な支援を必要とする者を選別して，メリハリのある支援を実施する取組みの試行を全国の保護観察所において行うこととしている。今後はこれら試行結果を踏まえ，より一層の再犯防止の効果発揮を目指し，必要な支援の充実が図られることが期待される。

（大日向秀文）

コラム-⑫

ダイバージョン（diversion）

　人間の行動に対して「犯罪」という評価を下し，その評価を具体化する「刑罰」という制裁を科す，——これが刑事法的統制方法の基本的特徴である。この方法は，「刑事司法システム」と呼ばれる「捜査⇨公訴提起⇨裁判・刑の言渡し⇨刑の執行（矯正・保護）」という一連のシステムの流れの中で，複数の国家機関に機能を分配させつつその実現を図るものであるが，数ある社会統制方法の中の一つの方法にすぎない。しかも「劇薬」的性格を有する刑罰を用いることの認識が重要である。刑罰は，使い方次第では社会統制上正に劇的な「プラス効果」を発揮することがある一方で，使い方を一歩誤れば，科される犯罪者に対してのみならず，科す国家に対しても「プラス効果」を凌ぐ「マイナス効果」が招来されることもある。したがって，第一に，民事法的統制（「不法行為」という評価と「損害賠償責任」という制裁を特徴とする）や行政法的統制（「行政取締り法規違反」という評価と「行政罰」という制裁を特徴とする）などの公権力による社会統制方法，医療的行政措置や福祉的行政措置といった強制力の弱い社会統制方法，さらには民間の社会統制方法の効果が期待できない場合の，いわば「最後の手段」として登場することが望まれる。と同時に，第二に，ひとたび刑事法的統制方法が発動した場合であっても，システムの最終段階に辿り着く前の中途段階で進行を停止して他の社会統制方法に委ねることが求められる。

　このように，狭義で「ダイバージョン」とは，刑事法的統制によるマイナス効果が顕著に表れると予想される場合に，刑事法的な社会統制から非刑事法的な社会統制へと転じる（divert）ための施策を指す。例えば，新たな社会統制方法としての「保護処分」と，それを実現するためのプロセスとして「保護司法システム」を設け，犯罪少年に対する中心的な社会統制方法を刑事司法システムから保護司法システムへと転じた少年法の制定は，その典型である。これに付言すれば，この保護司法システムは「犯罪少年の家庭裁判所送致⇨家庭裁判所における調査・審判⇨保護処分の執

行」という一連のプロセスを経て進行するものであり，ここでもまた，システムの最終段階に辿り着く前の中途段階で進行を停止して他の社会統制方法に委ねることが求められる。かくして，審判不開始決定や不処分決定などにより，保護処分によらない社会統制方法へ転じることもまた，広義ではダイバージョンとして捉えられることになる。

　次にダイバージョンが要請される理由であるが，これには大きく2つある。一つは，犯罪者に対する刑罰のマイナス効果の回避である。犯罪少年に対する保護処分や，微罪処分・起訴猶予処分・刑の執行猶予処分・仮釈放などの各種猶予制度や，猶予制度に結合した保護観察処分は，犯罪ラベリングが犯罪者の社会生活に与える負の要素を回避するとともに，犯罪誘発的な因子を除去して社会復帰を促進する狙いがある。他の一つは，刑罰を科す国家に対する「マイナス効果」の回避である。その典型例は，道路交通法違反行為に対する行政法的統制方法としての「交通反則通告制度（軽微な交通反則行為を刑事処分に代え反則金の納付で処理する〔刑事訴追しない〕制度）」の導入で，「一億総前科者」と呼ばれる事態の回避や，道路交通法違反行為という軽微犯罪の処理のために投入される刑事司法システムの人的・物的コストの軽減が制度導入の理由であった。

　最後に，「司法から福祉へ繋げるダイバージョン」について触れておく。従来の司法システムにおいては，犯罪者を厚生労働省所管の「福祉」へ繋げるための仕組みが極めて脆弱だった。この弱点克服のために，2009（平成21）年から地域生活定着促進事業（⇨Ⅸー2「地域生活定着支援センター・特別調整」）が導入され，司法システムの最終段階である矯正施設から被釈放者を福祉システムへダイバートする，いわゆる「出口」支援が実現した。その後，矯正施設収容前の司法プロセス段階において被疑者・被告人を司法システムから福祉システムへとダイバートする，いわゆる「入口」支援も，複数の形態で試行的に展開されている。　　　　　（石川正興）

コラム-13

発達障害と更生保護

　神経発達障害（以下「発達障害」）とは，生来の脳の発達が通常とは異なり，いわば「独特な脳の働き方のクセ」があることにより，対人コミュニケーションや場面に合わせた柔軟な対応に困難が生じたり，不注意や多動性・衝動性などの問題を抱えたりする障害群である。なお，医学的診断基準（DSM5）においては，知的障害も発達障害に含まれる。

　犯罪・非行の分野では，一部の重大事件を起こした少年の中に発達障害を有する者がいたことを契機として，1990年代後半から2000年代においてにわかに注目を集めるようになった。家庭裁判所や少年院ではこれまでいくつかの大規模な調査が行われており，少年事件の対象となる少年の中には一定の割合で発達障害が疑われる者がいることが明らかになっている（藤川，2005他）。なお，厚生労働省は「発達障害者の乳幼児期から成人期までの各ライフステージに対応する一貫した支援」を掲げており，今後，刑事司法の分野でも成人の発達障害について関心が高まることとなろう。

　発達障害は，一般的にそれ自体が事件の直接の原因となるわけではないが，その特性が学校・職場での不適応や深刻な家族との葛藤，社会的孤立などにつながり，反社会的な仲間と行動するようになったり，逆にひきこもったり，自尊心の低下や不安，うつなど他の精神症状などを引き起こしたりすることで，非行の背景要因の一つとなることがある。

　ただし，一口に発達障害といっても，非行をした少年の場合，①発達障害の症状がはっきりせず，軽度であったり複数の診断名が付けられる場合があること（逆に症状がはっきりしていれば，幼児期・学童期に早期介入がなされており，非行に至るまでこじれないことも多い），②虐待的な養育環境に伴う愛着障害が合わさっている場合があること，などから，その様相は千差万別である。それゆえ，日々多様な対象者の対応に追われるなか，更生保護の分野に携わる保護観察官や保護司のみで正確な特性の見極めと対処

（アセスメントとトリートメント）を行うことは難しい。そこで，①司法機関同士での着実な情報の引継ぎと積極的な情報活用，②地域社会の発達障害の専門機関ネットワークとの連携（多機関連携）の強化という方策が必要となる。その上で，対象者や保護者に対して上記ネットワークに関する必要な情報の提供や助言に取り組んでいくことになる（谷，2014）。

　その際の留意点として，非行をした少年と保護者の双方の「障害受容」に配慮することはもちろん，一方で発達障害を「言い訳」や「取り引き」には使わせず，少年が自分の行為に責任をとれるように援助すること（門本，2014）なども指摘されている。また，実務において，「対象者が発達障害を有している（あるいはその疑いがある）」との事前の情報は，ともすれば目の前の生身の対象者の言動を色眼鏡で見てしまうリスクをはらんでいる。彼らの言動に細やかに対応していく必要はあるが，処遇者自身の一方的な思い込みに振り回されることは固く戒めねばならない。近年，刑務所出所者等の再犯防止対策として「居場所」と「仕事」の確保が強調されている（⇨XVI-1「刑務所出所者等の住居・就労先確保の強化」）。換言すれば「生活環境の安定」と「対象者が望む形での自己実現」であるが，これらが重要である点は発達障害があっても何ら違いはない。更生保護に求められるのは，個々人の有する発達障害の特性を踏まえつつも，あくまで他の対象者と同様，（時には司法機関固有の強制力も用いながら）彼らを「グッド・ライブズ・モデル（GLM）」に沿って援助していくようなスタンスである。

参考文献：藤川洋子「青年期の高機能自閉症・アスペルガー障害の司法的問題：家庭裁判所における実態調査を中心に」『精神科』7(6)，2005年，507-511頁。谷真如「発達障害のある保護観察対象者の処遇」日本更生保護協会『保護観察のための発達障害処遇ハンドブック』2014年，98-111頁。門本泉「神経発達障害を考える：触法行為の背景として」『臨床心理学』14(1)，2014年，31-35頁。

　　　　　　　　　　　　　　　　　　　　　　　（谷　真如）

Ⅹ　更生保護を支える団体

更生保護女性会

▷1　女性による先駆的活動：更生保護女性活動の源流は，1883（明治16）年6月，池上雪枝が日本最初の感化院を独力で創設したことに遡る。神道教導職の任にあった池上は，「不良の子弟を教育して，之が凶念を防止し，其の勤労に食むの途を覚らしめんことを熱望し」，大阪北区の自宅（神道祈祷所）を池上感化院と名づけ，子どもたちを収容保護した。

▷2　女性による先駆的組織：組織としての更生保護女性会の源流は，板垣退助夫人絹子を会長，水野満壽子（神社局長．内務・文部大臣水野錬太郎夫人）を会計主任として1902（明治35）年6月に設立された東京女囚携帯乳児保育にあり，「世には不幸にして且つ憐れむべき者多数あるべしと雖も携帯乳児こそ悲惨の殊に甚だしきものなりけれ」と設立趣意書にあるとおり，「女囚の携帯乳児を保育することにあり，相当の保育者を選定して金銭物品をこれに交付し，女囚の携帯乳児を乳養せしむるもの」として活動を始めた。

▷3　更生保護女性会の活動理念：更生保護女性会綱領では，①一人ひとりが人として尊重され，社会の一員として連携し，心豊かに

1 更生保護女性会とは

更生保護女性会とは，犯罪や非行のない明るい地域社会の実現に寄与することを目的として，地域性や女性のもつ温かさや細やかさを生かして地域の犯罪予防活動と犯罪をした人や非行のある少年の更生支援活動を行うボランティア団体である。

2 更生保護女性会の沿革

更生保護女性会のルーツは，1883（明治16）年に大阪の一人の女性が行くあてのない子どもたちを自宅に預かり，母親のように養ったことがきっかけとされている。その後，非行のある子どもたちを母性と慈しみをもって救おうと，全国各地で少年婦人協会等の名称のもと婦人団体が結成された。

全国的な動きとしては，1954（昭和29）年，「全国更生保護婦人会代表者会議」が開催され，これを契機に，全国的に更生保護婦人会結成の機運が高まった。1964（昭和39）年「全国更生保護婦人協議会」が結成され，その後の2度の改称を経て現在の日本更生保護女性連盟へと至っている。

3 会員及び組織

2017（平成29）年4月1日現在，全国に1294の地区更生保護女性会があり，約16万人の会員が活動している。近年，会員数は減少傾向にあり，会員の獲得は更生保護女性会の課題となっている。

現在，更生保護女性会の組織には，市町村等を単位に結成されている地区更生保護女性会，保護観察所を単位とする都府県更生保護女性連盟，地方更生保護委員会単位の地方更生保護女性連盟，全国組織としての日本更生保護女性連盟がある。

4 活動内容

更生保護女性会の活動理念は，1997（平成9）年に会員総意により定められた「更生保護女性会綱領」に示されており，地区更生保護女性会を活動の基本として，理念の実現のため，主として次のような活動を行っている。

①ミニ集会活動

130

地域住民同士で身近な地域の問題について話し合う場を提供するミニ集会活動は，更生保護女性活動の中でも特に活発に行われている。話題は，犯罪・非行，いじめ，子育て，躾(しつけ)，教育問題，環境問題等様々であり，地域住民の関心を高め，地域連帯感を醸成することで地域の犯罪・非行の抑止力を高めている。いじめなどに悩む親の心理的なサポートや，不良文化の撤去などの具体的な住民運動の契機となることもある。また，更生保護女性会の活動のネットワークづくりの場となり，会員発掘にも寄与している。

②更生保護施設への援助

更生保護事業法に基づく更生保護法人によって運営される**更生保護施設**は，財政的基盤が脆弱であることが多いため，更生保護女性会においては，施設運営のバックアップを行っている。援助は財政的支援だけではなく物心両面に及び，給食奉仕活動としての「お袋の味」の提供や生け花奉仕など，温かい心配りによる活動は，施設入所者の精神的激励となっている。

③社会貢献活動・社会参加活動への協力

更生保護女性会は，保護観察所が行う**社会参加活動**や**社会貢献活動**に積極的に協力している。例えば，福祉施設等の活動場所の開拓や，施設等との連絡・調整などは更生保護女性会のきめ細かな活動によるところが大きく，また，介護や清掃等の実際の活動場面で少年たちが円滑に活動に参加できるよう，また活動の継続意欲を高めるため，会員が共に活動し，声かけなどの温かい気配りによってサポートを行っている。

④犯罪・非行防止活動

犯罪や非行のない明るい社会づくりのため，世論の啓発や各種広報活動，講演会の開催など幅広い活動を行っている。

⑤矯正施設収容者への訪問活動

刑務所，少年院等の矯正施設を訪問し，被収容者の誕生会や運動会，盆踊りなどの各種活動に参加し，激励を行うほか，布団や浴衣などの縫製，日用品の寄贈などの活動も行っている。

⑥子育て支援地域活動

更生保護女性会は，その設立経緯から，地域で子どもたちが健やかに育っていく上での問題があれば，これまでの活動の経験を生かして，柔軟な姿勢で幅広く対応している。特に最近では，日頃の活動を通じて，子どもたちの心の変化や，子育てに対する親のとまどいなどを感じ取り，子育て支援のための活動の必要性を感じとり，例えば福祉施設等での親子ふれあい行事や，子育て問題に関するミニ集会，子育て電話相談等に取り組み，地域住民の注意や関心を喚起するとともに，子育てに悩む親をサポートしている。

（青木　出）

生きられる明るい社会を目指す，②更生保護の心を広め，次代を担う青少年の健全な育成に努めるとともに，関係団体と連携しつつ，過ちに陥った人たちの更生のための支えとなる，③知識を求め自己研鑽に励むとともに，あたたかな人間愛をもって明るい社会づくりのために行動すること，を定めている。

▶更生保護施設
⇨ Ⅶ-3「更生保護施設」

▶社会参加活動
社会参加活動は，1994（平成6）年から，少年の保護観察対象者を対象として，陶芸教室やキャンプなどの体験活動やレクリエーションや清掃，介護補助などの奉仕活動を実施し，そこで得られた体験を通じて対象者の社会適応の促進を目的に制度化された。

▶社会貢献活動
2011（平成23）年から実施されている社会貢献活動は，保護観察対象者に地域社会に役立つ活動を一定期間に複数回行わせることにより，社会に役立つ活動を行ったとの達成感を得たり，地域の方々から感謝されることを通じて，自己有用感を獲得してその改善更生の意欲を高めたり，活動を通じて，社会のルールを守ることの大切さに気づかせたり，コミュニケーションを図ることで社会性を向上させるなどの処遇効果を得ることで再犯を防止し，改善更生を図ることを目的としている。

X 更生保護を支える団体

BBS会

1 BBS会とは

BBS運動はBig Brothers and Sisters Movementの略であり，BBS会は友愛とボランティア精神を基礎とし，非行のある少年や社会に適応できない子どもたちに「兄」や「姉」のような立場で，少年と同じ目の高さで一緒に悩み，一緒に学び，一緒に楽しむことを通じて，少年の立ち直りや自立を支援するとともに，非行防止活動を行う青年団体である。

2 BBS会の沿革

BBS運動の起源は1904年ニューヨーク市で，市の少年裁判所書記であったアーネスト・K・クルーターが提唱したビッグ・ブラザーズ運動とされている。▷1

わが国においては，1947（昭和22）年，戦後の混乱の中で，街に溢れていた戦災孤児たちが非行に走る現状に心を痛めた京都の学生が，当時，アメリカで広がりをみせていたBBS運動を展開することを各大学に呼びかけ，約400名によって結成された「京都少年保護学生連盟」をもって始めとされる。その後，京都以外の多くの地においても学生の組織化がみられ，1950（昭和25）年には全国組織として「全国BBS運動団体連絡協議会」が結成され，1952（昭和27）年にはこれが改称され「日本BBS連盟」へとつながっている。

3 会員及び組織

2017（平成29）年4月1日現在，全国に472の地区BBS会（55の学域BBS会を含む）があり，▷2 約4500人の会員が活動している。青年が主体のボランティアであるが，これは「ともだち活動」の場面で少年とコミュニケーションが取れないほどの年齢差が生じることを避ける意味であり，実年齢で制約を設けるものではない。また，入会に当たり学歴・職業は問わないものとされている。

会員数は1966（昭和41）年に1万人を超えたものの，その後は減少傾向にあり，新たな会員の獲得はBBS組織の課題となっている。

4 活動内容

BBS運動は「ともだち活動」を主とし，保護観察対象少年に対する援助を中心に発展してきたが，日本BBS連盟においては，運動の普及及び組織の充

▷1 BBS運動の起源：アーネスト・K・クルーターがプレスビテリアン協会の男子クラブ員約40名とともに，少年裁判所が扱う非行少年たちの兄（big brother）として彼らの更生を助けようという趣旨で始めたもの。

▷2 地区BBS会と学域BBS会：BBS運動の活動の中心は，地域を単位とする地区BBS会である。このうち大学単位や学生サークルとして組織されているものを学域BBS会と呼ぶ。このほか，保護観察所を単位とする都府県BBS連盟，各都府県連盟の枠を超えた広域的な活動が円滑に行われるよう連絡・調整を図る地方更生保護委員会単位の地方BBS連盟があり，これらをまとめる全国組織として日本BBS連盟がある。

実発展に伴い，BBS会員の性格づけ，活動の方法，組織運営について，改めて全国統一を図る必要性から，1957（昭和32）年に「BBS会員綱領」を定めた。

また，1967（昭和42）年には「BBS基本原則」が採択され，非行や犯罪のない明るい社会の建設に寄与するという運動の目的を達成するための実践活動として，「ともだち活動」「非行防止活動」「研さん活動」の3領域が規定された。

①ともだち活動

ともだち活動は，BBS活動を特色づけてきた重要な活動であり，非行少年や社会不適応少年と「ともだち」になることを通して彼らの自立を支援する活動である。これは，非行少年に対する再非行防止活動としてのものと，社会不適応少年に対するものに大別することができる。前者は特に**保護観察**中の非行少年に対するものであり，ともだち活動の中核と位置づけられ，その対応はBBS会員と非行少年の**One to One活動**を原則としている。

しかしながら，ともだち活動の対象となりうる少年事件の減少と複雑困難な事件の増加などの状況の変化を背景に，ともだち活動は停滞傾向にあり，一方で多数の会員が同時に関わることのできる，いわゆる**グループワーク**が積極的に実施されている。

また，保護観察所や家庭裁判所が実施する社会参加活動や，保護観察所が行う社会貢献活動への協力も行っている。

②非行防止活動

BBS会が行う非行防止活動は，青少年や地域に広く働きかけ，青少年の健全な発達支援や明るい社会環境づくりを行う活動である。再非行防止活動と非行防止活動の2つを指し，前者は非行のある少年が再度非行行為を犯すことのないようにする活動の総称であり，後者は"社会を明るくする運動"を始めとする少年たちの非行化の防止に向けた活動と非行の誘因となる社会的環境を地域社会からなくしていく活動の総称である。

再非行防止活動は，保護観察所のほか，警察や家庭裁判所の依頼により行うともだち活動などである。非行防止活動は，関係機関・団体等と協力して，地域の実状に応じた活動が展開されており，例えば，地域文化の伝承を目的としたもの，スポーツクラブ，子ども会活動，フリー・スクール，居場所づくり活動などが挙げられるほか，近年では学校での心の相談室への協力や総合的な学習への協力なども行われており，地域社会における評価も高まっている。

③研さん活動

BBS会員は，社会の一員として，また少年たちの兄や姉として信頼されるように努めるとともに，その活動を行うために必要な知識・技術等の習得のため，BBS組織が実施する各種の研修会，保護観察所などの関係機関・団体が実施する研修会に参加し，自己研さんに努めている。

（青木　出）

▷保護観察
⇨第Ⅵ章「保護観察」

▷One to One活動
原則として一人の会員が一人の少年と関わるという意味で使われる。従来はOne Man One Boy活動と呼ばれていたものであるが，女性の場合を意識してその表現を変更したもの。

▷グループワーク
ともに何かを楽しむことにより，少年たちに一人一人とのときとは違った共感や，心を開くきっかけを与えることを目的に，少年たちとグループになってスポーツやレクリエーションなどを行う活動。

X　更生保護を支える団体

協力雇用主

1　再犯防止を支える協力雇用主

　協力雇用主とは，犯罪や非行の前歴等のため仕事に就くことが困難な刑務所出所者等を，その事情を理解した上で雇用し，立ち直りの支援に協力する民間の事業主である。

　刑務所出所者等の再犯を防止し，その改善更生を図るためには，就労の確保が大変重要であり，例えば，2009（平成21）年から2013（平成25）年の5年間において，保護観察終了時に無職であった者の再犯率は，有職者の再犯率の約4倍に上ることや2013年に刑務所へ再入所した者約1万4000人の約7割の者が再犯時に無職であることからも，就労の有無と再犯防止には大きな関係があるといえる（数値は，いずれも法務省の統計資料による）。

　刑務所出所者等の再犯を防止するためには，これらの者が安定した仕事に就き，職場に定着して，責任ある社会生活を送ることが重要である。しかしながら，過去に犯罪や非行をしたことの影響，教育機会や対人関係能力の不足など諸般の事情から，就職において相当の困難を伴う者が少なくないことから，雇用・就労の場面を通じて様々な支援を行う協力雇用主の存在は刑務所出所者等の更生に不可欠なものである。

2　協力雇用主の現状

　刑務所出所者等の雇用に対する地域の理解が広がっていることもあり，協力雇用主の登録数は増加傾向にあり，2015（平成27）年4月1日現在，全国の**保護観察所**に登録されている協力雇用主の数は1万4400事業主を超えている。

　なお，同日時点で刑務所出所者等を雇用している協力雇用主は551事業主であり，被雇用者数は1276人という現状にある。

　また，様々な業種の事業主が登録しており，業種別の内訳は，建設業（48.5％），サービス業（14.7％），製造業（13.2％），卸売業（5.9％），運送業（3.2％），電気・ガス・水道工事（3.2％）農林漁業（1.9％）等となっている。

　さらに，協力雇用主の従業員規模については，「5～29人」（44.6％），「30～99人」（15.4％），「4人以下」（11.3％）等となっており，従業員規模が99人未満の事業主がその大半を占めている（数値は，いずれも法務省の統計資料による）。

▷1　⇨ Ⅵ-2 「保護観察の流れ（開始と終了）」

▷保護観察所
⇨ Ⅰ-2 「更生保護の組織(1)」

刑務所出所者等の円滑な社会復帰・職場定着のためには，事業主との適切なマッチングが重要であり，そのためには，幅広い業種にわたる協力雇用主の登録が望まれる。

❸ 協力雇用主に対する支援

刑務所出所者等を実際に雇用する場面は，スムーズにいくことばかりではなく，怠勤や無断欠勤等を含め，協力雇用主に様々な苦労や負担をかけることも少なくない。

近年，実際に刑務所出所者等を雇用する協力雇用主の苦労や負担を軽減するため，国としても，徐々にではあるが支援策を講じてきた。

例えば，2006（平成18）年度から，「身元保証制度」が開始され，身元保証人を確保できない刑務所出所者等を雇用した場合に，最長1年間，刑務所出所者等により被った損害のうち，一定の条件を満たすものについて，見舞金が支払われるようになった。

また，2013（平成25）年度からは，実際に一定の要件に該当する刑務所出所者等を雇用し，指導等した協力雇用主に対する「職場定着協力者謝金」制度が運用されてきたが，2015（平成27）年度からはこの謝金制度に代わり，支給の対象，期間ともに大幅に拡充した新たな「就労奨励金制度」が創設され，刑務所出所者等を実際に雇用し，職場定着や就労継続に関する指導等をする協力雇用主に対して最長1年間にわたり奨励金を支給することを可能としている。

この他にも，様々な支援制度が存在するが，実際の雇用に当たっては，保護観察所が全面的にバックアップすることとされている。

❹ 地方公共団体における取組み

地方公共団体においても，協力雇用主を支援する取組みが広がっており，例えば，公共工事等競争入札において協力雇用主に対する優遇措置を導入する地方公共団体が増えている。

これは，入札参加資格又は総合評価落札方式において，協力雇用主として登録している場合，あるいは，協力雇用主として保護観察対象者等を雇用した実績がある場合に，「社会貢献活動」や「地域貢献活動」と評価して加点するもので，2015（平成27）年5月末現在，全国で約60の地方公共団体において導入されている。

これらの取組みは，就労支援策としてだけでなく，社会復帰支援に対する地域の理解をさらに深めるための取組みとしても重要なものであり，その拡大が期待されている。

(杉山弘晃)

▷2 ⇨ コラム5「就労支援対策」

▷3 職場体験講習制度，事業所見学会制度など。

▷4 「協力雇用主」の登録申込み等については，全国各地の保護観察所が窓口になっている。

X 更生保護を支える団体

 ## 就労支援事業者機構

① 就労支援事業者機構

　就労支援事業者機構は，経済界を中心とした幅広い企業，団体等の協力を得て，主として事業者の立場から刑務所出所者や少年院出院者等の就労を支援し，犯罪や非行のない安全で安心な社会の実現のために貢献することを目的とする組織であり，全国組織である全国就労支援事業者機構（認定特定非営利活動法人）と，各都道府県を単位（北海道は4か所）として全国50か所に組織されている就労支援事業者機構（特定非営利活動法人）が存在する。

② 全国就労支援事業者機構

　2009（平成21）年1月に，東京都からNPO法人としての設立認証を受け活動を開始した（その後，2011〔平成23〕年5月に国税庁長官から認定NPO法人の認定を受けた）。

　同機構の設立趣意書によると，「犯罪情勢の悪化の原因としては，さまざまの社会的要因が指摘されており，犯罪の発生全般を抑制することは必ずしも容易ではない。しかし，犯罪者全体に占める再犯者の比率が多いことに着目すると，既に罪を犯した人たちの再犯の防止が治安の向上のために効果的な方策である。」とした上で，「再犯の防止には，刑務所出所者等が就職の機会を得て経済的に自立することが極めて重要である。現在，善意の篤志家として彼らの雇用に協力する事業者が存在するが，その数が不足しているのみならず，雇用の継続には多くの苦労や困難を伴っている。翻って考えると，治安の確保による恩恵は，社会全体にもたらせるものであり，刑務所出所者等の就労についても，ごく一部の善意の篤志家の手によってではなく，経済界全体の協力と支援によって支えられるべきものと思われる。そうであるとすれば，事業者団体は，刑務所出所者等の就労支援の重要性を傘下の事業者に浸透させるとともに，自らは出所者等を雇用できない企業等の事業者は，資金面で協力することが必要である。その資金を利用して実際に出所者等を雇用する事業者の数を増やすとともに，事業者が出所者等に支払う給与の一部を助成するなどのスキームが必要であり，そのスキームを可能にする組織として，特定非営利活動法人全国就労支援事業者機構を設立する。後の世代に，安全で安心して暮らしていける日本の社会を残していくことは，現在我が国で活動している我々世代の責任であ

る。また，治安が社会の発展の基盤であることから，企業としてそのために応分の協力をすることは，企業が果たすべき社会的責任（CSR）の基本でもある。」（傍点筆者）
とされている。

なお，同機構が行う主な事業は，以下のとおりとされている。
①各都道府県の就労支援事業者機構に対する連絡，調整又は助成事業
②更生保護事業を営んでいる者に対する連絡，調整又は助成事業
③保護司組織に対する連絡，調整又は助成事業
④各都道府県の就労支援事業者機構の活動に従事する者に対する研修，指導及び顕彰事業
⑤犯罪予防を図るための世論の啓発及び広報事業
⑥犯罪者等の再犯防止と改善更生に関する調査研究事業

また，同機構は，一種会員，二種会員，三種会員，四種会員等から構成され，広報・啓発活動，協力雇用主に対する助成，協力雇用主の新規開拓，刑務所出所者等の実際雇用等々，それぞれの立場でそれぞれの役割や社会的責任を担うことにより，刑務所出所者等の社会復帰と安全な地域社会の実現に尽力している。

3 都道府県就労支援事業者機構

全国就労支援事業者機構の発足に引き続き，各都道府県を単位（北海道は4か所）として全国50か所に順次組織され，いずれも，NPO法人としての設立認証を受けている。また，2010（平成22）年からは全国就労支援事業者機構と連携し，全国ネットワークとして活動している。

なお，事業内容は，各県の実情等により様々であるが，概ね，以下のとおりとなっている。
①刑務所出所者等の雇用に協力する事業者の増加を図る事業
②求職情報の把握，求人情報の開拓・把握を行ってハローワークを通じ個別の就労を支援する事業
③刑務所出所者等を雇用した事業者への給与支払いの助成事業
④刑務所出所者等の職場体験講習，就労支援セミナー，事業所見学会等の実施事業
⑤犯罪予防を図るための世論の啓発及び広報事業

また，都道府県の就労支援事業者機構は，一種会員，二種会員，三種会員，四種会員等から構成されている。

全国就労支援事業者機構や都道府県就労支援事業者機構は，主として経済界から協力雇用主を支援するという方法により，犯罪のない，安全・安心な地域社会の実現に向けた課題に取り組んでいる組織である。

（杉山弘晃）

▷1
・一種会員：傘下の事業者に対し，広報等を行う経済，事業者団体。
・二種会員：事業者。
・三種会員：各都道府県の就労支援事業者機構。
・四種会員：事業者以外の個人，法人又は団体。

▷2　一種，二種，四種会員は上記の全国就労支援機構と同じ。三種会員は，雇用に協力する事業者。

X　更生保護を支える団体

更生保護ネットワーク

❶ 更生保護を支える民間ボランティア・施設・団体

　更生保護の理念，すなわち犯罪をした者や非行のある少年に対し，社会内で適切な処遇を行うことによって再犯・再非行を防止し，安全・安心で明るい社会を実現するためには，地域社会の理解と協力が欠かせない。そのため，わが国の更生保護制度は，国の機関やその専従職員だけでなく，民間のボランティア等の個人や団体の参加を期待して構築されている。更生保護法2条では，1項において，民間の団体又は個人により自発的に行われ更生保護の目的に資する活動を促進し，これらの者と連携協力するとともに，更生保護に対する国民の理解を深め，かつ，その協力を得るように努めることを国の責務として定め，同条3項において更生保護の目的を達成するため，その地位と能力に応じた寄与をするよう努めることを国民に要請している。更生保護に協力する主な民間団体としては，**保護司会**, **更生保護施設**, **更生保護女性会**, **BBS会**, **協力雇用主会**, **就労支援事業者機構**, 更生保護協会などが挙げられる。

❷ 更生保護ネットワーク構築の必要性

　更生保護を支える民間ボランティア・施設・団体同士が，共通の理念の下，相互に，あるいは更生保護関係団体以外の関係機関・団体とも連携して強固なネットワークを構築することは，①保護観察処遇の充実，②相互の事業内容の充実，③組織の維持・発展，④更生保護の広報・啓発の観点から重要である。
　例えば，更生保護女性会による更生保護施設での「お袋の味」の提供や料理教室の主宰，また協力雇用主による保護観察対象者等に対する就労先の確保，更生保護女性会やBBS会による社会貢献活動に対する協力などは処遇の充実に資する一例であり，更生保護女性会の行うミニ集会に対する保護司会の協力や保護司会の行う犯罪予防活動へのBBS会の参加などは各団体の事業内容の充実に資するものである。事業や活動の充実は組織の活性化につながり，また関係団体相互のネットワークの強化は，地域に対する更生保護思想の発信力の向上にもつながる。

❸ 全国規模でのネットワーク形成

　全国規模で更生保護諸活動を行う主な団体として，日本更生保護協会がある。

▶保護司会
⇨Ⅶ-2「保護司」

▶更生保護施設
⇨Ⅶ-3「更生保護施設」

▶更生保護女性会
⇨Ⅹ-1「更生保護女性会」

▶BBS会
⇨Ⅹ-2「BBS会」

▶協力雇用主会
⇨Ⅹ-3「協力雇用主」

▶就労支援事業者機構
⇨Ⅹ-4「就労支援事業者機構」

▶1　更生保護協会等：保護司，更生保護女性会，BBS会，更生保護施設などの円滑な活動のための資料作成，研修，助成等のほか，犯罪予防や更生保護に関する広報活動等の更生保護事業法上の連絡助成事業や，特に困窮した刑務所出所者等に対する助言や支援等の一時保護事業を行っている団体。更生保護協会のほか保護観察協会などその名称は様々である。

同協会は，わが国の更生保護関係団体の中心的存在として各団体に対する助成や研修，更生保護活動の広報等幅広く連絡助成事業を行っている。

同協会は，東京都渋谷区千駄ヶ谷に「更生保護会館」を設置しており，そこには，同協会のほか全国更生保護法人連盟をはじめとする全国規模の更生保護関係団体の事務所が置かれている。

また，都道府県単位の各更生保護関係団体が共同で活動できる拠点を確保し，各団体の組織，運動，連携の強化を図ることを目的とする「都道府県更生保護センター」の設置を支援する基金の設立などを行っている。

4 更生保護ボランティアの協働に関する三者宣言

更生保護関係団体のうち，全国保護司連盟，日本更生保護女性連盟，日本BBS連盟においては，2013（平成25）年11月，各団体の理事長及び会長が会談を行った。これを受け，社会情勢が大きく変化し，更生保護が当面する課題も複雑多様化する中，今まで以上に連携を強化して，一体となってこれに対応していく必要性が共有され，2014（平成26）年3月，一層強固な信頼関係の構築や情報の共有，協働などについて示した「更生保護ボランティアの協働に関する三者宣言」が各団体の長の名のもと発出された。

5 地域におけるネットワーク形成

地方においては，更生保護団体相互の連携の前提として互いの組織の実状等をよく理解し合うことが求められることから，自主的に地域単位あるいはブロック単位で更生保護連絡協議会，更生保護シンポジウム，ボランティアフォーラムなどの名称で相互交流の場を設けている。こうした場を通じ，他団体の活動内容など情報収集に努めるとともに，自らの組織の目的や現状等を他団体に対し発信している。

また，地域における連携では，更生保護サポートセンターが活用されている。更生保護サポートセンターは会議室，事務室，面接室等を備え，保護司会が主体として設置・運営している。同センターには，地区の保護司の処遇活動に対する支援や，地域の関係機関・団体との連携の推進，犯罪・非行予防活動の推進等に従事する企画調整保護司が駐在して活動を行っている。同センターは2008（平成20）年度から設置が始まり，2016（平成28）年度は全国で459か所に設置されており，2017（平成29）年度には501か所となる。同センターの使用は保護司にとどまらず，センター内に更生保護女性会やBBS会等の事務室を設置することで，日常的に地域の更生保護関係者同士の意見交換や情報交換ができるようになっているほか，地域の更生保護活動の拠点として，他の更生保護団体以外の機関・団体とのネットワーク形成にも役立っている。　（青木　出）

コラム-14

ソーシャルファーム

○ヨーロッパでの急速な発展

　ソーシャルファームは，1970年代に北イタリアのトリエステで誕生した。同都市の精神病院では，入院患者を人権や医療の観点から外来治療に移し，地域社会で就労を促す方針が採られた。しかし，当時，精神障害者に対する偏見から患者を雇用する事業所はみつからなかった。そこで病院職員と患者が一緒になって設立した事業所がソーシャルファームである。

　この試みは，イタリア全土に広がり，さらにドイツ，イギリス，フランス等へ広がりヨーロッパ全体で，現在では1万社以上設立されている。

　このように発展した背景には1990年代からヨーロッパ各国で進行した社会的排除問題がある。家族や地域社会のつながりの脆弱化等に伴い障害者，刑務所出所者，ホームレス，外国人など地域社会にとって異質な者を地域社会から排除する動きが強まった。

　これに危機感をもった各国政府は，ソーシャルインクルージョン（社会的包摂）の理念を掲げ，問題の解決に乗り出した。EUでも1997年にアムステルダム条約を制定し，社会的排除問題に取り組むこととし，EU加盟国に国内計画の策定を義務づけた。

　社会的排除を解決するためには就労，教育，福祉，余暇活動，環境整備など多岐にわたる施策が求められる。ソーシャルファームは，社会的排除される者に就業の機会を作る役割を果たすため，各国で積極的に設立されている。

○ソーシャルファームの定義

　ソーシャルファームは，最近世界で広く設立されるようになった社会的企業に属する。社会的企業は，一般企業と同様なビジネス手法で経営を行うが，利潤を上げることを目的とするのではなく，社会的な課題の解決など公益を第一の目的にしている。

　ソーシャルファームは，ヨーロッパ各国でそれぞれの国の制度や経済社会の状況を反映しながら発展しているので，ソーシャルファームの定義

や実態は，様々である。現在ヨーロッパで一般的に使用されている1997年の「ソーシャルファーム・ヨーロッパ（CEFFC）」の定義のポイントは，次のとおりである。

①障害者等の労働市場で不利な立場にある人々を雇用するためにつくられ，市場志向の商品やサービスの提供を行う。
②従業員の相当数は，障害者等の労働市場において不利な立場にある人々である。
③各従業員には，仕事内容に応じ市場の相場に従って賃金を支給する。
④すべての従業員は，雇用に関して同等の権利と義務をもつ。

重要な点は，障害者等社会的に不利な立場にある者が一般の労働者と対等の関係での就労である。これによって障害者等は，比較的高い賃金を得て生きがいをもって働くことができる。さらに社会とのつながりを築くことができる。ソーシャルファームでの障害者等社会的に不利な立場にある者の割合は，一般の労働者よりも低い施設が多い。これによって作業を適性に応じて健常者と分担し，効率性・生産性を向上させることができる。

◯**更生保護への活用**

現在日本では刑務所出所者が就労の場を得ることには，大変高い壁がある。障害者の福祉工場のような公的職場の制度はない。協力雇用主の尽力によって一般企業での就労が進められているが，多数に上る希望者を充足するには不足している。

そこでソーシャルファームは，刑務所出所者に就労する場を提供できる可能性が大きい。フランスでは1991年に「ジャルダン・ド・コカニュ」が設立され，刑務所出所者等に有機農法による農業の訓練を行い，訓練終了後希望者には継続して就労させている。毎年4000名が訓練・就業をしている実績を残している。

日本にも刑務所出所者の社会参加を促進するため，ソーシャルファームの設立が進むことが期待される。

（炭谷　茂）

XI 更生保護における関係機関・連携機関

1 警察

▷少年警察活動
⇨ Ⅲ-2「少年警察」②「少年警察活動とは」

▷警察職員
警察職員は、警察官と一般職員からなり警察庁と都道府県警察に配置され（ほかに皇宮護衛官がいるが警察庁に所属）、一般職員は警察権をもたない。

▷少年の福祉を害する犯罪
少年警察は、児童福祉法、児童買春・児童ポルノ禁止法、風俗営業等の規制及び業務の適正化等に関する法律など少年の福祉を害する犯罪をした成人の事件をも扱っている。

▷少年補導職員
少年補導職員は、心理、社会、教育、社会学、社会福祉学など専門的な知識及び技能を有する警察職員。警察権をもたない。警視総監又は都道府県警察本部長が任命し、都道府県警察本部、警察署、少年センター、少年サポートセンターなどに所属して、少年相談、立ち直り支援（継続補導）等少年警察活動において中心的役割を担っている。

▷少年警察ボランティア
少年警察ボランティアは、少年補導員（街頭補導活動、環境浄化活動等非行防止活動を行う。県警本部長等により委嘱される）、少年警察協助員（暴走族等非行集団からの離脱・解散等非行防止活動を行う。県警本部

1 少年警察

　少年警察は一般に、**少年警察活動**を担う**警察職員**とその活動をいう（少年警察活動規則1条1項）。少年警察活動は、少年の健全育成を目的に非行防止や保護を行うため、非行防止活動から少年による犯罪の捜査、少年が被害を受ける**少年の福祉を害する犯罪**の捜査まで行う。少年警察活動を中心的に担う**少年補導職員**等心理学等の専門的な知識や技術をもつ職員、少年事件を担当する警察官、**少年警察ボランティア**等がその活動を担い、生活安全課や**少年サポートセンター**に所属して活動している。

　保護観察官や保護司が、保護観察を受けている少年の処遇を通じて少年警察と連携を図ること、協力を得ることがある。また警察は、犯罪の予防を責務とし（警察法2条）、少年警察ボランティアは、少年非行の防止及び青少年の健全育成活動を行う。保護司などの更生保護ボランティアが行う犯罪予防活動と目的を同じくすることから、少年警察と相互に協力して犯罪予防活動を行うことや、「社会を明るくする運動」に協力を得ることもある。

2 所在調査への協力：所在不明者対策

　2005（平成17）年2月に愛知県安城市において仮釈放中の所在不明者による乳児殺人事件が発生した。この事件を踏まえ法務省において「再犯防止のための緊急的対策」が検討され、2005（平成17）年12月1日、保護観察所が行う所在調査に警察から協力が得られることになった。保護観察所は仮釈放者及び保護観察付執行猶予者が所在不明となったとき、その直後から徹底した情報収集と調査を行うが、保護観察所長が**警視総監又は道府県警察本部長**に対して所在調査への協力を依頼したとき、所在不明者の発見に向けて警察から協力が得られることとなったのである。

　この制度は、仮釈放者の所在が明らかとなったとき直ちに刑務所に戻す必要を検討することもあって、所在発見後、即時に警察から保護観察所に連絡を得て引致等の措置を検討していることから、即時連絡制度と呼ばれている。この制度により所在不明者の早期発見が一層迅速化され、保護観察から離脱した者に対する保護観察が適正に運用されて再犯防止に資するものとなった。

❸ 被害者の保護を図るための情報提供：再被害防止対策

　犯罪被害者等の権利利益を保護し，その被害の回復等を目的とする犯罪被害者等施策は，2007（平成19）年に更生保護機関においても開始されたが，これに先駆けて警察と法務省が協力し，2001（平成13）年から犯罪被害者の再被害防止対策は開始されていた。その内容は，都道府県警察本部から再被害防止要綱に基づく要請を受けたとき，地方更生保護委員会は受刑者の釈放情報を，保護観察所は帰住地や加害のおそれなどの特異な動向等の情報を警察に連絡するもので，もとより保護観察は保護観察対象者の改善更生に向けて指導していることから，その更生に支障を及ぼさないかなどを検討しつつ再被害防止のため警察と連携を図ったものであった。この再被害防止対策は，更生保護における犯罪被害者等施策においても引き継がれ実施されている。

❹ 子ども対象暴力的性犯罪者等についての情報提供

　地方更生保護委員会及び保護観察所は，2004（平成16）年11月に奈良県で発生した性犯罪前歴者による女児誘拐殺人事件を契機に，2005（平成17）年から13歳未満の子どもを対象とする暴力的性犯罪者等に関する情報を都道府県警察本部に提供している。提供する情報は，仮釈放が決定された者の仮釈放，保護観察中の転居，所在不明等の情報であるが，刑務所等を満期で釈放され更生緊急保護を申し出た者についても，居所，更生緊急保護の措置の内容等の情報提供を行っている。また，その者たちが再犯を引き起こすおそれがあると判断された場合は，再犯防止のため指導を強化し，警察と迅速に連携している。

❺ ストーカー行為等をした保護観察付執行猶予者についての情報提供

　2012（平成24）年11月，保護観察付執行猶予者が神奈川県逗子市において元交際相手の女性を殺害して自殺した。この事件を踏まえ警察と保護観察所との連携，ストーカー行為等をなした者に対する再犯防止機能の強化が図られ，保護観察付執行猶予者について保護観察所が再加害のおそれなど特異な動向を把握したとき，警察から情報提供の要請を受けたときは，再犯防止を目的に，問題行動，特別遵守事項，住所等の情報を警察に連絡している。

　2013（平成25）年4月から運用を開始し，罪名が「ストーカー行為等の規制等に関する法律」（以下，「ストーカー規制法」という）違反や「配偶者からの暴力の防止及び被害者の保護等に関する法律」違反である保護観察付執行猶予者だけでなく，「ストーカー規制法」に規定するつきまとい等の行為が保護観察に付されることになった犯罪に関連している保護観察付執行猶予者についても，保護観察所は警察に対し情報を提供し，再被害を防止するため被害者等との接触を禁止する等して保護観察指導を強化している。

（辻　裕子）

長等が委嘱する），少年指導委員（風俗営業等の規則及び業務の適正化等に関する法律38条に委嘱要件，職務等が規定されており，有害な風俗環境から少年を守るため街頭補導活動等を行う。都道府県公安委員会から委嘱される）等少年警察活動に協力するボランティア。

▶少年サポートセンター
少年サポートセンターは，都道府県警察に置かれ，青少年の健全育成活動，非行相談，街頭補導，立直り支援（継続補導）等少年非行防止と被害少年対策活動の拠点となっている。警察施設とは別に独立して設置されることも少なくない。

▶1　警察との連携〜少年サポートチーム：少年の問題の多様化に伴い警察は，教育委員会，学校，児童相談所，保護観察所等少年問題に取り組む関係機関と共に少年サポートチーム運営委員会を構成し，指導を要する少年の問題に応じて関係機関が少年サポートチームを結成して問題行動のある少年等に助言・指導を行うこととした。

▶2　⇒ⅩⅣ-2「社会を明るくする運動」

▶警視総監又は道府県警察本部長
都道府県に警察本部が置かれ，都警察の本部である警視庁に警視総監が，道府県警察の本部である道府県警察本部に道府県警察本部長が置かれている。

▶3　警察との連携〜所在調査への協力のほか，不良集団や交通違反歴等の情報提供，引致の嘱託等保護観察に資する協力を警察から得ている。

XI 更生保護における関係機関・連携機関

検察庁－4号観察（保護観察付執行猶予者）での連携

▷検察庁
⇒ Ⅱ-1「刑事司法とは」,
Ⅱ-2「成人犯罪者の手続き」

▷保護観察付執行猶予
⇒ Ⅵ-1「保護観察の目的・種類」, Ⅵ-2「保護観察の流れ（開始と終了）」, Ⅵ-5「刑の一部の執行猶予」

▷確定前の生活環境の調整
⇒ Ⅳ-4「保護観察付執行猶予者の確定前の生活環境の調整」

▷更生緊急保護
⇒第Ⅷ章「更生緊急保護及び応急の救護等」

▷更生保護施設
⇒ Ⅷ-4「更生保護施設の処遇」

1 検察庁の役割

検察庁は，刑事事件の捜査と裁判所に起訴するか不起訴とするかの処分を決め，起訴内容を公判で立証することはよく知られているが，裁判の執行を指揮監督する機関でもある。罰金を徴収し，刑事施設における懲役刑，禁錮刑の執行は検察官の作成する「執行指揮書」によって開始し，保護観察付執行猶予は検察庁の「刑執行猶予通知書」によって開始する。検察庁は犯歴を管理し，必要に応じて保護観察所等からの前科照会に回答する。

2 刑の全部の保護観察付執行猶予の言渡し（刑法25条の２）

刑法25条の規定により，刑の全部の執行を猶予された者の中で保護観察に付される者は執行猶予者の１～２割程度となっている。初度目猶予でも裁判官の裁量で保護観察が付される場合もあるが，保護観察のつかない執行猶予中の犯罪等で，再度目の執行猶予を受ける場合には，必要的に保護観察付きとなる。保護観察付全部執行猶予の期間中に再犯や遵守事項違反があれば，執行猶予が取消され，必ず実刑を受けることになるため「ダブル猶予」「後がない執行猶予」と言われる。

刑の全部の保護観察付執行猶予の判決言渡しを受けた本人は，裁判所からの指示により住居を管轄する保護観察所に出頭する。保護観察所では本人の身上関係を確認の上，住居届出をさせ，遵守事項や保護観察中の心得について説明する。検察庁から保護観察所に送付される「処遇上の参考事項通知」には本件に関する特記事項や本人の心身の状況について検察官が把握した事項のうち，保護観察実施上参考となる内容が書き込まれている。

判決と同時に身柄拘束を解かれても，生活基盤となる住居がない者や所持金のない者については，あらかじめ検察官から保護観察所に連絡があることも多く，保護観察所が「**確定前の生活環境の調整**」を行い，**更生緊急保護**によって，親族の許への帰住する旅費を援助をしたり，**更生保護施設**等に委託する。

3 刑執行猶予通知

刑の全部の執行猶予は，通常一審判決では，控訴期間（14日間）の経過後，刑の確定と同時に始まる。控訴，上告された場合は，上訴審の確定日から始ま

る。保護観察所は，判決を言渡した裁判所に対応する検察庁から「刑執行猶予通知書」を受理して保護観察を開始する。これには本人の氏名，生年月日，本籍，住居，罪名，刑名刑期，執行猶予期間，判決言渡裁判所名が記載されており，通称「確定通知」と呼ばれている。

4 保護観察者再犯通知

保護観察付執行猶予者が再犯を犯して送検されたときには，当該検察庁が「保護観察者再犯通知書」により本人の保護観察を管轄する保護観察所に通知する。再犯通知を受けた保護観察所は，再犯の内容や動機・原因を把握した上で，検察官と協議し，刑の全部又は一部の執行猶予取消申出をするか否かを判断する。

なお，仮釈放者が再犯を犯して送検された場合は，当該検察庁から「仮釈放者再犯通知書」が送付される。仮釈放は地方更生保護委員会の審理により取消すか否か決定する。

5 刑の執行猶予の取消請求（刑事訴訟法349条）

刑法26条，27条の刑の執行猶予の取消は，検察庁が裁判所に請求する。保護観察所長が遵守事項違反を理由に執行猶予の裁量的取消を求める場合は，検察庁に刑執行猶予取消申出を行う[1]。再犯事件で身柄拘束されていることも多いため，通常はあらかじめ検察庁の執行担当と申出の時期や内容を打ち合わせ，本人を質問調査した上で，必要書類を添付して申出する。

検察庁が，裁判所に刑執行猶予取消請求した場合は，保護観察所に対して請求済通知をする。本人が口頭弁論を求めた場合は，必要に応じて保護観察官が出廷し，検察官側に着席する。口頭弁論では，裁判官の許可を得て検察官が保護観察官に意見を述べさせることができる。

保護観察中の再犯事件の裁判で禁錮以上の刑に処せられ，期間中に確定し，刑法26条に規定する執行猶予の必要的取消しが見込まれる場合は，保護観察所からの取消申出は保留することが多い。再犯事件が罰金刑となった場合は，保護観察所は遵守事項違反の内容をよく確認した上で取消申出を検討する。

6 仮解除（更生保護法81条）

保護観察中の本人が，開始後1年以上経過し，「遵守事項を守り，健全な生活態度を保持して，その生活態度を保持し，善良な社会の一員として自立し，改善更生することができると認める時」に，保護観察所が申出し，地方更生保護委員会が審理の上，仮解除の決定があると言渡裁判所対応の検察庁に通知する。

(冨田彰乃)

▷1 刑の一部の執行猶予の裁量的取消しは「遵守すべき事項を遵守しなかったとき」に取り消すことができると規定され，「その情状が重いとき」は考慮しない。⇨ ⅩⅥ-5 「刑の一部の執行猶予制度」

XI 更生保護における関係機関・連携機関

3 裁判所(1)：家庭裁判所（情報共有）

1 情報共有の必要性

犯罪少年による少年保護事件は，警察が捜査したのち，検察庁又は家庭裁判所に送致され，検察庁は受理した事件を家庭裁判所に送致する。**触法少年**，**虞犯少年**による少年保護事件は，警察で調査が行われ，**児童相談所**又は家庭裁判所に通告される。また，児童相談所が家庭裁判所に送致，通告することもある（少年法6条の6第1項2号，児童福祉法27条1項4号）。これらの事件を受理した家庭裁判所は少年審判で処分を決定し，保護処分に付した場合には，少年を保護観察や**少年院**，**児童自立支援施設**等の処遇機関に送致する。

このように少年保護事件の手続きでは，複数の機関が引き継ぎながら関与する。三権分立からすれば，保護処分の決定機関である家庭裁判所と，保護観察所等の執行機関の独立性は担保される必要がある。しかし，非行少年に対する適切な指導，教育が行われるよう，処遇が円滑に進められるためには，関係機関同士の適切な連携・協働及びそれに向けた情報共有は不可欠である。

2 少年保護事件の審理にかかる情報共有

家庭裁判所は，受理した事件について，少年の再非行の防止及び更生を目的に，調査，審判を行い，非行事実の存否を確認した上で，少年のもつ問題性（要保護性）に基づいて処分を決定する。処分の決定に当たっては，家庭裁判所調査官が，非行の動機や経緯，少年の生育歴，性格・行動傾向，保護環境などについて，少年や保護者のほか，関係人に対して面接を行うなどして調査する。また，調査では，関係機関とも情報の共有を図るなどする。

少年保護事件の審理において家庭裁判所は，警察，保護観察所，児童相談所に対して，援助依頼（少16条1項）を求めることができるとされており，保護観察所は，保護観察中の少年や，過去に保護観察に付されたことのある少年の保護観察の状況について，家庭裁判所から報告を依頼されることがある。また，保護観察官，保護司が審判へ出席し，少年の処遇に関する意見陳述を求められることもある（少年審判規則26条，30条）。

また，家庭裁判所は，処分を決定する際，特別遵守事項（詳細は後述）を定めたり，環境調整命令（少24条2項）を発したりする場合がある。環境調整命令は，多くの場合，保護観察所長に対し，少年の環境上の問題点を指摘し，家

▷1 司法警察員及び検察官は，犯罪の嫌疑がある場合，また犯罪の嫌疑がない場合でも，虞犯に該当するときは，すべての事件を家庭裁判所に送致しなければならないとされている（少年法42条1項：全件送致主義）。

▷触法少年
⇨ Ⅲ-3「家庭裁判所」

▷虞犯少年
⇨ Ⅲ-3「家庭裁判所」

▷児童相談所
⇨ Ⅲ-6「児童相談所」

▷少年院
⇨ Ⅲ-5「少年院」

▷児童自立支援施設
⇨ Ⅲ-7「児童養護施設・児童自立支援施設」

▷2 ⇨ Ⅲ-3「家庭裁判所」

族関係の調整や少年の住居・就労先の確保など，問題点に応じた具体的な措置を指示する。環境調整は，少年の保護環境の整備の重要な事項であり，保護観察所は，少年や，家庭をはじめとする少年の環境の実情を適切に把握できるよう，家庭裁判所と綿密に情報共有を図ることが求められる。

▷3 ⇨ Ⅳ-3「保護観察における生活環境の調整」

3 特別遵守事項

一般遵守事項は，いわば保護観察の枠組みを定めたもので，保護観察対象少年のすべてに課せられるものである。他方，特別遵守事項は，処遇の実効性を確保し，改善更生のために特に必要と認められる事項であり，保護観察対象少年に個別に定められる（更生保護法51条2項）。特別遵守事項は，保護観察所長が，保護観察処分を決定した家庭裁判所に意見を聴き，これに基づいて定めることができるとされている。また，保護観察の経過に応じて，保護観察所長は，設定するのと同じ手続きで，これを変更することができる（更生52条1項）。

一般・特別遵守事項の枠組みの中で改善更生が認められない場合には，様々な介入が必要になり，特別遵守事項をめぐっては，次のような場合，家庭裁判所に独立の立場からの法的な判断を求めることになる。

① 対象少年が正当な理由がないのに，あらかじめ届け出た住居に正当な理由なく住居しないとき，遵守事項を遵守しなかったことを疑うに足りる十分な理由があり，かつ，正当な理由がないのに，出頭命令に応じず，または，応じないおそれがあるときで，裁判官に引致状の発布を求める場合（更生63条2項，同条4項）

② 対象少年が遵守事項を遵守せず，しかもその程度が重いと認められるときに，少年院送致等の決定の申請をする場合（更生67条2項，少3条1項3号）

③ 保護観察所の長の申出により，地方更生保護委員会が，少年院仮退院者が遵守事項を遵守しなかったと認めるとき，同少年を少年院に戻して収容する旨の決定を申請する場合（更生71条，72条）

4 その他の情報共有

その他，情報共有が求められる場合として次のようなことがある。

① 対象少年に再非行等新たな審判に付すべき事由が認められ，家庭裁判所に通告して審判を求める場合

② 保護観察継続中の少年の有罪が確定し，前の保護処分を取消す，又は，新たな保護処分がなされ，いずれかの保護処分を取り消すとき（少27条）

③ 保護観察の継続中に，本人に対して審判権がないにもかかわらず，保護処分をしたことを認める事由があることを疑うに足る資料を発見したとき（少27条の2）

（坂野剛崇）

XI 更生保護における関係機関・連携機関

裁判所(2)：地方裁判所（情報共有）

▷1 なお，2013（平成25）年の刑法等の一部改正によって，刑の一部の執行猶予の言渡しによる保護観察対象者が保護観察の対象に含まれることとなる。⇨ⅩⅥ-5「刑の一部の執行猶予制度」

▶更生緊急保護
⇨第Ⅷ章「更生緊急保護及び応急の救護等」

▶社会内処遇
⇨Ⅰ-1「更生保護とは何か」，コラム2「施設内処遇と社会内処遇」

▶保護観察言渡連絡票
刑事訴訟規則222条の2第1項「裁判所は，保護観察に付する旨の判決の宣告をしたときは，速やかに，判決書の謄本若しくは抄本…及び宣告の年月日を記載した書面をその者の保護観察を担当すべき保護観察所の長に送付しなければならない」，同第2項「前項の書面には，…裁判所の意見その他保護観察の資料となるべき事項を記載した書面を添付することができる」に基づいて保護観察付執行猶予の判決を宣告する都度，裁判所から保護観察所に送付される，対象者の保護観察に際して必要・有益と考えられる情報等が記載された書類のこと。主に，①氏名，②裁判の内容，③犯罪事実の要旨，④刑の執行を猶予した情状（犯罪事実，一般情状事実等），⑤住居・帰住予定地，⑥職業，

1 更生保護における裁判所との連携

　保護観察は，刑事事件について，主として，都道府県庁所在地等に設置されている地方裁判所（本庁50庁，支部203庁），及び簡易裁判所（438庁）と連携している。刑事事件において保護観察所による観察の対象となるのは，裁判所で保護観察付執行猶予の言渡しを受けた者（保護観察付執行猶予者），及び懲役又は禁錮の刑の言渡しを受けた後に刑事施設を仮釈放された者（仮釈放者）である。また，保護観察の付かない執行猶予の判決や罰金刑の言渡しを受けた者は，保護観察の対象にはならないが，必要に応じて，**更生緊急保護**の対象となる（更生保護法85条1項4号，7号）。

　保護観察付執行猶予者は，その期間中，保護観察に付されることになるが，判決前調査制度がないわが国においては，対象者の特性に応じた処遇の個別化が図りにくいという問題点が指摘されている。そこで，刑事司法手続の最終段階を担うとともに，裁判所その他の関係機関と刑事司法の目的を共有しつつ連携して犯罪者を社会内で更生させてその再犯を防止し，もって犯罪から社会を防衛する役割を担う機関である保護観察所にとって，関係機関と対象者に関する情報を共有して**社会内処遇**における処遇の個別化を図ることは重要な意味を有するといえる。

2 情報の共有

　裁判は，行われた犯罪を法に照らして適正に罰することのみならず，被告人が犯罪に至った情状面での情報も考慮して，実質的な正義を実現することを目指して判決を下している。そのための裁判所の判断の骨子は判決文に示されることになるが，その詳細な内容は刑事裁判記録に記載されている。保護観察所は，これらの情報を裁判所から引き継ぎ，各対象者をその成育歴，あるいは生活環境等を含めた広い文脈から理解し，その更生のための必要性に応じて適切な処遇を行うための根拠とするとともに，必要に応じてその判断あるいは活動の正当性に関する判断を裁判所に求めている。

3 裁判所から保護観察への移行における情報の共有

　刑罰は，犯罪者を応報的に罰するのみならず，その改善更生を助け，再犯を

148

防止することもその目的とされており，保護観察所は，対象者の問題性の解消・緩和のために裁判所が期待した事項を保護観察処遇において実行し，その改善更生と社会復帰を促進させる責務を担っている。そのためには，対象者を円滑に保護観察に導入する必要がある。そこで，保護観察付執行猶予者については，保護観察付執行猶予の判決が言い渡された段階で，裁判所から保護観察所へ公文書（**保護観察言渡連絡票**等）の送付がなされるが，その前に電話連絡がなされ，事件に関する情報や対象者に関する情報が裁判所から保護観察所に提供されている。対象者が生活環境に問題を有している場合，刑が確定して保護観察が実施されるまでの14日間に環境を調整する必要があることから，面接によって，本人の同意を得て，**生活環境の調整**を行うこともある（更生83条）。

4 保護観察における処遇と情報の共有

特別遵守事項は，対象者への保護観察における処遇の枠組みを決める機能を有する。そこで，保護観察所長は，特別遵守事項を定める際には，保護観察に付する旨の言渡しをした裁判所の意見を聞くことができる。さらに，保護観察における処遇を実際に行っていく中で，対象者が遵守事項を遵守せず，あるいは保護観察の枠組みの中で実施可能な働き掛けを行ったにもかかわらず改善更生が進まないときには，処遇の転換を図る必要があるが，この処遇の転換は，場合によって対象者の行動を規制し，自由を制限することにつながる可能性があることから，それが対象者の更生あるいは再犯防止のために，あるいは社会防衛のために必要かつ相当なことであるのかを，執行機関である保護観察所だけで判断するのではなく，独立した立場から法的な判断をするよう裁判所に求めることになる。裁判所による判断又は意見を求める必要がある場合としては，具体的には，①保護観察付執行猶予者について，特別遵守事項を定め，又は変更する場合（更生52条4項，5項），あるいは②保護観察付執行猶予者又は仮釈放者について，正当な理由がないのに，定められた住居に居住しない場合，あるいは遵守事項を遵守しなかったことを疑うに足りる十分な理由があり，かつ，正当な理由がないのに，保護観察所長等による出頭命令に応ぜず，又は応じないおそれがあるときに，裁判官に引致状の発布を求める場合（更生63条2項）等がある。

5 仮釈放審理における情報の共有

地方更生保護委員会の委員は，**仮釈放**を許すか否かに関する審理にあたり，必要があると認めるときは，裁判官の意見を求めることとされている（更生13条，及び同25条）。

（漆畑貴久）

⑦家族関係，⑧犯罪歴・非行歴，⑨特別遵守事項に関する裁判所の意見の見込み，⑩その他裁判所の意見及び参考事項等が記載内容とされている。

▷生活環境の調整
⇨Ⅳ-4「保護観察付執行猶予者の確定前の生活環境の調整」（家族への働きかけを含む）

▷特別遵守事項
⇨Ⅵ-6「遵守事項」

▷地方更生保護委員会（地方委員会）
⇨Ⅰ-3「更生保護の組織(2)：地方更生保護委員会」

▷仮釈放
⇨Ⅴ-3「刑務所からの仮釈放」

参考文献

栗原佑介「保護観察付執行猶予者に対する裁判所書記官の関与について：調査票等の現状と今後の有り方についての一考察」『更生保護学研究』3号，2013年，44-54頁。

岩田正美・大橋謙策・白澤政和監修・清水義悳=若穂井透編著『MINERVA社会福祉士養成テキストブック18　更生保護（第2版）』ミネルヴァ書房，2014年。

社会福祉士養成講座編集委員会編『新・社会福祉士養成講座20　更生保護制度（第3版）』中央法規出版，2014年。

松本勝編著『更生保護入門（第3版）』成文堂，2012年。

森長秀編『社会福祉士シリーズ20司法福祉　更生保護制度（第2版）』弘文堂，2013年。

渡辺信英『更生保護制度』南窓社，2011年。

XI　更生保護における関係機関・連携機関

5　矯正施設(1)：少年院・少年鑑別所

① 少年院の保護観察所との連携

　少年院の概要については，Ⅲ-5「少年院」のとおりである。在院者の改善更生及び円滑な社会復帰のためには，矯正教育を実施するだけでなく，出院後を見据え，適切な住居その他の宿泊場所を得ることや，必要な療養を受けられるよう医療機関を確保すること，修学又は就労を支援すること等，社会復帰に向けた支援等を行い，**社会内処遇**への移行を円滑に行うことができるよう必要な措置を講じる必要がある。

　こうした社会復帰支援は，保護観察所による在院者に対する生活環境の調整と重なる部分もあり，少年院では，社会復帰支援を行うに当たっては，保護観察所と連携を図るよう努めなければならないとされている。

　保護観察所と連携を図るべき在院者としては，保護観察の対象となる者ばかりではなく，少年院を退院する者で，親族等の援助を受けることができない者など**更生緊急保護**の対象となる者も含まれる。

　連携の具体的な内容としては，情報の交換，在院者の社会復帰のための包括的な計画の立案等があり，少年院では保護観察所との相互の役割を理解した上で，適切に連携を図る必要がある。

② 民間の協力・援助，関係機関との連携

　少年院では，篤志面接委員，教誨師，**更生保護女性会員**，BBS会員等，様々な人が民間ボランティアとして在院者の社会復帰支援活動を行っている。

　篤志面接委員は，在院者に対し，精神的な悩みについての相談・助言，教養指導を行っており，教誨師は，在院者の希望に応じて宗教教誨を行っている。更生保護女性会，BBS会員等は，定期的に少年院を訪問し，在院者と一緒に，誕生会，観桜会，成人式等の施設行事に参加したり，ゲームやスポーツをしたりする等，様々な形で少年院の処遇を支援している。

　関係機関との連携についても，厚生労働省と連携し，刑務所出所者等総合的就労支援対策を実施しているが，少年院でも，その一環として，在院者に対する**公共職業安定所**の職員による職業相談等を実施している。

　また，厚生労働省と連携し，障害を有し，かつ，適当な帰住先のない在院者に対して，出院後速やかに福祉サービスを受けることができるようにするため

▶社会内処遇
⇨ Ⅰ-1「更生保護とは何か」，コラム2「施設内処遇と社会内処遇」

▶更生緊急保護
⇨ Ⅷ-1「更生緊急保護の目的・対象・期間」

▶更生保護女性会員
⇨ Ⅹ-1「更生保護女性会」

▶BBS会員
⇨ Ⅹ-2「BBS会」

▶公共職業安定所
⇨ Ⅺ-8「就労支援機関：ハローワーク」

150

の**特別調整**を実施している。

3 少年鑑別所の関係機関等への協力

少年鑑別所に収容された少年に対する鑑別及び観護処遇については，Ⅲ-4「少年鑑別所」のとおりである。少年鑑別所は，家庭裁判所から観護措置によって送致されてきた少年の鑑別を行うのみならず，少年院，刑事施設，保護観察所，児童福祉機関等の関係機関からの依頼に応じて，効果的な処遇に資するよう，心身の鑑別や処遇方針の策定を行っている。

また，非行問題の専門機関として，地域社会の非行予防や健全育成のための支援にも積極的に取り組んでいる（少年鑑別所法131条）。支援内容は，子どもの能力・性格の調査，問題行動の分析や指導方法の提案，子どもや保護者に対する心理相談，事例検討会の研修・講演，法教育授業等である。

4 保護関係機関・団体との連携

矯正と保護との連携は積極的に推進され，強化されている。まず，家庭裁判所での審判に資するために行われる心身の鑑別に当たり，保護観察中の再非行で入所した少年については，保護観察所から「保護観察状況等報告書」をもって，情報提供がなされるので，これを活用できる仕組みとなっている。

次に，保護観察の指導には鑑別の結果を活用できる仕組みとなっており，審判の結果，保護観察処分を受けた少年の鑑別結果通知書は，関係書類とともに「少年簿」として保護観察所に引き継がれる。『平成26年版　犯罪白書』によれば，少年鑑別所退所者のうち，審判の結果，37.6％が保護観察決定となっている。また，少年院送致決定を受けた少年の場合には，「少年簿」は少年鑑別所から少年院に引き継がれ，少年院仮退院後には，少年院から保護観察所に引き継がれ，指導に活用される。

さらに，❶で触れたように少年鑑別所は，関係機関等からの依頼に応じた鑑別も行っているところであり，保護観察所の依頼により，**交通短期保護観察**者を始めとした保護観察対象者に対して鑑別を行う事例は多い。そのほか，更生保護施設や**更生保護サポートセンター**に少年鑑別所職員が出向いて鑑別を実施するなど柔軟な方法による鑑別が進められている。

職員の専門性向上という観点からも，少年鑑別所と保護観察所が相互に職員研修を行ったり，保護司や更生保護女性会員の研修に少年鑑別所が協力したりするなど，連携の内容や形態は多岐にわたっている。

（森田裕一郎）

▷特別調整
⇨ Ⅸ-2 「地域生活定着支援センター・特別調整」

▷交通短期保護観察
交通事犯の少年を保護観察に付する際，非行の進度がそれほど深くないなど，短期間の保護観察により改善更生を期待できる者についてなされるもの。

▷更生保護サポートセンター
⇨ コラム9 「更生保護サポートセンター」

XI 更生保護における関係機関・連携機関

 矯正施設(2)：刑事施設

 刑事施設とは

　刑事施設には，刑務所，少年刑務所及び拘置所がある。刑務所及び少年刑務所は，主として受刑者を収容する施設であり，拘置所は主として未決拘禁者を収容する施設である。2015（平成27）年4月1日現在の刑事施設数は，刑務所62庁，少年刑務所7庁，拘置所8庁の合計77庁（その他支所111庁）である。ここでは刑事施設のうちで大半を占める刑務所を中心に説明する。

2 刑務所における受刑者処遇の概要

　受刑者の処遇は，受刑者の人権を尊重しつつ，その者の資質及び環境に応じ，その自覚に訴え，改善更生の意欲の喚起及び社会生活に適応する能力の育成を図ることを目的として行うこととされており，その中核となるのは，矯正処遇として行う作業，改善指導及び教科指導である。矯正処遇は，個々の受刑者の資質及び環境に応じて適切な内容と方法で実施する必要があることから，各刑事施設においては，医学，心理学，教育学，社会学その他の専門的知識及び技術を活用し，受刑者の資質及び環境の調査を行っている。

　受刑者には，処遇調査結果に基づき，矯正指導の目標とその基本的な内容・方法を処遇要領として定められ，矯正処遇は処遇要領に沿って計画的に実施される。また，矯正指導の進展に応じて，定期的・臨時に処遇調査を行い，その結果に基づき，必要に応じ処遇要領を見直すこととなる。

　受刑者の自発性や自立性をかん養するため，受刑者処遇の目的を達成する見込みが高まるに従い，順次，規律・秩序維持のための制限を緩和し，その制限が緩和された順に第1種から第4種までの区分に指定し，定期・随時にその指定を変更している。

　また，受刑者に改善更生の意欲をもたせるため，6か月ごとに受刑態度を評価し，良好な順に第1類から第5類までの優遇区分に区分し，良好な区分に指定された受刑者には，手紙の発受や面会の回数を増加したり，自費購入で使用できる日用品等の範囲を広げるなどの優遇した処遇を行っている。

3 作　業

　懲役受刑者には，法律上，作業が義務づけられている。受刑者は，作業とし

▷1　各区分の制限の内容としては，第4種では原則として居室棟内で矯正処遇等を行うこと，第3種では主として刑事施設内の工場等で矯正処遇等を行うこと，第2種では刑事施設外での矯正処遇等が可能となること，第1種では居室に施錠をしないことなどである。

て，木工，印刷，洋裁，金属等の生産作業，公園等の除草作業等の社会貢献作業，刑事施設の運営に必要な食事の提供，洗濯，清掃等の自営作業に従事する。

また，刑事施設では，受刑者に職業に関する資格等を取得させ，職業上有用な知識・技能を習得させるために職業訓練を実施しており，クリーニング科，溶接科，自動車整備科，情報処理技術科，ホームヘルパー科等の雇用情勢に応じた様々な訓練科目を実施している。

4 矯正指導

刑執行開始時及び釈放前の指導並びに改善指導，教科指導を矯正指導という。

刑執行開始時の指導は，入所直後，原則として2週間の期間で，受刑等の意義や心構え，処遇制度，作業上の留意事項，改善指導等の趣旨・概要等の矯正処遇を実施する上で前提となる事項，刑事施設における生活上の心得，起居動作の方法等について指導を実施している。

改善指導は，犯罪の責任を自覚させ，健康な心身を培わせ，社会生活に適応するために必要な知識及び生活態度を習得させるために行うものであり，一般改善指導と特別改善がある。一般改善指導は，被害者やその遺族等の感情を理解させ，罪の意識を培わせること，規則正しい生活習慣や健全な考え方を付与し，心身の健康の増進を図ること，生活設計や社会復帰への心構えをもたせ，社会復帰に必要なスキルを身につけさせることなどを目的に行うものである。特別改善指導は，改善更生及び円滑な社会復帰に支障があると認められる受刑者に対し，その事情の改善に資するよう，特に配慮して行うものである。

釈放前の指導は，釈放前に，原則として2週間の期間で，社会復帰の心構え，社会生活への適応，社会における各種手続に関する知識など，釈放後の社会生活において直ちに必要となる知識の付与や指導を行っている。

5 就労支援，福祉的支援など出所後の支援策

受刑者の出所後の就労の確保に向けて，刑事施設では就労支援スタッフを確保するとともに，厚生労働省と連携して，**公共職業安定所**の職員による職業相談，職業紹介，職業講話等を実施している。

また，厚生労働省と連携して，高齢又は障害を有し，適当な帰住先がない受刑者について，釈放後速やかに，適切な介護，医療等の福祉サービスをうけることができるようにするため特別調整を実施している。この取組みの中心となるのは**地域生活定着支援センター**であり，司法と福祉の連携による支援を実施している。刑事施設では，社会福祉士や精神保健福祉士が配置され，福祉による支援が必要な者の選定，その者のニーズの把握，円滑な社会復帰に向けた帰住調整等を実施している。

（森田裕一郎）

▷2 現在，薬物依存離脱指導，暴力団離脱指導，性犯罪再犯防止指導，被害者の視点を取り入れた教育，交通安全指導及び就労支援指導の6類型の特別改善指導を実施している。

▷公共職業安定所
⇨ XI-8「就労支援機関：ハローワーク」

▷地域生活定着支援センター
⇨ IX-2「地域生活定着支援センター・特別調整」

XI 更生保護における関係機関・連携機関

 福祉機関：福祉事務所・児童相談所など

1 保護観察実務における近年の福祉機関との連携

従来保護観察においては，その対象者に就労又は就学を柱とした規則正しい生活を営ませることによって，地域社会において健全な社会人として再び自立した生活が送れるようにすることを目指して指導及び支援を行ってきたが，近年，わが国における少子高齢化の進行，家族生活や近隣付き合いのあり方の変化，価値観の多様化等の種々の要因により，就労・就学の促進以前に，福祉的支援を必要とする対象者が増加してきている。また，最近では，刑務所が適切な福祉的支援を受ける機会がなかった高齢者や障害者の最後の受け皿になっているとの衝撃的な事実も一般に知られるようになってきた。

このようなことから，高齢者，障害者，ホームレス，被虐待経験をもつ少年，依存症者など福祉的支援を要する対象者について，以前にも増して次のような福祉機関と積極的に連携して処遇を実施するようになってきている。

2 福祉事務所

福祉事務所は，社会福祉法14条で定められた，地方公共団体の設置する「福祉に関する事務所」に当たる。都道府県及び市（特別区を含む）は義務設置，町村は任意設置とされており（社福14条1項，同条3項），**福祉六法**に定める援護，育成又は更生の措置に関する事務を掌る第一線の社会福祉行政機関である。

福祉事務所の組織は，その長（いわゆる所長）並びに指導監督を行う所員，**現業**を行う所員及び事務を行う所員から成っており（社福15条1項），指導監督を行う所員及び現業を行う所員には社会福祉主事（社福18条）を充てている。社会福祉主事はその任用資格等に定めがあり（社福19条），20歳以上の者であって，人格が高潔で，思慮が円熟し，社会福祉の増進に熱意があることに加え，大学や専門学校等において所定の社会福祉関連科目を履修し卒業したこと，**社会福祉士**であること等のいくつかの要件のいずれかに該当していなければならない。実務職員のうち，指導監督を行う所員の職務は，所長の指揮監督を受けて現業事務の指導監督を掌ることである。現業を行う所員はケースワーカーと呼ばれており，その職務は，所長の指揮監督を受けて，援護，育成又は更生の措置を要する者等の家庭を訪問する等してこれらの者に面接し，本人の資産，環境等を調査し，保護その他の措置の必要性の有無及びその種類を判断し，本

▷1 2003（平成15）年に出版された『獄窓記』（山本譲司著，新潮社刊）などに描かれている。

▷福祉六法
生活保護法，児童福祉法，母子及び父子並びに寡婦福祉法，老人福祉法，身体障害者福祉法，知的障害者福祉法をいう。

▷2 都道府県及び市設置福祉事務所の社会福祉主事と町村設置福祉事務所の社会福祉主事の所管事務の違い：1993（平成5）年に老人及び身体障害者福祉について，2003（平成15）年に知的障害者福祉について，それぞれ施設入所措置事務等が都道府県から町村へ移譲されたため，都道府県福祉事務所では従来の福祉六法から福祉三法（生活保護法，児童福祉法，母子及び父子並びに寡婦福祉法）を所管することとなった。なお，保護観察実務において最も連携の事例が多いものは，生活保護関係である。

▷現業
関係法令に基づく援護又は育成の措置に関する事務のこと。ソーシャルワーク実務と考えてよい。

▷社会福祉士
社会福祉士試験（国家試験）に合格した後，所定の登録を行った者であり，社会福祉に関する専門的知識・技術をもってクライエントに対し必要な助言，指

人に対し生活指導を行う等の事務を掌ることである。

③ 児童相談所

児童相談所は，児童福祉法12条で定められた，都道府県が設置すべき行政機関で，**指定都市**及び**児童相談所設置市**にも設置される。児童相談所は，市町村との適切な役割分担・連携を図りつつ，**児童**に関する家庭その他からの相談に応じ，児童が有する問題又は児童の真のニーズ，児童の置かれた環境の状況等を的確にとらえ，個々の児童や家庭に最も効果的な援助を行い，もって児童の福祉を図るとともに，その権利を擁護することを主たる目的として設置されるものである。具体的には，児童に関する様々な問題について家庭や学校などからの相談を受けること，児童及びその家庭について必要な調査並びに医学的，心理学的，教育学的，社会学的及び精神保健上の判定を行うこと，児童及びその保護者に対し必要な指導を行うこと，児童の**一時保護**を行うことをその業務としている。

児童相談所の組織は，事務吏員又は技術吏員である所長及び所員から成っている。所長には医師であること又は経験を積んだ児童福祉司であること等，また，判定を掌る所員には所長と同等又はこれに準じる資格を有する者がそれぞれ1人以上含まれていること，相談及び調査を掌る所員には児童福祉司の資格を有することという資格要件が設けられている（児福12条の3）。判定を掌る所員は従前は心理判定員と呼ばれていたが，厚生労働省の児童相談所運営指針の改正に伴い2005（平成17）年から児童心理司と称されるようになった。児童福祉司にもその任用資格に定めがあり（児福13条），所定の養成施設又は講習会を修了したこと，大学において心理学，教育学もしくは社会学を履修し卒業したこと，医師であること等のいくつかの要件のいずれかに該当していなければならない。

④ その他の機関

最近の保護観察対象者には，薬物，性，ギャンブル等に対する特殊・過激な嗜好をもち依存傾向を示す者も増加してきており，医学的・心理学的支援が必要な事案もあることから，保健所（健康福祉センター，保健福祉センター等の名称のものも含む）との連携も積極的にとられるようになってきている。

また，2015（平成27）年4月から生活困窮者自立支援法が施行され，生活保護受給までには至らない生活困窮者のためのワンストップの相談窓口が地方公共団体に設置されたことから，保護観察所にとってはこの機関との連携も新たな課題となると予想される。

（鈴木美香子）

導，福祉サービス等を提供する資格を有する。「社会福祉士及び介護福祉士法」に定めがある。

▷**指定都市**
政令で指定する人口50万人以上の市。「政令指定都市」「政令市」「指定市」とも呼ばれる。地方自治法252条の19第1項にその定めがある。

▷**児童相談所設置市**
指定都市，横浜市，金沢市。児童福祉法59条の4第1項にその定めがある。

▷**児童**
0歳から18歳未満の者をいう（児童福祉法4条）。

▷3 児童相談所の相談の種類：①養護相談（父母の家出，死亡，離婚，入院などによる養育困難，被虐待児など），②保健相談（未熟児，虚弱児，小児喘息など），③心身障害相談（障害児，発達障害，重度の心身障害など），④非行相談（虚言，家出，浪費癖，性的な逸脱，触法行為など），⑤育成相談（性格や行動，不登校）の5つに大別される。

▷**一時保護**
必要に応じ児童を一時的に保護するため，児童相談所に設けられる一時保護所にその身柄を収容すること。

XI 更生保護における関係機関・連携機関

8 就労支援機関：ハローワーク

1 職業紹介について

　ハローワークは，職業安定法（以下，職安）8条に規定されている公共職業安定所の愛称であるが，一般的には，愛称であるハローワークの方がより普遍的で，公共職業安定所の呼称として認知されている。

　ハローワークは，国が運営する無料の職業紹介所であるが，職業紹介の他にも職業指導，雇用保険等もその業務としている。職業紹介とは，求人及び求職の申込みを受け，求人者と求職者との間における雇用関係の成立をあっせんすることをいう（職安4条1項）が，求人又は求職の開拓や公共職業訓練のあっせんもハローワークの職業紹介の業務に含まれる。ハローワーク以外が行う職業紹介事業には有料職業紹介事業と**無料職業紹介事業**がある。法務省の機関である保護観察所や刑務所出所者等の就労支援を目的にしているNPO法人である**就労支援事業者機構**はいずれも厚生労働大臣の許可を受けていないので，厳密な意味での職業紹介を行うことはできない。**協力雇用主**についても，あくまで，求職している対象者に対して，その情報を提供できるにすぎない。

2 刑務所出所者等総合的就労支援対策

　刑務所出所者等の更生の鍵ともいえる就職の実現を図るためには，更生保護としては，ハローワークの関与を求めることになる。従前は，個別に，保護観察所からハローワークに対して職業紹介の協力依頼を行ったり，保護観察官や保護司が対象者をハローワークに同伴したりしていたが，2006（平成18）年度から，法務省（矯正施設，保護観察所等）及び厚生労働省（都道府県労働局，ハローワーク等）が連携して，刑務所出所者等に対し積極的かつきめ細かな就労支援を行う「刑務所出所者等総合的就労支援対策」が開始され，制度，システムが整えられた。その概要は**図XI-1**のとおりである。

　ハローワークに，同事業の支援対象者等の早期の就職を支援する就職支援ナビゲーター（就労支援分）が設置されたことが同事業の大きな推進力となった。刑務所出所者等が置かれている現状を理解した上で，職業紹介を行ってくれるナビゲーターの存在は更生保護にとって大変心強いものである。

　また，ハローワークで受けられる支援として，1）担当者制による一貫した支援，2）トライアル雇用や職場体験の紹介，3）セミナーや事業所見学会の

▶**無料職業紹介事業**
無料職業紹介事業については，学校等（職安33条の2），商工会議所等特別の法律により設立された法人（職安33条の3），地方公共団体（職安33条の4）は，厚生労働大臣に届け出ることにより行うことができるが，それ以外の者は厚生労働大臣の許可を受けなければならない（職安33条）。

▶**就労支援事業者機構**
⇨ X-4「就労支援事業者機構」

▶**協力雇用主**
⇨ X-3「協力雇用主」

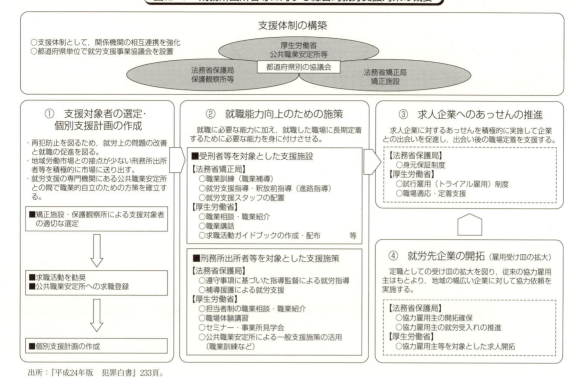

図XI-1 刑務所出所者等に対する総合的就労支援対策の概要

出所：『平成24年版　犯罪白書』233頁。

紹介が掲げられている。昨今の厳しい雇用状況の中で，いつでも大勢の求職者で混み合っているハローワークにおいて，希望する相談日を予約して，ナビゲーターである担当者から，仕事探しから就職まで，じゅうぶん時間をかけて，アドバイスが受けられるという1）の支援は大変貴重である。

3　就労支援メニュー等

上記のハローワークの支援とされているトライアル雇用，職場体験講習，セミナー・事業所見学会及びハローワークとは別に更生保護分野で実施している身元保証システムを一括して就労支援メニューと呼び，保護観察所とハローワークが密に連携し，それらメニューの活用を図りながら，刑務所出所者等の就労支援を推進している。

この他にも，刑務所出所者等の置かれている状況にマッチしやすいため，ハローワークが適用することが多いのが，2011（平成23）年10月から開始された，雇用保険を受給できない求職者が，職業訓練（求職者支援訓練又は公共職業訓練）によるスキルアップを通じて早期就職を目指すという求職者支援制度である。受講料無料（テキスト代などは自己負担）の職業訓練を受けながら，収入，資産など一定の要件を満たせば，訓練期間中，職業訓練受講給付金が支給される。就労による収入の代わりに給付金を貯蓄し，自立を目指すことになる。

（吉田千枝子）

XI 更生保護における関係機関・連携機関

9 日本司法支援センター・法テラス：弁護士の関わり

① 日本司法支援センター・法テラスと更生保護

　日本司法支援センター（以下「支援センター」という）とは，総合法律支援法に基づいて設置された準独立行政法人である。同法は，市民が，裁判等の紛争解決のための制度の利用をより容易にするとともに，弁護士等のサービスをより身近に受けられるようにするための総合的支援を実施することなどを目的として定められた。**法テラス**の呼称は，支援センターの通称（愛称）として用いられているものである。

　主な業務は，情報提供（市民からの電話での問い合わせへの回答など），民事法律扶助業務（資力の乏しい人に対し，民事や家事事件の弁護士費用を立替えるなど），犯罪被害者支援業務，国選弁護等関連業務などである。これら以外に，**日本弁護士連合会**（日弁連）からの受託業務も行っている。

　支援センターの業務の中で，更生保護に直接関係する業務は，現状においては存在しない。例えば，支援センターが関わる国選弁護人の主たる職務は，被疑者・被告人の権利擁護であって，更生保護にその目的があるわけではない。もっとも，支援センターが提供する業務サービスによって，対象者が弁護士の援助を受けることができて，そのことが間接的にその人の社会復帰に寄与することはある。例えば，仮釈放で出所してきた人が，支援センターの民事法律扶助を得て弁護士に依頼し，自らの借金の整理をすることができるということもある。こうした場合に，結果として，その人の社会での再出発に役立つこととなるのである。

② 弁護士の更生保護に向けた活動

　弁護士の使命は，「基本的人権を擁護し，社会正義を実現すること」と定められている（弁護士法1条1項）。弁護士は，当事者等の依頼によって，訴訟事件等，「一般の法律事務を行うことを職務とする」とも定められている（弁護士法3条1項）。弁護士は，あらゆる法律問題に関し，代理人として依頼者の利益を代弁する。その点からすれば，犯罪や非行を犯してしまった人の更生保護に関する活動についても，実際に行うかどうかは別にして，法律事務として行うことは可能である。

　弁護士は，従来から，犯罪や非行を犯したとして警察に逮捕された人の弁護

▷**法テラス**
日本司法支援センターの通称である。サポートダイヤルの電話番号は0570-078374（おなやみなし）で，全国統一で情報提供を行っている。各地に法テラス地方事務所が置かれており，過疎地における弁護士へのニーズにも対応している。

▷**日本弁護士連合会**
弁護士法に基づいて1949年に設立された法人である。職能団体であるが，ほぼ完全な自治が認められている。弁護士は必ず会員として登録しなければならないと定められている。約3万7000の会員で構成されている。

を重要な職務の一つとしてきた。それは、刑事弁護活動である。犯罪や非行を行ったとされる人々の刑事弁護人に選任されれば、弁護士は、捜査の初期段階から、裁判が終わるまで、職務として関わってきた。たとえ資力が乏しい人々であっても、国が任命する**国選弁護制度**があり、弁護士のサポートを受けることができる。しかも、国選弁護制度は、支援センターの設立、発展とともに拡大し、身体拘束される被疑者にまで国選弁護が利用できる時代になってきた。また、少年についても、国選付添人制度が実施されている。

　国選弁護活動ばかりではない。国選弁護制度は、裁判が終わった段階で、あるいはそれより前の釈放された段階で、終了してしまう。しかし、弁護士はそれが終わっても、報酬を得られるかどうかはともかく、それまでの依頼者のために法律事務を行うことができる。例えば、生活困窮の被疑者や被告人が釈放された後、自治体の窓口まで同道して、**生活保護の申請**を援助するなどの活動である。また、同じような境遇の人に対し、保護観察所まで同道して、**更生緊急保護**の申し出を援助することもできる。さらには、少年院や刑務所に収容された後においても、仮出院や仮釈放、あるいは満期釈放後の社会復帰に向けて、家族関係や借金などの法律問題の調整や処理を依頼されることもある。

　弁護士は、犯罪や非行の初期の段階から、社会復帰をするまで、対象者と長期間在野で関わることができる存在である。弁護士は法律に関するプロフェッショナルとして、どのような法律問題にも関わることができる。弁護士は刑事事件や少年事件に関係する専門職として、更生保護に関わる大きな可能性を有する存在である。

3　今後の課題

　①で述べた通り、現状は、弁護士の行う更生保護に関係する業務は、支援センターの対象業務になっていない。国選弁護制度がカバーするのは、おおむね、犯人として警察に身体を拘束された以降から、釈放される段階あるいは裁判が終わる段階までである。先に述べた弁護士が生活保護の申請や更生緊急保護の申し出を援助する活動は、それ以降の段階である上に、そもそも国選弁護報酬の対象外の活動なのである。

　つまり、更生保護に資するような弁護士の諸活動は、事件に関わった弁護士の自発的な、いわばボランティア活動として行われているものである。逆にいえば、国選弁護人として選任された弁護士に対して、このような活動は義務づけられていない。たまたま、運良く更生保護に熱意のある弁護士に当たればいいけれども、そうでなければ、生活保護や緊急更生保護に関する援助を受けることなく、そのまま放置されかねないのである。個々の弁護士のスキルアップはもちろん必要であるが、それを財政的に支えるために、支援センターの業務の中に将来的に取り込んでいく必要がある。

（福島　至）

▷**国選弁護制度**
日本国憲法37条の規定に基づき、貧困等の理由により弁護人を選任できない人には、国が弁護人を付さなければならない。これが国選弁護制度である。以前は起訴される前の被疑者には保障されていなかったが、現在では勾留段階から被疑者国選弁護制度が保障されるようになった。

▷**生活保護の申請**
生活保護申請援助については、申請者が、「人道的見地から弁護士による緊急の援助を必要とする高齢者等」に該当すれば、援助した弁護士に対し、支援センターから報酬が支払われる。ただし、これは日本弁護士連合会（日弁連）が支援センターに委託した事業であるので、その費用は公費ではなく、日弁連の負担（結局は全弁護士から徴収した会費）でまかなわれる。

▷**更生緊急保護**
⇨Ⅷ-1「更生緊急保護の目的・対象・期間」

コラム-15

更生保護における多機関連携

●多機関連携の意味と必要性

多機関連携とは，ある特定の目的を達成するために，複数の行政機関，団体，個人などが緊密な協力体制を構築し，その目的の実現を図ることである。この分野で先行し，実績も多い欧米では，「多機関連携アプローチ（multidisciplinary approach, multi-agency approach）」と呼ばれ，近年，日本でもその考え方が導入されつつある。

その利点は，一つの機関等では対応できない，①広範で，かつ，②長期間にわたって対応を要する課題に対して，多機関・多職種連携によって包括的・統合的・継続的に対応できることにある。他方，多機関連携は，連携の目的やその達成方法について，関係機関等の間において，①統一的な方向性及び②連携を効果的に実施する上での情報が，それぞれ共有されていることが，効果的な運用を行う上で極めて重要である。

更生保護における多機関連携では，①刑事司法的観点からみた関係機関等の役割・責任分担基準の明確化及び制度化，②危機管理体制の充実強化，③多機関連携を動かす「核（core）」となる仕組みの創設，④連携に必要な予算の確保等が必要となる。

●更生保護における多機関連携：刑事司法的な目的達成のための多機関連携

更生保護における多機関連携は，刑事司法的な目的，すなわち，犯罪者の再犯防止及び犯罪者の社会復帰（更生）の促進を目的とする。犯罪者の生活の質（QOL）の向上は，それが処遇を通じた「動的再犯危険因子」の改善につながる限度において必要とされるのであって，対象者の一般的な福祉・福利の向上を目指すものではない。この点は，刑事司法分野と一般的な福祉・教育・医療等分野における多機関連携との基本的な差異である。↗

犯罪現象は多面的・複合的であり，人が犯罪・非行をする理由は，各人の精神的・身体的な状況から，その成育歴，家庭，学校，職場，交友関係等の環境的要因まで幅広い。各人が抱える動的再犯危険因子は，住居・就労の不安定，犯罪親和的な者との交友，薬物等依存，不健全な余暇活動など多岐にわたる。それぞれの因子は，①構造が，多面的・重層的（処遇の幅が必要）で，かつ②改善に要する労力と時間が異なっている（時間軸に沿った対応が必要）。刑事司法機関は，法律や裁判で決められた期間内のみ関与が可能で，人的・物的体制面からもすべての因子への単独での対応は不可能である。そのため，再犯防止という統一的な方針の下，「継続的処遇（through care）」の理念に基づいた多機関連携が不可欠となる。

◯日本の更生保護における多機関連携の例

　項目のみを掲げる。①刑事手続の対象となった者に対する生活等支援（累犯者化の予防）(a)起訴前の者に対する生活等支援（入口支援 ⇨ IX-3 ），(b)矯正施設からの釈放者に対する生活等支援（出口支援 ⇨ IV-1 〜 IV-3 ，第Ⅷ章， コラム-8 ），②高齢又は障害のある犯罪者に対する特別な生活環境の調整（⇨ IX-2 ），③就労支援−刑務所出所者等総合的就労支援対策（法務省と厚生労働省 ⇨ VI-1 ， コラム-5 ， XI-8 ），④教育支援（法務省と文部科学省），⑤薬物依存・乱用者処遇（法務省，厚生労働省，地域の精神保健医療機関・団体，依存症からの回復を目指す治療共同体など ⇨ VI-10 ， VI-2 ），⑥多様な処遇・支援分野における更生保護女性会（⇨ X-1 ）・BBS会（⇨ X-2 ）・協力雇用主（⇨ X-3 ），福祉・教育・司法支援分野等の機関・法人（⇨ III-6 ， III-7 ， XI-7 ， XI-9 ）やソーシャルファーム（ コラム-14 ）等との連携，⑦医療観察分野における連携（⇨ XV-3 ， XV-4 ）。

（染田　惠）

XII 恩赦

 ## 恩赦の目的・種類

▶仮釈放
⇨第Ⅴ章「仮釈放・少年院からの仮退院等」

▶保護観察
⇨Ⅵ-2「保護観察の流れ」

1 恩赦とは

　無期懲役刑となった者が**仮釈放**された場合，刑の執行の場所は，刑務所内から社会内へと移る。仮釈放中は**保護観察**を受けるので，文字通り刑の終期がない無期懲役刑の仮釈放者には，生涯，保護観察が続けられる。

　このような者に対して，恩赦の一つである「刑の執行の免除」がなされると，裁判の判決は「無期」であったにもかかわらず，恩赦となった時点で残りの刑の執行がすべて免除され，一生続くはずの保護観察がそこで終了することとなる。

　このように，恩赦は，行政権によって，司法権の行った裁判の内容を変更したり，裁判の効力を変更もしくは消滅させたりする行為である。そのため，恩赦には，それ相当の合理的な理由や明白な必要性が要求され，その運用は慎重になされている。

2 恩赦の機能

　恩赦は，明治憲法下では天皇の大権事項とされ，主として国家又は皇室の慶弔禍福に際し，天皇の御仁慈による恩恵的行為として行われてきた。現行憲法下では，内閣の責任の下に行政権の作用として実施されている。

　恩赦の機能としていくつか挙げられるもののうち，現在最も働く余地が大きいといえるものは，有罪の言渡しを受けた者の事後の行状等に基づき，刑事政策的観点から行われる恩赦である。恩赦は，更生保護においては，保護観察の総仕上げともいわれる。自らの犯した罪を振り返り，悔い改めようとする態度が顕著で，行状が良好であり，再犯のおそれがないなどの事情が認められる者について，被害者及び社会の感情に留意しつつ恩赦が行われ，その者の改善更生をより一層進めることなどの意味をもっている。

3 恩赦の種類

　恩赦には，大赦，特赦，減刑，刑の執行の免除及び復権がある（図XII-1）。これらを，行う方法からみると，政令によって一律に行われる政令恩赦と，特定の者に対して行われる個別恩赦とに大別される。さらに，個別恩赦は，常時恩赦と特別基準恩赦とに分けられる。ここでは，常時恩赦として行われている

個別恩赦のうち，更生保護と関係の深い，刑の執行の免除と復権について述べる。

○**刑の執行の免除**

刑の執行の免除は，言渡しのあった刑自体は変更せず，単に，その刑の未執行部分をすべて免除するものである。

冒頭で，無期懲役刑を受けた者に対する刑の執行の免除を例として挙げた。

無期懲役刑を受けて仮釈放となった者の中には，本件に対する深い反省から，長年にわたり被害者遺族に対する慰謝を尽くしつつ，地道に就労し，安定した生活を続ける者や，仮釈放から相当の年月を経過し，高齢で，いわゆる寝たきりになる者も少なくない。このような者に対して，より一層の更生を後押しするため，保護観察を終えることの適否等にも鑑み，年間数人の無期懲役刑仮釈放者に対する刑の執行の免除が行われている。

○**復　権**

復権は，有罪の言渡しを受けたため，法令の定めるところにより，資格を喪失・停止された者に対して行われ，その資格を回復させるものである。

例えば，禁錮刑が確定し，その執行を終了した者が建築士免許を取得しようとした場合，刑の執行終了から5年の経過を待たなければならない。これは，建築士法により，禁錮以上の刑に処せられ，その刑の執行を終えてから5年を経過しない者には，建築士免許を与えないと規定されているためである。しかし，刑の執行の終了後5年が経つ前に復権が与えられれば，復権となった時点でその資格の制限が取り払われ，建築士免許の取得が可能となる。

罪を犯し，受刑を経て仮釈放となった後，その刑の執行を終了した者の中には，各種資格を取得するなどしてより一層の改善更生を目指し，社会に貢献しようとする意欲ある者がいる。復権は，そのような者を後押しする役割を担い，現在最も多く実施されている恩赦である。

（宮澤由紀）

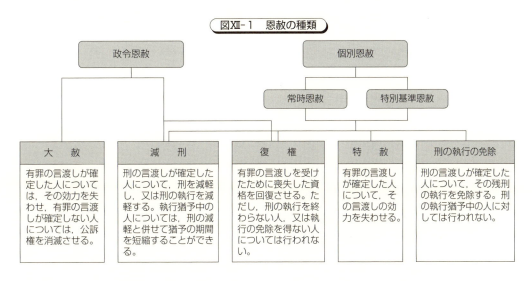

図XII-1　恩赦の種類

XII 恩赦

恩赦の手続き

▷中央更生保護審査会
⇨ I-1 「更生保護とは何か」

1 手続きの概要

　恩赦は，前述のとおり政令恩赦と個別恩赦との2つの形式で行われるが，ここでは個別恩赦について述べる（図XII-2参照）。

　恩赦は，刑事施設の長，保護観察所の長又は検察庁の検察官（以下，上申権者という）が，**中央更生保護審査会**に上申する。上申は職権により行うことができるが，自ら恩赦を望む者は該当する上申権者に対して出願をすることができ，出願を受けた上申権者は，必ず上申しなければならないこととされている。上申を受けた中央更生保護審査会は，対象となる者の性格，行状，違法な行為をするおそれの有無，社会の感情その他の事項について調査した上，恩赦の申出を行うか否かについて委員長及び委員4名の合議体で審査を行う。審査の結果，同審査会が法務大臣に申出を行った者につき，内閣が恩赦を決定し，天皇がこれを認証する。恩赦となった者に対しては，法務大臣から恩赦状が下付される。

　以下，主に保護観察所の長からの上申について，詳細を述べる。

2 保護観察所の長による恩赦の上申

　保護観察所の長が上申するのは，現に保護観察に付されている者又は保護観察に付されたことのある者に対する恩赦である。前者は専ら無期懲役刑の仮釈放中の者，後者は専ら有期懲役刑で仮釈放となった後，刑の執行を終了した者である。特に，無期懲役刑の仮釈放中の者について本人の更生意欲を喚起することの重要性などを踏まえ，現在の恩赦の上申は，職権でなく，できる限り本人の出願を受けて行うこととしている。

3 上申のための調査

　恩赦の上申に当たっては，刑に処せられた事件の内容やその動機，事件から今日に至るまでの生活状況，それまでに行われた慰謝慰霊の内容，被害者又は被害者遺族の感情などに関して，各種記録の精査，本人や関係者からの聴取を中心に，詳細な調査が行われる。

　中央更生保護審査会による審査は，基本的に書面審査であり，保護観察所の長が恩赦上申書類に記載した内容が，恩赦相当・不相当の判断を大きく左右す

XII-2 恩赦の手続き

るため，これが十分なものとなっている必要があるからである。

❹ 恩赦の決定，認証から恩赦状の交付まで

法務大臣は，中央更生保護審査会からの申出があったときは，内閣総理大臣に対して閣議を求め，内閣は閣議によって恩赦を決定し，天皇の認証を受ける。

認証を受けると，内閣総理大臣から法務大臣にその旨の指令が発せられ，法務大臣名の恩赦状が作成される。

恩赦状は，有罪の言渡しをした裁判所に対応する検察庁の検察官に送付された後，上申した保護観察所に送付される。こうして，上申した保護観察所の長から，本人に対し，恩赦状が交付される。恩赦状の交付式は，その者の保護観察に関わった**保護観察官**や**保護司**にとって，保護観察の成果を実感できる場の一つであるとともに，事件を起こして刑に処せられ，受刑，仮釈放を経て懸命に生きてきた本人にとっては，被害者に対する慰謝の気持ちを強くし，周囲の人々に感謝し，より一層の更生を誓う場の一つとなっていると思われる。

▷保護観察官
⇨ VII-1「保護観察官」

▷保護司
⇨ VII-2「保護司」

なお，無期懲役刑の仮釈放中の者に対する恩赦が不相当となれば，当然，その後も保護観察が継続されることになる。恩赦が不相当となることは，ときに，本人に大きなダメージをもたらすこともある。このようなことから，恩赦不相当となった場合には，事案に応じ，保護観察官が面接するなど，本人の改善更生の意欲を喚起することとされている。　　　　　　　（宮澤由紀）

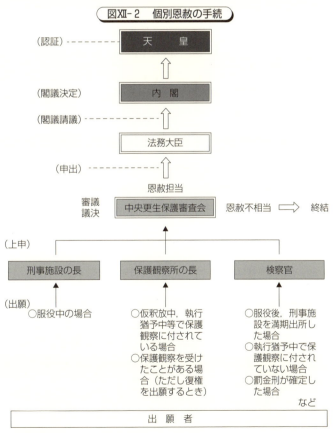

出所：筆者作成。

165

XIII 更生保護における犯罪被害者等への施策

 # 犯罪被害者等基本法

1 犯罪被害者支援の変遷

▷三菱重工ビル爆破事件
1974（昭和49）年8月30日に東京都千代田区丸の内で発生した無差別爆弾テロ事件。通行人を含む死者8人、負傷者376人と大きな被害が発生した。

▷犯罪被害者の実態調査
身体犯被害者、被害者遺族、財産犯被害者を対象に全国的な実態調査が行われた。その結果、被害者は、直接的な被害だけではなく、精神的ショックや身体の不調、経済的困窮、捜査や裁判の過程における負担、周囲の人々の無責任なうわさ話やマスコミの取材、報道によるストレスなどいわゆる二次的被害に苦しめられている状況が明らかになった。また、捜査や裁判の状況をほとんど知らされなかったことに不満を抱いていることや、加害者側からの謝罪や弁償がほとんど得られていないなどの問題も明らかとなった。

▷全国被害者支援ネットワーク
犯罪被害者等に対する支援活動を行う団体等がネットワークを結び、フォーラムの開催やニュースレターを通じた情報交換、研修会の開催、広報活動等の事業を行っている。また、支援員の養成、自助グループに対する支援などを行うところ

　犯罪被害者に対する保護や支援は、犯罪被害に伴う経済的負担や精神的苦痛への支援、情報の提供、さらに刑事手続への関与の拡充へと変遷してきた。

　まず、経済的支援として、犯罪被害給付制度がある。これは、殺人や傷害など故意の犯罪行為により不慮の死を遂げた被害者の遺族や身体に重い障害が残った被害者に対し、国が給付金を支給するものであり、**三菱重工ビル爆破事件**などを契機として1980（昭和55）年に制定された犯罪被害者等給付金支給法に基づく制度である。その後、給付金の支給対象が重傷病にも拡大されたり、給付基準額が引き上げられたりするなどの改正が重ねられている。

　犯罪被害給付制度発足後10年が経過した1991（平成3）年、「犯罪被害給付制度発足10周年記念シンポジウム」が開催された。その際、特に精神的援助の必要性が指摘されたことを契機として被害者支援の動きは大きく展開した。

　1992（平成4）年から94（平成6）年にかけて**犯罪被害者の実態調査**が行われ、この結果を受けて刑事司法機関における対応が進んだ。警察庁は、1996（平成8）年に被害者対策に関する基本方針を取りまとめた「被害者対策要綱」を制定し、組織をあげて被害者対策に取り組むこととなった。主な内容として、被害者への情報提供、相談窓口の設置、二次的被害の防止などが挙げられる。検察においても、事件被害者に対し、起訴や不起訴などの処分結果を知らせる通知制度を1999（平成11）年4月から実施した。

　一方、民間の支援団体の動きとしては、1993（平成5）年に「犯罪被害者相談室」が東京に開設され、以後、水戸、大阪などで被害者支援組織が設立された。1998（平成10）年5月には、8組織が連携して「**全国被害者支援ネットワーク**」が設立されている。こうした支援組織の多くは、電話による被害者への情報の提供、諸機関の紹介、専門家による面接、法廷付き添いサービス等を行っている。

　被害者に関する法整備も徐々に進んだ。2000（平成12）年5月、いわゆる犯罪被害者保護二法（刑事訴訟法及び検察審査会法の一部を改正する法律、犯罪被害者等の保護を図るための刑事手続に付随する措置に関する法律）が成立した。これらにより、遮へい措置・ビデオリンク方式や被害者による意見陳述の制度、被害者の公判手続の傍聴に対する配慮など刑事手続における被害者保護のための措置

が導入されることとなった。

さらに、ストーカー行為等の規制等に関する法律（2000〔平成12〕年5月）、児童虐待の防止等に関する法律（同年5月）、少年法の一部を改正する法律（同年11月）、犯罪被害者等給付金支給法の一部を改正する法律（2001〔平成13〕年4月）、配偶者からの暴力の防止及び被害者の保護に関する法律（同年4月）が成立し、この時期に被害者関連の法律が相次いで制定された。

こうして、犯罪被害者に対する支援が進展したものの、なお、経済的支援の不足、医療・福祉サービスの不足、刑事手続での扱いに対する不満、二次的被害の発生、支援体制の不十分さ、国民の理解の不足、といった問題が残された。

2 犯罪被害者等基本法の成立とその概要

こうした経過を経て、2004（平成16）年12月、犯罪被害者等基本法が成立した。同法は、犯罪被害者の権利がなお尊重されておらず、十分な支援を受けられずに社会において孤立しがちであることや、その後も副次的な被害に苦しめられることを認めた上で、犯罪被害者の視点に立った施策を講じ、その権利利益の保護が図られる社会の実現に向け、国や地方公共団体は民間の団体等と連携して犯罪被害者等のための施策を総合的かつ計画的に推進するために制定された（前文）。

さらに同法8条には、「政府は、犯罪被害者等のための施策に関する基本的な計画を定めなければならない」と規定され、それに基づき犯罪被害者等基本計画が制定された（2005〔平成17〕年）。

同基本計画は、「尊厳にふさわしい処遇を権利として保障すること」「個々の事情に応じて適切に行われること」「途切れることなく行われること」「国民の総意を形成しながら展開されること」という4つの基本方針と次の5つの重点課題を設定し、実施すべき250を超える具体的な施策を掲げた。

1. 損害回復・経済的支援等への取組み
2. 精神的・身体的被害の回復・防止への取組み
3. 刑事手続への関与拡充への取組み
4. 支援等のための体制整備への取組み
5. 国民の理解の増進と配慮・協力の確保への取組み

こうした施策の推進により、犯罪被害給付制度の拡充、**被害者参加制度**の導入、**犯罪被害者週間**の設定など、一定の成果がみられた。特に「刑事手続への関与拡充への取組み」、「損害回復・経済的支援等への取組み」については、大幅な制度改正がなされ、大きな進展がみられた。

なお、2016（平成28）年4月には、2020年度末までを計画期間として「第3次犯罪被害者等基本計画」が策定され、実施されている。　　　　（辰野文理）

もある。同ネットワークの加盟組織はその後年々増加し、2015（平成27）年1月末現在、47都道府県48団体を数える。

▶被害者参加制度
殺人、傷害、自動車運転過失致死傷等の一定の刑事事件の被害者等が、裁判所の許可を得て、被害者参加人として刑事裁判に参加する制度。被害者参加人は、公判期日に出席することができ、情状証人や被告人に質問したり、事実又は法律の適用について意見を述べたりすることができる。

▶犯罪被害者週間
毎年、犯罪被害者等基本法の成立日である12月1日以前の1週間（11月25日から12月1日まで）が「犯罪被害者週間」と定められ、犯罪被害者等が置かれている状況や犯罪被害者等の名誉や生活の平穏への配慮の重要性等について、国民の理解を深めることを目的として集中的な啓発事業等が実施されている。

XIII　更生保護における犯罪被害者等への施策

 被害者支援制度

1　更生保護と犯罪被害者

　犯罪被害者等基本計画に基づき，2007（平成19）年12月，更生保護の分野において，犯罪被害者等施策が導入された。同施策は，意見等聴取制度，心情等伝達制度，被害者等通知制度，相談・支援の4つから構成される。

2　意見等聴取制度

　意見等聴取制度は，被害者等が，**地方更生保護委員会**に対し，加害者の仮釈放等（**仮釈放又は少年院からの仮退院**）に関する意見や被害に関する心情等を述べることができる制度である。更生保護法38条1項及び42条に基づくものであり，被害者等の申出により行われる。

　本制度を利用できる「被害者等」は，①被害者（本人），②①の法定代理人，③①が死亡した場合又は心身に重大な故障がある場合のその配偶者・直系の親族・兄弟姉妹，である。

　意見や心情を述べる方法には，地方更生保護委員会において口頭で述べる方法や，意見などを記入した書面を地方更生保護委員会に送付する方法がある。本制度を利用できる期間は，加害者の仮釈放等審理が行われている期間中である。被害者等は，後述する被害者等通知制度を利用することにより，仮釈放等審理が開始された旨の通知を受け，本制度が利用できることを知ることになる。

　この制度は，仮釈放等の審理において意見等を述べたいという被害者等の希望に配慮するとともに，仮釈放等審理を一層適正なものとするという観点から導入された。聴取した意見等は，地方更生保護委員会において仮釈放・仮退院の判断に当たって考慮されるほか，仮釈放・仮退院を許す場合の特別遵守事項の設定にも考慮されることとされている。

3　心情等伝達制度

　心情等伝達制度は，被害者等が，保護観察所を介して，保護観察中の加害者に対し，被害に関する心情等を伝達できる制度である（更生保護法65条）。

　加害者が保護観察となった場合，本制度の利用を希望して申出をした被害者等は，保護観察所に対し，被害に関する心情，被害者の置かれている状況，保護観察中の加害者の生活や行動に関する意見等を述べることができる。保護観

▷地方更生保護委員会
⇨ Ⅰ-3「更生保護の組織(2)」

▷仮釈放又は少年院からの仮退院
⇨第Ⅴ章「仮釈放・少年院からの仮退院等」

察所は保護観察中の加害者に対し，被害者等から聴取した心情等を伝達する。

本制度を利用できる「被害者等」は，前述の意見等聴取制度に同じである。

被害者等が心情等を述べる方法は，保護観察所において口頭で述べる方法を原則とし，例外的に，心情等を記入した書面を保護観察所に送付する方法がある。心情等を聴取するのは，加害者の保護観察を行っている保護観察所又は被害者が居住する地域の保護観察所とされる。加害者に対しては，加害者の保護観察を行っている保護観察官が，加害者と面接をして伝達することになる。制度を利用できる期間は，加害者の保護観察期間中である。

この制度は，被害に関する心情等を加害者に伝えたいという被害者等の希望に配慮するとともに，保護観察中の加害者には，被害者の心情等を具体的に認識させることにより，被害の実情等を直視させ，反省や悔悟の情を深めさせるという観点から導入されたものである。

4 被害者等通知制度

被害者等通知制度は，通知を希望する被害者等に対し，更生保護官署を含む各機関が加害者に関する情報を通知する制度である。

法務省における被害者等への通知制度は，1999（平成11）年に検察庁が事件の処分結果や刑事裁判の結果の通知を開始したことに始まり，徐々に通知内容が拡大された。

更生保護の関係では，地方更生保護委員会が仮釈放等審理の開始や結果に関する事項を通知し，保護観察所が保護観察の開始・保護観察中の処遇状況・保護観察の終了に関する事項を通知している（その後，通知内容の拡大等，**被害者等通知制度の拡充**が図られている）。

被害者等通知制度を利用できる「被害者等」の範囲は，加害者が刑事処分を受けた場合は，①被害者（本人），②①の親族またはこれに準ずる者，③①又は②の弁護士である代理人，であり，加害者が保護処分を受けた場合は，①被害者（本人），②①の法定代理人，③①が死亡した場合又は心身に重大な故障がある場合のその配偶者・直系の親族・兄弟姉妹，④①〜③から委託を受けた弁護士，である。

通常，被害者が一度通知希望を申し出ると，それ以降の事項について，順次通知が行われることから，被害者にとっては，意見等聴取制度や心情等伝達制度を利用しようとする際にその機会を把握するための情報となる。

5 相談・支援

犯罪被害者等からの相談に応じたり，支援に関する制度の説明を行うものである。相談や関係機関の紹介等については，原則として，保護観察所の被害者担当官または被害者担当保護司が対応することとされている。 （辰野文理）

▶**法務省における被害者等への通知制度**

この制度は，1999（平成11）年に検察庁が事件の処分結果や刑事裁判の結果の通知を開始したことに始まり，2001（平成13）年からは，検察庁，刑事施設，地方更生保護委員会が連携して，受刑者の釈放等について通知を行ってきた。これに加え，2007（平成19）年12月から，受刑中の処遇状況，少年院における教育状況，保護観察中の処遇状況，仮釈放等審理に関する事項等を被害者等に通知することとなった。さらに，2010（平成22）年10月には，再被害防止のために，加害者の釈放予定や帰住予定地に関する情報を事前に通報する制度が整備された。

▶**被害者等通知制度の拡充**

被害者等通知制度は，2014（平成26）年2月に関係通達等が一部改正され，通知内容の拡充が図られた。その主な内容は以下の通りである。保護観察の開始に関する事項として，①保護観察の終了予定年月日（従来は予定年月），②特別遵守事項及び生活行動指針の内容（従前より早めの時期〔保護観察開始時〕に通知する），③一般遵守事項の概要。保護観察中の処遇状況に関する事項として，①専門的処遇プログラムの実施状況，②保護観察官及び保護司との接触状況（面接が実施できない事情が生じた場合，事情が生じた旨やその年月を通知する）。

XIII 更生保護における犯罪被害者等への施策

 被害者担当官・被害者担当保護司

1 被害者担当官・被害者担当保護司の配置

更生保護における犯罪被害者等施策を実施するために，2007（平成19）年から，全国の保護観察所において，1名以上の被害者担当官が置かれ，男女各1名以上の被害者担当保護司が指名されることとなった。

被害者担当官は**保護観察官**の中から，被害者担当保護司は**保護司**の中から保護観察所の長が指名し，それぞれ数名が保護観察所の企画調整課に配属され，いわゆる協働態勢のもとで被害者関係の業務に従事している。

被害者担当官及び被害者担当保護司が担当するのは，①意見等聴取制度，②心情等伝達制度，③被害者等通知制度，④相談・支援の4つに関する業務である。

保護観察所においては，被害者対応部門と加害者の処遇部門とは分けられ，被害者専用の電話番号が設けられている。本制度発足時に被害者と加害者を同じ窓口で対応することについての懸念が示され，被害者等の心情により配慮した対応を取ろうとしたことがその理由である。

2 被害者担当官・被害者担当保護司に求められる役割

被害者担当官，被害者担当保護司に対しては，年1回の中央研修のほか，各保護観察所において部内研修が行われている。また，他機関との情報交換等を通じ，的確な対応ができるよう常に研鑽に努めることが求められている。

更生保護においては，これまで加害者の処遇を主な役割としてきた。その過程において，被害者のことを視野に入れ，例えば，特別遵守事項の中に、「被害弁償に誠意を尽くすこと」「被害者の冥福を祈ること」といった事項が設定されることがあった。しかし，いずれも加害者の改善更生を念頭に置いたものであり，組織として被害者等施策を実施することは初めて経験することになる。

中でも，加害者の処遇状況を被害者に通知することや被害者の心情等を加害者に伝えることは，これまで更生保護が行ってきた方法と同様のやり方で行うのではなく，被害者等の心情に十分配慮した取組み方が求められる。そうした業務の遂行に当たり，被害者担当官及び被害者担当保護司として特に留意している事柄として，次の点がある。

①ひたすら聴く

▷保護観察官
⇨ Ⅶ-1「保護観察官」

▷保護司
⇨ Ⅶ-2「保護司」

被害者に寄り添い，被害者の目線で感じ取るために，被害者が思っていることをしっかり聴いて，しっかり受け止める。被害者から「この人は信頼できる人，信頼に値する人」と思ってもらえるような関係づくりを心掛けなければならない。

②被害者と加害者との間の「架け橋」の機能を果たす

被害者の「思い」をずれることなく加害者に伝える。被害者・加害者の双方は思惑の違いが歴然としているが，被害者への支援を通じて加害者が心から慰謝の気持ちをもち，加害者自身に考えさせるような機能を果たすことが求められている。

③他の機関のノウハウを学び，これまで受けてきた支援にも目を向ける

犯罪被害者支援は民間において，多くの経験が積み重ねられている。そうした民間の被害者支援団体等の知識や経験を学ぶとともに，被害者が警察等の刑事司法機関で，更生保護が関わる以前に受けてきた支援を把握し，それらを踏まえた上での支援方法を考え，途切れない支援としていかなければならない。

3 犯罪被害者等施策における課題

更生保護において被害者から投げかけられる要望や相談は多岐にわたる。例えば「裁判の段階で示談が成立して出所後その支払いをすると約束しておきながら連絡がない。何とかしてほしい。」といった被害弁償にかかわる問題や，「性犯罪事件で加害少年が保護観察となり，被害者少女と同じ団地に引き続き居住することになり，再被害の恐れもあり，加害者にほかの場所に住んでほしい。」等の相談がもちかけられ，対応を求められることがある。更生保護の被害者等施策においてできることとできないことを正確に伝えることになるが，相談者に満足してもらえるだけの対応がしきれない場合もある。しかし，例えば，心情等伝達制度を利用した事案で，被害者・加害者双方の現状が相互に伝わり，慰謝慰霊の措置につながった事例も報告されている。

更生保護における被害者等施策の4つの制度は，いずれも被害者等からの申出や相談に基づいて実施されることから，被害者等が制度の存在を知っている必要がある。また，意見等聴取制度や心情等伝達制度を被害者等が利用しようとする際は，制度の内容に加え，その影響や結果についても理解していることが不安の解消につながる。**被害者等施策の広報**によって制度の周知を図っていくとともに，制度を利用する際の不安解消に努めることが制度の利用を促進することにつながると考えられる。

また，被害者等施策の制度が十分に活用されるためには，民間の被害者支援団体や警察等の更生保護以外の被害者に関わる機関や団体のもつ被害者支援の機能や役割を踏まえた上で，継続性のあるものとするとともに，相談しやすい体制や環境づくりをしていくことが重要となる。

（前川泰彦）

▶被害者等施策の広報
被害者等施策における4つの制度は，いずれも犯罪被害者等からの申出や相談等に基づき実施されている。このため，犯罪被害者等に対し周知を図る必要があり，各制度を紹介したリーフレット，ポスター等による広報のほか，検察庁の犯罪被害者等向けパンフレットへの掲載，家庭裁判所が行う審判結果等通知へのリーフレットの同封等により，各制度の存在の周知を図っている。

コラム-16

被害者支援センター

　従来，刑事政策学者は，矯正・更生保護のような犯罪者処遇の分野で被害者の支援を論じることは犯罪者の社会復帰を阻害する要因となるものであると考えるきらいがあった。一方，被害者学者は，修復的司法の理論が紹介され，加害者と被害者の対話の必要性が提唱されている現段階においても，「それは，被害者を利用して加害者の社会復帰を考えるものであり，到底是認できない」という考えが吐露されている。これは，被害者の立場からすれば当然のことである。イギリスの1970年代の全国規模での被害者支援活動の目的も，犯罪者の改善更生・社会復帰を円滑にするために，被害者の被害感情の緩和を図るものであったし，オランダの1975年の最初の被害者支援サービスもイギリスと同様，犯罪者の更生と深く関連する施策であったのである。

　しかしながら，現在では，こうした犯罪者の処遇と被害者の支援は矛盾し相対立するものであるという考え方は徐々に後退し，被害者の保護や支援を考えることなく，犯罪者の改善更生や再犯防止はあり得ず，そもそも更生保護の分野において，被害者援助の一手段として，被害者支援センターを位置づけることが重要であることは，異論のないところである。

　ところで，わが国の民間の被害者支援センターの起源は，1992（平成4）年，東京医科歯科大学に設置された「犯罪被害者相談室」であるが，これは英米と比べて20年ほどの遅れをとるものであり，英米では，早くから，犯罪被害者支援が社会福祉サービスの一環として定着し，ボランティア援助組織を中心に，全国的な支援ネットワークが構築されている。

　このわが国最初の犯罪被害者相談室は，暴力的な犯罪によって被害を受けた者及びその家族の精神的ショックを取り除き，困難を乗り越えて普通の生活ができるように回復させるための援助を行っていた。当初の相談

室のスタッフは，精神科医2名，相談員3名，心理カウンセラー2名，事務補助1名で，活動内容の主なものは電話相談と個人カウンセリングであり，その他，ニュースレターの発行，パンフレット，レターセットの発行，講演，被害者援助に関する研究等を行っていた。また，1994年（平成6）には，モデルケースとして，警視庁管内の2警察署と連携し，事件が発生すると，被害者や家族に同相談室の存在を伝えてもらうことになっていた。さらに，1995（平成7）年からは，警察庁の協力により，警視庁管内の警察署にレターセットを用意し，警察官から対象者に配布することも行っていたのである。

 2000（平成12）年4月，この犯罪被害者相談室は，発展的に改組・社団法人化され，「被害者支援都民センター」として，被害者等の支援に向けた活動を行っている。

 また，1995（平成7）年7月には，犯罪に遭い被害を受けた人を総合的に援助する，わが国で初めてのボランティア団体である「水戸被害者援助センター」（現在は，いばらき被害者支援センター）が水戸に誕生した。法学や心理学の専門家によるカウンセリングや情報提供を通して，あらゆる犯罪や事故の被害者の精神的・経済的な回復を手助けするのがその目的である。当センターでは，被害者から電話で相談を受け，カウンセリングを通して精神的ケアを図るほか，被害者の権利や訴訟手続などについて教え，センターが提携する病院や弁護士などの紹介も行っている。

 現在，これらの被害者支援センターは，相互に連携を強化し，被害者援助活動を充実させることを目的として，「全国被害者支援ネットワーク」を構築しており，わが国も被害者支援先進国の仲間入りをしたと評価できるであろう。

（藤本哲也）

XIV 犯罪予防活動・広報

 # 更生保護における犯罪予防活動

1 犯罪予防活動をめぐる状況

　犯罪予防活動とは，一般的に，犯罪が発生する原因を除去し，あるいは犯罪の抑止力となる諸条件を強化・助長することによって，犯罪の発生を未然に防止する活動とされる。

　ところで，なぜ犯罪は発生するのだろうか。この答えを単一的に求めることは難しく，心理面，社会面等における様々な要因，条件が複雑に関連し合っていると考えられる。そのため，犯罪を予防するには，家庭，地域社会や，教育，労働，福祉，保健等の各分野における取組みとも連携した総合的，組織的な対応も必要である。

　2003（平成15）年，**犯罪対策閣僚会議**が「**犯罪に強い社会の実現のための行動計画**」を策定し，犯罪対策は，政府一丸となって，国民，事業者，地方公共団体等の協力を得ながら取り組むべき課題であるとの認識を示した。同会議は，2012（平成24）年に「再犯防止に向けた総合対策」を，2014（平成26）年には「宣言：犯罪に戻らない・戻さない～立ち直りをみんなで支える明るい社会へ～」を取りまとめるなど，近時，再犯防止に向けた取組みの強化が求められている。

2 更生保護における犯罪予防活動の位置づけ

　更生保護法は，法の目的として，犯罪をした者及び非行のある少年の再犯・再非行を防止し，改善更生を助けることと並んで，「犯罪予防の活動の促進」を掲げ（更生保護法1条），保護観察所の所掌事務として，保護観察の実施と並び，「犯罪の予防を図るため，世論を啓発し，社会環境の改善に努め，及び地域住民の活動を促進すること。」を規定している（更生29条）。

　保護司法においても，**保護司**の使命として，犯罪をした者等の改善更生を助けるとともに，「犯罪の予防のため世論の啓発に努め」ることを掲げ（保護司法1条），保護司の職務として，保護司会の計画に定めるところに従い，犯罪の予防を図るための啓発及び宣伝の活動や，同活動を行う民間団体等への協力などに従事するものとしている（保護司8条の2）。

　このように，犯罪予防は，犯罪をした者や非行のある少年の改善更生を助けること（保護観察等）と並ぶ，更生保護の大きな柱の一つとされている。また，地域社会，地域住民が活動の主体となることを前提に，活動が効果的に展開さ

▷**犯罪対策閣僚会議**
⇨ XIV-3「更生保護の広報」

▷**犯罪に強い社会の実現のための行動計画**
当時の犯罪情勢を受け，犯罪の増勢に歯止めをかけること等を目標に策定された。①「平穏な暮らしを脅かす身近な犯罪の抑止」，②「社会全体で取り組む少年犯罪の抑止」を始めとする5つの重点課題のもと，①については，「地域連帯の再生と安全で安心なまちづくりの実現」「犯罪防止に有効な製品，制度等の普及促進」など，②については，「少年の非行防止につながる健やかな育成への取組」「少年を非行から守るための関係機関の連携強化」など，多様な観点から犯罪対策を推進するものとした。なお，2008（平成20）年に新行動計画が，2013（平成25）年には「『世界一安全な日本』創造戦略」が策定されている。

▷**保護司**
⇨ Ⅶ-2「保護司」

れるようこれを促進することに主眼が置かれている。

　もとより，保護観察が保護観察所の専権に属する事務である一方，犯罪予防に関する事務は，警察，地方公共団体なども行うものである。広く地域の機関・団体等がそれぞれの立場から活動に関わっており，近年は，地域住民による自主的な防犯活動（防犯パトロール等）も盛んに行われている。

　こうした中，更生保護における犯罪予防活動は，**社会内処遇**を実施する立場から，その専門的な知識，処遇経験を生かして行うものであり，犯罪や非行の未然防止のみならず，犯罪をした者や非行のある少年の改善更生・再犯防止に対する地域社会の理解を深め，これらの者を排除したり孤立させることなく，地域社会の一員として受け入れ，その立ち直りを支える社会づくりを志向する点に特徴があるといえる。

3　犯罪予防活動の実践例

○世論の啓発

　マスメディアを通じて更生保護制度への理解を求める活動，非行問題などをテーマとする講演会の開催などが挙げられる。地域住民に自分たちが暮らす地域の課題として更生保護について考えてもらうことが大切との観点から，架空の保護観察事例を題材に，非行防止や立ち直り支援のあり方について意見を出し合う公開ケース研究会なども多く実施されている。

○社会環境の改善

　犯罪を誘発する環境条件の除去と，犯罪抑止力となる諸条件の強化という2つの側面があるが，どちらかというと後者に力点が置かれることが多い。青少年の健全育成を図る観点から，青少年が参加できる地域活動の機会・場づくりを行うこと，犯罪をした人の社会復帰に必要な就労機会を確保するための活動などが挙げられる。

○地域住民の活動の促進

　犯罪予防が効果を上げるためには，地域に根差し，住民の参加意識や創意に支えられた活動が展開されることが重要である。**更生保護女性会**，**BBS会**や**協力雇用主**などの更生保護ボランティアと連携協力し，その活動を支援すること，自治会やPTAなど地域住民が自発的に行う犯罪予防活動への協力などが行われている。

　これらの活動は，保護観察所，保護司会等が，年間を通じ，様々な機関・団体と連携しながら実施しているが，**社会を明るくする運動**や，保護司と学校との連携活動として行われることも多い。地域に根差した実践，連携活動を積み重ね，地域にネットワークを根づかせることが，立ち直りを支え，犯罪や非行が生じにくい地域づくりにつながると考えられる。

（岸　規子）

▷社会内処遇
⇨ I-1「更生保護とは何か」，コラム2「施設内処遇と社会内処遇」

▷更生保護女性会
⇨ X-1「更生保護女性会」

▷BBS会
⇨ X-2「BBS会」

▷協力雇用主
⇨ X-3「協力雇用主」

▷社会を明るくする運動
⇨ XIV-2「社会を明るくする運動」

XIV 犯罪予防活動・広報

 ## 社会を明るくする運動

▷保護司
⇨ Ⅶ-2「保護司」
▷更生保護女性会員
⇨ Ⅹ-1「更生保護女性会」
▷BBS会員
⇨ Ⅹ-2「BBS会」
▷協力雇用主
⇨ Ⅹ-3「協力雇用主」
▷1
更生保護法はその第1条に犯罪者の再犯防止や改善更生等とともに犯罪予防活動の促進を目的に挙げ，保護観察所は同法29条により「犯罪の予防を図るため，世論を啓発し，社会環境の改善に努め，及び地域住民の活動を促進すること。」を固有の事務とする。また，保護司法は，犯罪予防活動を保護司の使命（保護司法1条）及び職務（同法8条の2）としている。
▷犯罪者予防更生法
1949（昭和24）年に制定され，2007（平成19）年に制定された「更生保護法」に引き継がれた更生保護の基幹法。法律上初めて「更生保護」という言葉を用いている。 ⇨ Ⅰ-4「更生保護の展開」
▷「幸福の黄色い羽根」
犯罪のない明るい社会を願う"社会を明るくする運動"のシンボルとして活用されている。長崎県長崎地区保護司会により，2009（平成21）年にシンボルマークひまわりと，映画『幸福の黄色いハンカチ』

① "社会を明るくする運動"とは

"社会を明るくする運動"は，すべての国民が，犯罪や非行の防止と罪を犯した人たちの改善更生について理解を深め，それぞれの立場において力を合わせ，犯罪や非行のない地域社会を築こうとする全国的な運動である。

法務省が主唱し，**保護司**，**更生保護女性会員**，**BBS会員**，**協力雇用主**など民間の更生保護ボランティアを中心に，この運動の趣旨に賛同した機関・団体が，中央と都道府県及び市区町村等を単位に推進委員会を構成し，組織の枠を超えて参加協力して実施される全国的な運動となっている。

あらゆる年代の住民一人一人が参加できる運動を目指して住民集会，講演会，ミニ集会等を開催しているほか，地方自治体，学校，警察等協力機関との連携事業，スポーツ，芸術活動，祭りなど地域の特色にあふれた活動を通じ，安全・安心な社会の実現に向けて協力を呼びかけており，犯罪予防活動を代表するものとなっている。この運動の推進委員長は主として自治体の長が，推進委員会事務局は保護観察所が担い，毎年7月を強調月間として1年を通じて全国において実施されている。

② "社会を明るくする運動"の歩み

この運動は，戦後間もない1949（昭和24）年7月，東京・銀座商店街の有志が**犯罪者予防更生法**の趣旨に賛同して自発的に「犯罪者予防更生法実施記念フェアー（銀座フェアー）」を開催したことを発祥とする。この頃，街には戦災孤児・浮浪児があふれ，東京・銀座六百軒の飲食業者等は「不幸な子供達を救いましょう。」と呼びかけ犯罪予防活動をするとともに銀座の文化の向上も目的に置いて，演芸会，二葉バッジ販売などを行ってその売上げにより保護少年のサマースクールなどを実現させた。翌年，中央更生保護委員会事務局が「矯正保護キャンペーン」を企画し，全国の保護司が協力して全国に普及していった。1951（昭和26）年，初めて"社会を明るくする運動"とネーミングして法務府（現在の法務省）が企画，第1回目の"社会を明るくする運動"が実施され，1962（昭和37）年第12回"社会を明るくする運動"では，7月1日を「更生保護の日」と定め，この運動にふさわしい行事を全国的に行う日とし，その後強調月間の設定，活動期間の通年化，社会経済情勢に即した行動目標や重点

事項の検討，シンボルマーク「ひまわり」や「幸福の黄色い羽根」の普及，広報映画やCM等の作成，小学生・中学生を対象とする作文コンクールの開催，実施機関の組織化と構成機関・団体の拡大がなされ現在に至っている。

❸ "社会を明るくする運動"の成果と課題

　"社会を明るくする運動"は，地域住民の自発的な活動から全国的，組織的な活動へと発展し，①地方公共団体，学校，警察，ボランティア団体等地域の関係機関・団体との連携強化，②地域住民の連帯感の醸成，地域の絆づくり，③若年層に対する非行問題の啓発において，大きな成果を上げた。その一方で，①更生の援助という趣旨が不明確になりがちで，運動の趣旨がわかりにくく，②実施要綱に基づき，全国一律の運動を繰り返すことにより，運動が固定化しているのではないか，などの指摘もあり，更生保護制度施行60周年を迎えた2009（平成21）年，第59回"社会を明るくする運動"中央推進委員会は，この運動のさらなる推進を目指し，①更生保護制度の思想に共鳴した地域住民有志から始まった運動の原点に立ち返ること，②社会経済情勢に即した行動目標及び重点事項を設定すること，③地域の実情に応じて企画し実施することにより，地域住民がより積極的，主体的に運動に取り組めるようにすることを通じて，安全・安心な社会を築こうとする地域社会の自発的な取組みを促進することとした。また，2010（平成22）年第60回の運動から「"社会を明るくする運動"～犯罪や非行を防止し，立ち直りを支える地域のチカラ～」とその名称に副題を加え運動の趣旨を明確化した。

　2015（平成27）年2月，第65回"社会を明るくする運動"中央推進委員会は，犯罪対策閣僚会議による宣言「犯罪に戻らない，戻さない」を受けて内閣総理大臣官邸において開催され，すべての省庁を構成員に政府全体としてこの運動に取り組むこととし，本運動推進に向け様々な分野の方に，なお一層の参加協力を求めて**内閣総理大臣メッセージ**が発せられた。

　犯罪や非行のない社会の実現は，犯罪者や非行少年の立ち直りを地域住民が排除することなく受け入れ，見守り，ときに支えることがあれば促進される。この運動は，住民一人一人が構成員であり，地域性を有する保護司，更生保護女性会員，BBS会員，協力雇用主等更生保護ボランティアが地域の青少年健全育成や犯罪予防活動の機関・団体と協力し，地域住民の協力を得て成し遂げているところに特色がある。この活動は，地域社会によって育まれてきたが，内閣府の調査によると，この運動の認知度は，1989（平成元）年に約60％の国民から「聞いたことがある。」と回答を得ていたものが，2014（平成26）年の調査では34.6％に減少しており，特に若者層への周知が図られていないことからこの層への働き掛けが重要となっている。

　　　　　　　　　　　　　　　　　　　　　　　　　　　（辻　裕子）

（山田洋次監督）から考案して作成された（⇨ⅩⅣ-3「更生保護の広報」）。シンボルマークひまわりは，1971（昭和46）年にフォトデザイナーの増田正氏が考案し，青少年が太陽に向かって咲くひまわりのように明るく強く成長してほしいという願いが込められている。

▷2　実施機関の組織化：第1回の"社会を明るくする運動"は法務府（現法務省）による運動の呼びかけに文部省（現文部科学省）などの関係機関・団体が後援した。1953（昭和28）年には後援形式を改め協力機関・団体を構成員とする実施委員会を組織して中央と都道府県単位又は地区単位に置き，2009（平成21）年にはこの運動のさらなる推進を目指して推進委員会に名称を変更した。

▷3　構成機関・団体の拡大：第1回の運動では36の関係機関・団体が後援し，その後官庁，司法，士業団体，警察，自治，金融関係，経済・産業，労働，農業，社会・厚生，教育，文化・芸術，報道関係，スポーツ・体育，青年運動・女性運動等様々な機関・団体が加わって，近年は全国で3万を超える関係機関・団体が参画している。

▷4　⇨ⅩⅣ-1「更生保護における犯罪予防活動」

▷5　⇨ⅩⅣ-3「更生保護の広報」

▶**内閣総理大臣メッセージ**
1990（平成2）年から全国の都道府県知事及び各市区町村長宛に，運動への協力を呼びかける「法務大臣メッセージ」が発出されていた。

XIV 犯罪予防活動・広報

更生保護の広報

1 更生保護の広報をめぐる近年の動き

　更生保護が機能するためには国民・地域社会の理解と協力が不可欠であり，従来から「社会を明るくする運動」等を通じて広報・啓発が行われてきたが，更生保護の広報について一つの転換点となったのは，2006（平成18）年6月の「更生保護のあり方を考える有識者会議」報告書である。

　その報告書においては，「更生保護制度の運用についての国民や地域社会の理解が不十分であること」が指摘され，「法務省は，様々な機会を利用して，更生保護制度の運用状況を広く国民に伝え，国民の目の届くものとしていくべきである」「保護観察所は，地域における更生保護の前線基地であり，地域社会の更生保護への協力を結集する役割とともに，更生保護の考え方や保護観察処遇を通じて得られた知見等を積極的に発信し，地域に還元する役割を果たすべきである」と提言された。

　この提言を踏まえ，2007（平成19）年4月以降，保護観察所長又はその他の職員が，関係機関・団体，学校，地域団体，事業者団体等に出向いて，あるいは様々な行事やイベントの機会を利用して，更生保護に関する積極的な広報を行うこととしている。

2 再犯防止対策と更生保護の広報

　さらに近時，再犯防止が国家的な課題としてクローズアップされてきており，その対策の中でも広報が重要な位置を占めている。

　2012（平成24）年7月に**犯罪対策閣僚会議**において策定された「再犯防止に向けた総合対策」においては，再犯防止のための重点施策の一つに「広く国民に理解され，支えられた社会復帰を実現する」ことが掲げられている。

　また，2013（平成25）年12月に閣議決定された「『世界一安全な日本』創造戦略」においても，犯罪の繰り返しを食い止める再犯防止対策の推進が戦略の重要な柱となっており，その中にも「社会に理解され，支えられた再犯防止対策の展開のため，……更生保護に対する国民の理解と協力を促進する」ことが盛り込まれている。

　さらに，2014（平成26）年12月，犯罪対策閣僚会議によって決定された再犯防止に関する宣言「犯罪に戻らない・戻さない」においては，刑務所出所者等

▷**犯罪対策閣僚会議**
2003（平成15）年9月，「世界一安全な国，日本」の復活を目指し，関係省庁の緊密な連携を確保するとともに，有効適切な対策を総合的かつ積極的に推進するために設けられた。同会議は，内閣総理大臣が主宰し，全閣僚を構成員とする。また，同会議の下に，内閣官房副長官を議長とし，関係省庁の局長級を構成員とする「再犯防止対策ワーキングチーム」が，2010（平成22）年12月に設置されている。

▷**パブリシティと草の根の活動**
パブリシティとは，報道機関に情報を提供し，新聞記事やTVニュースとして取り上げてもらうことであり，草の根の活動とは，地域の人々の集まりや関係する機関・団体に出向くなどして説明や講義を行ったり，各種機関紙に投稿したりすることである。

▷1　法務省保護局ツイッター：「保護局ツイッター」でインターネット検索の上，閲覧されたい。

▷**幸福の黄色い羽根**
犯罪や非行のない幸福で明るい社会を願う更生保護のシンボル。2014（平成26）年12月の犯罪対策閣僚会議においては，全閣僚がこの羽根のバッジを着用した。

の再犯防止のカギは「仕事」と「居場所」の確保であり，そのためには政府を挙げた取組みと国民の理解・協力が不可欠であることがうたわれた。そして，「『犯罪や非行をした者を社会から排除・孤立させるのではなく，再び受け入れること（RE-ENTRY）が自然にできる社会』の構築に向けたメッセージを政府一丸となって国民に発信することにより，国民の関心を高め，直接・間接に再犯防止に協力してもらえる社会的土壌の一層の醸成に努めることが必要である」とした。

この宣言を実現するために，今後「社会を明るくする運動」を政府全体の活動として力強く展開するなど，広報・啓発をさらに充実させることとしている。

③ 更生保護の広報の具体的活動

具体的な広報活動の方法として常に意識しなければならないのは，**パブリシティと草の根の活動**である。この２つが十分に行われることによって，「更生保護とは何か」「更生保護においては最近どのような取組みが行われているのか」といったことを，より多くの人に，ときに深く伝えることができる。

また，広報の場としては，マスコミや「社会を明るくする運動」の各種行事はもちろんのこと，インターネット上のHP（ホームページ）やSNS（ソーシャル・ネットワーキング・サービス）なども有力なものとなってきている。

SNSを活用した広報として，法務省保護局においては，2013（平成25）年２月から公式ツイッターの運用を開始し，更生保護に関する様々な情報をタイムリーに発信している。

広報戦略においては，シンボルマークやイメージキャラクターの存在も重要なものであるが，現時点でその全国的なものとして，「幸福の黄色い羽根」と「更生ペンギンのホゴちゃん」がある。これらを活用した更生保護の広報のさらなる展開も期待されるところである。

④ 今後の広報のあり方

2014（平成26）年11月に内閣府が行った世論調査の結果によれば，「更生保護」や「保護司」という言葉はある程度知られているものの，「社会を明るくする運動」の認知度は低く，「更生保護に実際に協力してみたい」という答えも多くなかった。また，年齢層が低くなるほど，これらの言葉の認知度や更生保護への参画意識も低くなる傾向がみられた。

このような調査結果なども参考に，更生保護の広報は，若い層への働き掛けを強めるべく，さらに多様なチャンネルを通じて，可能な限りわかりやすく行っていくことが重要である。

（押切久遠）

▶更生ペンギンのホゴちゃん

更生保護のメインキャラクター。立ち直ろうとしている人をいつも温かく見守り，犯罪や非行のない幸せな社会を願う心優しいペンギン。

▶2 基本的法制度に関する世論調査：2014（平成26）年11月，全国20歳以上の3000人を対象に実施された（有効回収数1826人。回収率60.9％）。「更生保護という言葉をお聞きになったことがありますか」「保護司という言葉をお聞きになったことがありますか」という質問に対し，「聞いたことがある」と答えた人は，それぞれ72.8％，78.1％であったが，「社会を明るくする運動という言葉をお聞きになったことがありますか」という質問に対し，「聞いたことがある」と答えた人は34.2％に，「更生保護活動に協力したい気持ちはありますか」という質問に対し，「ある」と答えた人は38.8％にとどまった。

XV　医療観察制度

 医療観察制度とは

医療観察制度の目的

　医療観察制度は，2005（平成17）年7月に施行された，「心神喪失等の状態で重大な他害行為を行った者の医療及び観察等に関する法律」（心神喪失者等医療観察法，医療観察法）に基づく制度である。

　本制度の目的は，精神の障害のために，**心神喪失又は心神耗弱**の状態で殺人，放火等の**重大な他害行為**を行った人について，継続的かつ適切な医療を確保して，病状の改善及び同様の行為の再発防止を図り，もってその社会復帰を促進することである。

　保護観察所は，本制度において，対象となる人の社会復帰を支援する関係機関の一員として，一定の役割を担っている。

医療観察制度の創設

　心神喪失等の状態で重大な他害行為が行われることは，被害者に深刻な被害が生ずるだけではなく，その病状のために加害者となることからも，大変不幸な事態である。このような人については，必要な医療を確保し，再び不幸な事態が起きることのないよう，その社会復帰を図ることが重要である。

　医療観察制度が創設されるまでは，心神喪失等の状態で重大な他害行為を行った人については，「精神保健及び精神障害者福祉に関する法律」（精神保健福祉法）に基づく**措置入院制度**等によって対応がなされていたが，

・入退院に関する判断が事実上医師に委ねられており，責任が重すぎる。
・一般の精神障害者と同様の施設やスタッフの下で処遇することとなるため，専門的な治療が困難である。
・退院後の継続的な医療を確保するための実効性のある仕組みがない。

などの問題があるとの指摘がなされていた。

　こうした指摘等を踏まえ，医療観察制度においては，

・裁判所が処遇の要否及び内容を決定する。
・設備やスタッフを充実させた医療機関を開設し，国の責任において，手厚い専門的な医療を行う。
・地域において継続的な医療を確保するための仕組みを設ける。

こととされた。

▷**心神喪失，心神耗弱**
精神の障害のために善悪の区別がつかないなど，通常の刑事責任を問えない状態のことをいう。このうち，全く責任を問えない場合を心神喪失，限定的な責任を問える場合を心神耗弱という。

▷**重大な他害行為**
殺人，放火，強盗，強姦，強制わいせつ（これらの未遂を含む），傷害（軽微なものは対象とならないこともある）に当たる行為を指す。

▷**措置入院制度**
精神障害者について，都道府県知事は，2人以上の精神保健指定医による診察の結果，医療及び保護のために入院をさせなければその精神障害のために自身を傷つけ又は他人に害を及ぼすおそれがあると認めたときは，その者を精神科病院に入院させることができる。

③ 医療観察制度の対象者

医療観察制度の対象となるのは，重大な他害行為を行い，次のいずれかに該当する人である。

- ・心神喪失者又は心神耗弱者と認められて不起訴処分となった人。
- ・心神喪失者であることを理由として無罪の裁判が確定した人。
- ・心神耗弱者であることを理由として刑を減軽する旨の裁判が確定した人（実際に刑に服することとなる人を除く）。

④ 医療観察制度における処遇の流れと保護観察所の関わり

医療観察制度における処遇の流れは，図XV-1のとおりである。

保護観察所は，本制度における処遇の流れにおいて，いわば入口（検察官の申立てによる当初の審判時）から出口（地域社会における処遇の終了時）まで，一貫して関与する立場にある。このように，保護観察所が本制度に関与し，一定の役割を担うこととされたのは，保護観察所は国の機関であり，統一的な働きかけを行えることや，全国的なネットワークを有しており，対象者の退院や転居による遠隔地への移動にも適切に対応できることなどが考慮されたためである。

保護観察所において，本制度による処遇に従事しているのは，**社会復帰調整官**である。

（弥永理絵）

▷社会復帰調整官
⇨ Ⅶ-5「社会復帰調整官」

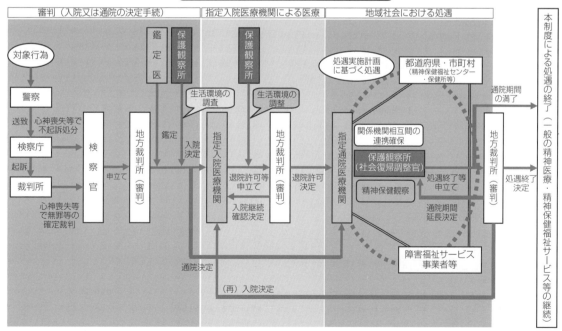

図XV-1　医療観察制度における処遇の流れ

出所：『心神喪失者等医療観察法による地域処遇ハンドブック』法務省保護局，2014年。

XV 医療観察制度

保護観察所の役割(1)：生活環境の調査

1 処遇を決定するための審判手続

　医療観察法では，対象者が医療観察法に基づいた医療の要否及びその内容を地方裁判所での審判で処遇を決定することとされている。

　心神喪失等の状態で重大な他害行為を行い，不起訴や無罪等になった人については，検察官が地方裁判所に適切な処遇の決定を求めて申立てがなされる。その申立てを受けた裁判所は，それぞれ1人の裁判官と**精神保健審判員**とで合議体を構成し，それぞれの専門性を生かして適切な処遇を決定している。

　審判の過程では，合議体の精神保健審判員とは別の精神科医である鑑定医が詳しい鑑定をするほか，必要に応じて保護観察所へ生活環境の調査が嘱託され，生活環境を調査して結果を報告している。合議体は，鑑定結果を基礎とし，生活環境を考慮して決定することとされている。また，必要に応じて**精神保健参与員**を指定し，その意見を聴いた上で，処遇の要否や内容を判断している。審判の結果，合議体が医療を要すると判断した場合には，入院又は通院かが決定され，医療不要と判断した場合は，不処遇の決定がなされる。当初審判は，申立ての日から2か月間（1か月の延長が可能）のうちに決定されることになっている。

　なお，対象者の人権擁護の観点から，検察官の申立てによる当初審判では，弁護士である付添人が必ず付され，審判においては，対象者や付添人から意見陳述や資料の提出ができることになっている。

　裁判所は，必要に応じて審判期日前に審判関係者を召集して打合せ（カンファレンス）を開催することができるとされており，審判の進行や調査内容の指示，調査状況の報告を求められることがある。

2 生活環境の調査の実務

　当初審判においては，原則として生活環境の調査が裁判所から保護観察所に求められる。その嘱託を受けた保護観察所の社会復帰調整官は，調査期間が1か月間程度に限られるので，裁判所から対象者の身上に関する資料を入手し，対象者のほか誰に会い，どこに何を照会するかなどの調整計画を立てている。

　対象者から聴取する場合，**鑑定入院医療機関**へ出向いて面接することになるので，鑑定入院医療機関に面接の可否を確認して往訪し，病院職員や必要に応

▷精神保健審判員
⇨ Ⅶ-5「社会復帰調整官」

▷精神保健参与員
厚生労働大臣が政令で定めるところにより，毎年，地方裁判所ごとに，精神保健福祉士その他の精神障害者の保健及び福祉に関する専門的知識や技術を有する者の名簿を作成して地方裁判所に送付し，処遇事件ごとに指定されている。

▷鑑定入院医療機関
⇨ Ⅶ-5「社会復帰調整官」

じて鑑定医からも状況を聴取する。対象者との面接時は，医療観察制度のリーフレットを使用するなどして制度を説明し，対象者が現在どのような立場に置かれているのか，今後どのように処遇されるのかなども丁寧に説明して，前向きに陳述できるよう配慮している。家族から聴取する場合は，対象行為が家族に与えた影響や家族の心情に配慮しつつ，医療観察制度の

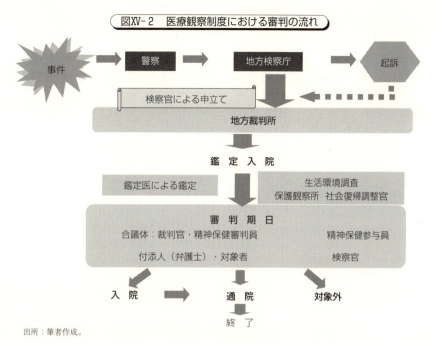

出所：筆者作成。

説明をするなどして聴取する。受診歴のある医療機関や保健所等の関係機関への照会は，文書によるもののほか，往訪して直接聴取することもある。関係機関からは，受診歴や相談歴等の客観的な情報を入手しやすいが，そのような調査から得た客観的な情報を基にして，居住地において継続的な通院による医療を確保できるかどうかに関する保護観察所の長の意見を付し，生活環境調査結果報告書を作成して裁判所に提出する。

3 処遇決定

　調査は，対象者の社会復帰にとって適切な処遇の決定がなされることが目的であるから，公平性の観点からも調査期間中に生活環境の調整をすることはできない。しかし，通院決定が見込まれる場合は，通院処遇に向けて指定通院医療機関の内定や地域関係機関への協力依頼，処遇実施計画の作成等を要するので，審判期日の傍聴など審判経過を注視して準備する必要がある。

　通院の決定がなされた場合は，裁判所から保護観察所に決定の告知が依頼される。告知後，精神保健観察の説明や居住地の届出を受ける。このように当初審判で通院決定がなされる場合は，地域処遇に向けた調整期間が極めて限られるので，居住地の調整や指定通院医療機関の選定，援助機関への協力依頼等を迅速に実施しなければならない。

　入院決定の場合は，厚生労働省の機関である地方厚生局が裁判所から決定の告知を依頼されるので，鑑定入院医療機関に赴いて対象者に入院決定を告知して指定入院医療機関へ搬送される。社会復帰調整官は，生活環境の調整に向けた準備を開始することになる。

（宇津木　朗）

▷1　調査の留意事項：これらの関係機関は，地域処遇の援助機関になることにも配慮する。また，対象者の居住周辺や就労関係先，被害者等への調査は，調査そのものが与える影響も考慮する必要がある。

XV 医療観察制度

3 保護観察所の役割(2)：生活環境の調整

1 生活環境の調整とは

審判において入院決定がなされると，対象者は**指定入院医療機関**に入院することになる。医療観察法の目的である社会復帰を促進するために，入院当初から円滑に退院できるよう居住地の確定や必要な援助の態勢を整備するなど，入院中の一連の働きかけが生活環境の調整である。

2 指定入院医療機関における治療（入院処遇）

指定入院医療機関は，新たに医療観察法の専門病床として建設され，一般の精神医療よりも人的・物質的資源を集中的に投入し，専門的な医療を提供している。当初は，急性期ユニットに入院し，治療の進展に伴って，回復期，社会復帰期ユニットへと移行する。急性期には外出ができないが，回復期には外出が，社会復帰期になると外泊訓練が可能になる。治療は，対象者が自身の疾病及び疾病と対象行為の関係を理解し，医療の必要性を認識して自主的に受診できるようにすることを目指している。

指定入院医療機関での入院期間は定められていないが，1年6か月間を目安とされている。退院は，指定入院医療機関の管理者又は対象者等からの申立てを受けた裁判所の退院許可決定を要する。入院継続を要する場合でも，6か月ごとに入院継続の確認決定を受ける必要がある。その際，保護観察所の長の意見を付することとされているので，保護観察所は生活環境の観点から入院継続の要否について意見書を提出している。

3 保護観察所の役割

保護観察所は，入院した対象者が地域社会に円滑に社会復帰できるよう，生活環境の調整に取り組んでいる。**社会復帰調整官**は，対象者が入院している指定入院医療機関や退院予定地の都道府県，市町村等の関係機関と連携して，生活環境の調整を行い，退院地の選定・確保のための調整や，退院地における処遇の実施態勢を構築している。対象者には，退院後の医療の確保だけでなく生活支援を要するので，精神保健福祉センターや保健所，保健センター，障害福祉担当課を通じて障害福祉サービス事業者等の参画を得て援助内容を検討する。

▷指定入院医療機関
⇨ Ⅶ-5 「社会復帰調整官」

▷1 指定入院医療機関の病床数と医療費：2014（平成26）年12月末現在，全国に791病床が整備されている。対象者の病室は，すべて個室となっており，医療費は全額を国費によって賄われる。

▷2 抗告：対象者等は，入院処遇決定後2週間以内に，その決定に対して抗告をすることができるとされている。

▷社会復帰調整官
⇨ Ⅶ-5 「社会復帰調整官」

❹ 生活環境の調整の実務

　社会復帰調整官は，入院当初から指定入院医療機関に赴いて対象者と面接し，退院後の生活に関する希望を聴取する。また，指定入院医療機関の担当スタッフと治療方針などの協議や CPA 会議へ出席するなどして，治療状況の把握や処遇方針を協議する。

　家族等からも退院後の引受け意思や心情の聴取

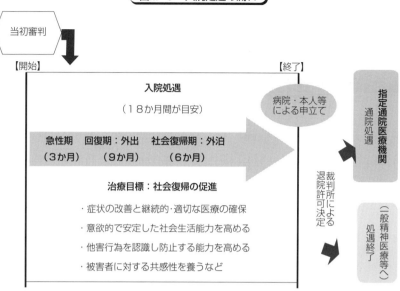

図XV-3　入院処遇の流れ

出所：筆者作成。

をするなどして調整を進めるための情報を収集する。退院後の居住地は，入院前の住居地への居住を原則とするが，それが困難な場合には近隣の市町村や都道府県内，居住歴のある地域，引受け意思のある親族のある地域などへと範囲を広げて検討する。社会復帰調整官は，対象者の状況に応じて生活環境の調整計画を作成し，指定入院医療機関に提出している。この計画は，対象者等の意向や治療の進展状況の変化に応じて随時見直している。

　対象者の居住地が確定するに伴い，**指定通院医療機関**の内定や援助を担う地域関係機関等への協力を依頼し，入院後の早期から CPA 会議に出席を依頼するなどして，対象者との関係をつくっていくことも有効である。指定入院医療機関と居住地が遠方の場合は，外泊時に関係機関の出席を依頼し，調整期間中のケア会議を開催する。このような機会を活用して地域処遇に携わる関係機関が処遇内容を検討する。社会復帰調整官は，処遇に携わる関係機関と協議し，処遇の実施計画案を作成する。

❺ 入院処遇の終了・地域処遇の開始

　病状が安定して援助態勢の構築が整い，地域社会における処遇が可能と認められると指定入院医療機関の長から退院許可の申立てがなされる。裁判所が退院許可を決定すると，裁判所の依頼によって社会復帰調整官が，指定入院医療機関に赴いて対象者に退院許可決定の告知をする。告知後，精神保健観察や処遇実施計画の説明等をするところから地域処遇が開始される。　　（宇津木　朗）

▷ CPA 会議
Care Program Approach：指定通院医療機関が主催しているケース会議のことである。主治医や担当の看護師，精神保健福祉士，心理士，作業療法士，社会復帰調整官のほか地域の関係機関職員が加わることもある。関係者が治療状況や処遇方針の協議をするだけでなく，対象者や家族の希望等を聴取して処遇方針を確認している。

▷指定通院医療機関
⇨ Ⅶ-5 「社会復帰調整官」

▷1　⇨ XV-4 「保護観察所の役割(3)」

▷2　⇨ XV-4 「保護観察所の役割(3)」

XV 医療観察制度

  保護観察所の役割(3)：精神保健観察
（地域社会における処遇）

 地域社会における処遇

　従来の精神保健福祉の制度には，心神喪失等の状態で重大な他害行為行った者の地域社会における継続的な医療を確保する仕組みがなかったので，医療観察制度によって適切な医療を確保するための実効性のある仕組みが設けられた。地域社会における処遇は，当初審判において通院決定を受けた場合（直接通院）と，**指定入院医療機関**から退院許可決定を受けた場合（移行通院）がある。

▷指定入院医療機関
⇨ Ⅶ-5「社会復帰調整官」

▷社会復帰調整官
⇨ Ⅶ-5「社会復帰調整官」

2 精神保健観察

　通院処遇期間中の対象者は，**社会復帰調整官**による精神保健観察に付される。精神保健観察は，継続的な医療を確保することを目的として，対象者や保護者等との面接，関係機関から報告を得るなどして，通院や生活状況を見守り，必要な指導や助言を行っている。
　継続的な医療を確保し，対象者の社会復帰を促進するには，生活支援を要するため，都道府県（精神保健福祉センターや保健所等）や市町村等（障害福祉サービス事業者等）が，精神保健福祉や障害福祉サービス等の援助を担当している。地域処遇が適正かつ円滑に実施されるためには，対象者の処遇に携わる関係機関等が相互に連携して取り組む必要があり，保護観察所のコーディネートが重要である。

▷指定通院医療機関
⇨ Ⅶ-5「社会復帰調整官」

3 処遇の実施計画

　地域社会における処遇は，医療・精神保健観察・援助によって構成されている。保護観察所は，**指定通院医療機関**や都道府県，市町村等の関係機関と協議し，処遇の実施計画を定めることとされている。この実施計画に基づいて，それぞれの関係機関の役割を明確にし，相互に連携しながら処遇を実施している。処遇の実施計画の内容は，対象者の希望を踏まえて医療・精神保

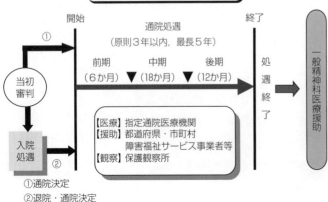
図XV-4　地域処遇のイメージ
出所：筆者作成。

健観察・援助について，各々の機関が提供する内容や方法が定められる。保護観察所は，関係機関との協議結果を基にして処遇実施計画書を作成し，対象者や関係機関に送付している。また，処遇の実施計画は，処遇経過に応じて，適宜，見直しをすることになっている。

4 ケア会議

通院処遇の期間中は，保護観察所がケア会議を主催し，処遇に携わる関係機関の出席を得て，定期的又は必要に応じて開催されている。協議内容は，処遇に要する情報の共有，それぞれの関係機関が提供する処遇内容の確認，処遇方針の統一，保護観察所の長による申立ての必要性の検討などである。対象者や保護者は，ケア会議に出席して意見を述べることができるとされている。

5 医療観察法と精神保健福祉法との関係

医療観察法に基づいて地域処遇を受けている期間中は，医療観察法だけでなく精神保健福祉法も適用されるので，任意入院や医療保護入院，措置入院といった精神保健福祉法に基づいた入院をすることが可能である。むしろ，病状に応じて，これらの入院を利用し，早期に快復を図ることが適切な処遇である。

6 保護観察所の長による申立て等

通院処遇期間は，裁判所から直接通院か移行通院の決定を受けた日から，原則として3年間とされている。ただ，保護観察所又は対象者等からの申立てによって，裁判所が処遇終了を決定した場合には，3年以内に終了することができる。しかし，3年を経過する時点で，なお処遇の継続を要すると認められる場合は，保護観察所の申立てに応じて，裁判所の決定により，通じて2年を超えない範囲で，処遇期間を延長することができる。また，通院処遇期間中に指定入院医療機関においての治療を要すると認めた場合は，保護観察所が（再）入院の申立てをすることができる。

申立てをする際は，対象者の社会復帰の促進になるのかをケア会議等で検討し，指定通院医療機関の管理者の意見書を付す必要がある。　　（宇津木　朗）

図XV-5　ケア会議のイメージ

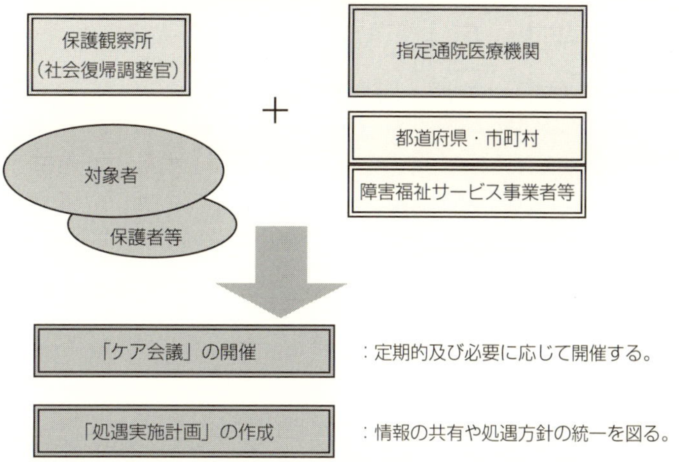

保護観察所（社会復帰調整官）／対象者／保護者等　＋　指定通院医療機関／都道府県・市町村／障害福祉サービス事業者等

↓

「ケア会議」の開催：定期的及び必要に応じて開催する。

「処遇実施計画」の作成：情報の共有や処遇方針の統一を図る。

出所：筆者作成。

▷1　処遇計画書の項目：医療は，通院だけでなく，必要に応じて訪問看護やデイケア等の目標や医療機関，担当者，回数，実施方法等の内容や方法が定められる。精神保健観察は，目標や内容，接触方法等を定めている。援助は，目標や実施機関・担当者，内容，方法等が定められる。その他，ケア会議の開催頻度や検討事項，緊急時の対応等の項目がある。

コラム-17

処遇実施計画書とクライシスプラン

　Aさんは，45歳。実母と2人で暮らしていたが，大学を卒業，企業に勤めていた25歳頃に統合失調症を発症して，精神科クリニックに通院するようになり，仕事を続けることができなくなった。これまでに服薬が継続できず，そのため，精神状態が悪化して，過去，3回の精神科病院への入院歴があった。

　2年前，Aさんは，再び怠薬した。「近所の人が嫌がらせをする。」と話して，自室に閉じこもりがちになるなど，病状が不安定になった。実母が入院相談をしなければならないと考えていた矢先，「誰かを刺せば，嫌がらせが止まる。」という幻聴によって，その実母を包丁で切りつけ，傷害を負わせた。その後，心神喪失と認められて不起訴となり，医療観察法の申立てが行われた。審判の結果，県内の指定入院医療機関に入院となった。

　Aさんは，入院治療によって症状が改善し，実母を刺したのは，服薬中断による病状の悪化が原因であったという理解が少しずつ進んできた。入院当初，「自宅に戻り，実母と暮らしたい。」と望んだが，病院のプログラムや定期的な会議を通して，高齢である実母との同居の難しさや，将来の現実的な生活について考え始めるようになった。入院が回復期ステージに移ると，病院のスタッフや社会復帰調整官とともに，近隣のグループホームや就労継続支援事業所等を見学した。Aさんは，回復期の後半には「退院後は，グループホームに入所し，将来はアルバイトをしながら，アパートで生活をしたい。」と話すようになった。

　入院治療が社会復帰期ステージに移り，指定通院医療機関のスタッフをはじめ，社会復帰調整官の呼びかけにより，退院後の地域生活の援助を行うグループホームや地域活動支援センターの指導員，行政機関の職員等が病院に参集し，本人や実母を交えて，退院後にどんな医療や支援が必要かを話し合った。

　その結果，退院後はグループホームに入所して，地域活動支援センターを日中活動の中心にして，週1回の訪問看護を受けながら，就労継続支援事業所B型（A型は雇用契約あり。B型は雇用契約なし。）に週1回通所す

ることが予定された。

　一方，Aさんは，病状が悪化しないよう日常生活の中でどんな工夫をすればよいか，病状悪化の兆しが感じられたときにどのように対処すればよいか，病状が悪化したきにどのような方法で相談するかなどを病院のスタッフと時間をかけて考えた。また，関係者が緊急時を含めて，それぞれどのように対応すればよいかなど，これまでのAさんの経験に照らし，実母からの助言を得て，Aさん自身の言葉を用いて記した「安心な生活を送るために（クライシスプラン）」を作成した。また，その訓練として，外泊等で実際の場面を想定した，具体的な練習を繰り返した。

　実母は，Aさんの入院中に指定入院医療機関が開催する家族教室に参加して，疾病への理解を進め，これまでの苦労の体験や今後の不安等を他の家族たちと語ることができるようになった。このため，退院後も，定期的に保健所の精神保健福祉相談員が実母と面接をするなどして家族の支援を続けていくことになった。

　約1年6か月を経て退院したAさんは，グループホームでの初めての暮らしや，慣れない人間関係に戸惑いながらも，関係者の支援を受け，困ったことは早めに相談するなどして，定期的な通院服薬を欠かさず，地域活動支援センターに通所しているところである。

　Aさんは，2か月に1度実施されるケア会議で，「生活が安定してきたら，就労継続支援事業所の通所回数を増やしたい。」と希望し，実母も「本人の落ち着いた様子を見て，自分の気持ちにもゆとりがでてきている。」と話している。

　社会復帰調整官は，主催するケア会議において，単に現状を共有して処遇実施計画書を見直すだけでなく，入院中に作成したクライシスプランが現実に即しているどうかや，支援内容が生活の質の向上や，希望に添うものになっているかなどを，Aさんや実母を含め，ケア会議に出席している関係者と相談しながら，支援全体のコーディネートを担っていくことになる。

（望月和代）

XVI　更生保護における近年の動向と課題

刑務所出所者等の住居・就労先確保の強化

1 再犯の現状とその背景

　『平成26年版　犯罪白書』によると，一般刑法犯の認知件数は減少傾向にあるものの，検挙人員に占める再犯者の割合（再犯者率）は，1997（平成9）年以降一貫して上昇しており，2013（平成25）年には約5割を占めるまでに至っている。また，2013年に新たに刑務所に入所した受刑者のうち約6割は，過去に受刑歴がある再入者が占めており，犯罪・非行の繰り返しをいかに食い止め，再犯を防止するかということが大きな課題となっている。

　犯罪や非行の原因については，様々な要因が考えられるが，再犯者については，自立した社会の一員として暮らしていくために必要な仕事や，安心して暮らせる住居を得ることができない者も多く，例えば，再犯をして刑務所に戻った者の約7割が無職であり，また，再犯をして刑務所に戻った者の約25％が住居不定の状態であったことが判明している。

　これらのことから，再犯を防止するためには，自立した生活を送るために必要な「仕事」（就労先）や「居場所」（住居）の確保といった社会での受入れが求められている。

2 政府における取組み

　2013（平成25）年12月には，2020年オリンピック・パラリンピック東京大会の開催を視野に入れ，「世界一安全な国，日本」を創り上げるための基本戦略である「『世界一安全な日本』創造戦略」が閣議決定された。そこでは，再犯防止対策が戦略の柱の一つとされ，具体策として，「行き場のない刑務所出所者等の住居の確保の推進」及び「就労支援の推進」が盛り込まれた。

　また，2014（平成26）年12月には，総理をはじめとする全閣僚から構成される犯罪対策閣僚会議において，再犯防止に関する宣言である「宣言：犯罪に戻らない・戻さない～立ち直りをみんなで支える明るい社会へ～」が決定され，2020年までに，刑務所出所者等の事情を理解した上で雇用している企業の数を現在の3倍にすることや，帰るべき場所（帰住先）がないまま刑務所から社会に戻る者の数を3割以上減少させることが数値目標として盛り込まれた。そして，これらの目標を達成するため，関係機関が連携するほか，広く社会の理解や協力を得て，刑務所出所者に対する就労支援の強化や社会における様々な居

3 就労支援に関する施策

再犯防止のためには就労の確保が課題であり，2006（平成18）年度から，法務省と厚生労働省が連携し，刑務所出所者等に対する総合的就労支援対策を実施している。

具体的には，保護観察対象者等に対して，各種就労支援対策（試行雇用〔トライアル雇用〕制度，就職時の身元保証制度，職場体験講習，事業所見学会等）を活用しつつ，公共職業安定所における職業紹介等を実施している。

また，刑務所出所者等の就労支援を実効的にするためには，**協力雇用主**のもとでの就労を拡大していくことが極めて重要であることから，協力雇用主に対する支援策として，2013（平成25）年度から，保護観察所と協力雇用主の連携強化を図るとともに，職場定着のための生活指導等に対して「職場定着協力者謝金」を支給する制度を導入した。さらに，協力雇用主のもとでの就労・職場定着及び就労継続を更に促進するため，2015（平成27）年度からはこの謝金制度に代わり，支給の対象，期間ともに大幅に拡充した新たな「**就労奨励金制度**」が創設された。

▶協力雇用主
⇨ X-3 「協力雇用主」

▶就労奨励金制度
⇨ X-3 「協力雇用主」

4 住居の確保に関する施策

帰住先のない出所者等の受入先として，全国に更生保護法人等が運営する103の更生保護施設があり，保護観察所の委託を受けるなどして，刑務所や少年院を出ても帰住先のない者等を年間延べ約1万人保護している。

なお，2009（平成21）年度から，高齢・障害等の問題を有する矯正施設出所者等の社会復帰を支援するため，釈放後直ちに福祉的措置を受けられない者を一時的に受け入れる更生保護施設を指定して，円滑に福祉へ移行させるための調整や社会生活に適応させるための指導・訓練を行う取組みを開始している。また，2013（平成25）年度から，一定の施設を指定して，薬物依存回復プログラムやグループミーティング等の薬物依存からの回復に重点を置いた処遇を実施する取組みも始まっている。

▶1 ⇨ Ⅵ-8 「専門的処遇プログラム」，Ⅵ-10 「薬物事犯者への処遇」

しかしながら，全国103の更生保護施設の定員の合計は約2300人でその収容能力には限界があることから，2011（平成23）年度から，更生保護施設以外の宿泊場所を運営するNPO法人や社会福祉法人などの民間法人に対し，宿泊場所の供与と生活指導等，また必要に応じて食事の給与を委託する「緊急的住居確保・自立支援対策」を実施するなど，帰住先がない刑務所出所者等の積極的な収容保護に努めている。

（杉山弘晃）

XVI 更生保護における近年の動向と課題

2 薬物事犯者等特定の問題を抱える者への指導・支援の強化

① 専門的処遇プログラム

▷専門的処遇プログラム
⇨ⅥⅠ-8「専門的処遇プログラム」

▷1 刑の一部の執行猶予制度の施行に伴い，従前の「覚せい剤事犯者処遇プログラム」の内容を充実強化したもの。

薬物事犯者など特定の問題を抱える保護観察対象者を対象に，4種類の**専門的処遇プログラム**（以下，プログラムという）が法務大臣の告示で定められており，それぞれ，性犯罪者処遇プログラム（2006〔平成18〕年施行），薬物再乱用防止プログラム（2016〔平成28〕年施行），暴力防止プログラム（2008〔平成20〕年施行），飲酒運転防止プログラム（2010〔平成22〕年施行）という。内容は，欧米での先行例や，国内でも医療など隣接業界で使われていたものを参考に，認知行動療法を理論的基盤として保護観察対象者用に開発・標準化されたものであり，特定の問題を改善するための体系化した手順を通じ，受講者に自己の問題性理解を促し，再発防止のための危機対処策を習得できるようになっている。覚せい剤事犯者処遇プログラムは，簡易薬物検出検査と組み合わせて実施される。

▷特別遵守事項
⇨ⅥⅠ-6「遵守事項」

プログラムは保護観察の指導監督の一環と位置づけられ，受講者の大半は，その人の保護観察の**特別遵守事項**として義務づけられた成人の保護観察対象者である。少年の保護観察対象者には，プログラム受講を特別遵守事項として義務づけることは行われていないが，保護観察対象者の自発的意思に基づいてプログラムを実施することは可能なので，本人が希望して受講する例はある。

プログラムは本人の問題性に直接向き合い，改善を方向づけるために有効であるが，かつては，処遇者からみると特定の問題についての改善が必要な相手であっても，「あれは過去の話で，現在は問題ない」「多忙で時間が取れない」などと本人が拒めば，用いることは難しかった。プログラムを義務づけて実施できるようになった意義は大きく，特定の問題を抱えた保護観察対象者への指導は以前に比べて格段に強化されたといえる。

なお，覚せい剤事犯者については，薬物依存の問題はあるのに，保護観察期間が短いなど一定の基準を満たさないためプログラムが義務づけられない者や受講終了者に対し，本人の自発的意思に基づいて，簡易薬物検出検査を実施することがある。

▷2 生活環境調整対象者・更生緊急保護対象者を含む。

② 地域連携ガイドラインの実施

2016（平成28）年度から，保護観察所と地域の医療・保健・福祉等の関連機

関の連携を強化し，薬物依存者の薬物再乱用防止の実効性を高めるため，法務省と厚生労働省が共同で策定した「薬物依存のある刑務所出所者等の支援に関する地域連携ガイドライン」による事業が実施されている。

その一つが家族支援の充実強化であり，全国の保護観察所が地域関係機関の協力を得て定期的な**引受人**会・家族会の開催に取り組んでいる。

家族は，本人に薬物を止めさせようと努力したが叶わず，「家の恥」として問題を抱え込み，孤立し精神的に追い詰められている者も多く，支援が必要である。また，家族の善意が裏目に出て，かえって本人の薬物使用を助長してしまうこともある。家族支援においては，家族が薬物依存症を正しく理解した上で，地域社会資源を利用し，回復へ向けた有効な関わりができるよう，教育や適切な情報提供がなされることも大切である。

このほかに，各地の保護観察所で医療機関，精神保健福祉センター，また薬物依存症リハビリテーション施設である**ダルク**（DARC）などとの連携事業が行われている。

③ 薬物依存回復訓練

薬物依存回復訓練とは，薬物依存のある保護観察対象者（更生緊急保護対象者も含む）が，薬物依存当事者によるグループミーティングに参加することで，自分の問題性について理解を深めるとともに，生活習慣等を改善する方法を習得することを目的とした訓練であり，薬物依存症リハビリテーション施設等への入所又は通所で行われる。2012（平成24）年度から保護観察所がダルク等に訓練を委託することができるようになった。

④ まとめと課題

以上のように，背景に依存症問題を抱える保護観察対象者に対する指導・支援は近年強化されてきている。今後の主な課題としては，矯正施設の「性犯罪再犯防止指導」「薬物依存回復プログラム」等と保護観察所プログラムの継続性・一貫性の確保が挙げられる。なかでも保護観察少年に義務づけプログラムがない状況で，少年院で「矯正教育プログラム（薬物非行）」等を受講した者へのフォローアップをどう整えていくか。また，慢性疾患に例えられる依存症問題には，保護観察終了後も継続的な回復支援が必要である。保護観察期間中からこのことを見据え，回復支援体制の地域移行をさらに充実化させていくことが求められる。

（横地　環）

▷**引受人**
矯正施設から釈放された者の改善更生のため，釈放後に同居するなどして特に協力する者のことで，雇用主等の場合もあるが，主には親や配偶者といった家族である。

▷3　これを enabling（イネイブリング）という。家族が見るに見かねて本人の借金を肩代わりして返済した結果，本人は新たに借金ができるようになり，その金でまた薬物を購入する，といった例がみられる。

▷**ダルク**
⇨ⅩⅥ-10「薬物事犯者への処遇」

XVI　更生保護における近年の動向と課題

社会貢献活動の導入

▷**法制審議会**
法務大臣の諮問に応じて，民事法，刑事法その他法務に関する基本的な事項を調査審議すること等を目的として法務省に設置されている審議会。

▷**社会内処遇**
⇨ Ⅰ-1「更生保護とは何か」，コラム2「施設内処遇と社会内処遇」

▷**特別遵守事項**
⇨ Ⅵ-6「遵守事項」

▷1　具体的には，更生保護法51条2項に掲げられている特別遵守事項の類型に「善良な社会の一員としての意識の涵養及び規範意識の向上に資する地域社会の利益の増進に寄与する社会的活動を一定の時間行うこと」が加えられた。

▷2　法制審議会からは，刑の一部の執行猶予制度の導入についての答申もなされ，社会貢献活動の導入と併せて法改正が行われたが，その施行は公布後3年以内とされている。刑の一部の執行猶予制度については XVI-5「刑の一部の執行猶予制度」参照。

1　導入の経緯

　刑事施設が過剰収容の状況を呈していたこと等を契機として，2006（平成18）年7月，法務大臣から**法制審議会**に対し，被収容人員の適正化を図るとともに，犯罪者の再犯防止及び社会復帰を促進するという観点から，**社会内処遇**のあり方について諮問がなされた。法制審議会は，「社会奉仕を義務付ける制度の導入の当否」などについて，26回にわたり幅広い議論を行い，2010（平成22）年2月，法務大臣に対し，社会貢献活動を保護観察の**特別遵守事項**の類型に加える法整備を行うよう答申を行った。
　この答申を踏まえ，2013（平成25）年6月，更生保護法の一部改正を含む「刑法等の一部を改正する法律」が成立・公布され，社会貢献活動を保護観察の特別遵守事項として義務づけることを可能とする制度が2年以内に施行されることになった。

2　社会貢献活動とは

　保護観察対象者の中には，成長の過程や平素の生活において，他者から叱責されたり非難されることはあっても，達成感や成功体験を得たり，他者から褒められたりする体験が乏しいため，自己有用感に欠け，あるいは規範意識の希薄な者が少なくない。
　社会貢献活動は，保護観察対象者が地域社会に貢献する活動を行うことで，社会に役立つ活動を行ったとの達成感を得たり，地域住民から感謝されることを通じて自己有用感を得るなどして，改善更生の意欲を高め，また，同じ地域で共に生きる他の人たちを尊重し，社会のルールを守ることの大切さに気づくなどの処遇効果をあげることを目的としている。
　保護観察所では，1994（平成6）年から，主として少年の保護観察対象者に対する処遇方法の一つとして「社会参加活動」（公園等での清掃活動，福祉施設での介護補助活動などのほか，陶芸教室や社会見学も含む）を実施してきた。これに一定の処遇効果が認められたことなどを踏まえ，活動の種類を，レクリエーション的な活動を除いた「地域社会の利益の増進に寄与する社会的活動」に限定する一方で，対象を成人の保護観察対象者にも拡大し，社会貢献活動として実施することとしたものである。

諸外国には，刑罰あるいはそれに代替する措置として，裁判所の命令によって一定の時間社会奉仕活動を義務づける制度を設けているところもあるが，社会貢献活動は，刑罰や制裁としてではなく，再犯防止や改善更生を図る保護観察処遇の一つの方法として行われるものである。また，本来自発性を尊重すべき「ボランティア活動」を強制的に行わせるものではなく，地域社会の利益の増進に寄与する活動を行うこと通じて，地域社会の一員として地域に貢献することの重要性・必要性を学ばせる教育活動（サービス・ラーニング）に近いものと考えられる。したがって，単に定められた作業をすればよいというものではなく，活動への動機づけと振り返りをしっかり行うこと，活動を通じて人間関係のもち方を学ぶことなどが重要な意味をもつ。

3 先行実施から本格実施へ

保護観察所では，2011（平成23）年度から，活動場所の確保に着手するとともに，活動のノウハウを蓄積することを目的として，保護観察対象者の同意に基づき，社会貢献活動の先行実施（試行）を行ってきた。そうした取組みを経て，2015（平成27）年6月1日，特別遵守事項として義務づけて行わせる社会貢献活動がスタートした。保護観察所が開拓した活動場所は，2018（平成30）年度末時点で2039か所，同年度中の活動回数は1343回，参加した保護観察対象者は延べ2488人（うち特別遵守事項が付された者は909人）となっている。

社会貢献活動を行わせる対象者としては，当初，自己有用感が乏しく社会から孤立する傾向にある者，特段の理由なく不就労・不就学の状態に陥りがちな者等を想定する一方，犯罪・非行の内容，心身の状況等によっては対象から除外することとされていたが，2019（令和元）年の通達改正より，社会貢献活動を行わせることが再犯防止及び改善更生に資すると考えられる者を幅広く対象とすることとされている。

代表的な活動としては，福祉施設での介護補助活動，公共の場所での環境美化活動，屋内での使用済み切手の整理活動等が挙げられる。1回の活動時間はおおむね2時間（最長6時間），活動の標準回数は3回（上限は5回）とされている。

活動の実施に当たっては，企画，準備，活動中の指導・助言を行う保護観察官のほか，活動場所との連絡調整や準備を行う社会貢献活動担当保護司が監督者として指名される。また，**更生保護女性会員**や**BBS会員**などの更生保護ボランティアや地域の民間団体の人たちが協力者として関わることもある。

社会貢献活動は，地域社会の中で，地域住民の協力のもとで行われるものである。これにより，保護観察対象者の立ち直りが促進されることはもとより，地域で生活する対象者の立ち直りを支えることへの理解が，地域の様々な機関・団体の間に一層広がっていく契機となることが期待される。　　（吉田研一郎）

▷更生保護女性会員
⇨ X-1「更生保護女性会」

▷BBS会員
⇨ X-2「BBS会」

XVI 更生保護における近年の動向と課題

 ## 保護司をはじめとする民間協力者の活動基盤の整備

1 保護司活動の支援

▷保護司
⇨ Ⅶ-2「保護司」

▶1 保護司の実人員（各年1月1日現在）

年	人数（人）	定数に占める充足率（％）
2010	48,851	93.0
2011	48,664	92.7
2012	48,221	91.8
2013	47,990	91.4
2014	47,914	91.3
2015	47,872	91.2

▶2 2014年12月16日に犯罪対策閣僚会議で決定された「宣言：犯罪に戻らない・戻さない」においても，再犯防止に関する広報・啓発活動や犯罪や非行をした者の立ち直りを社会で支えている保護司，更生保護女性会，BBS会を始め，民間協力団体がより効果的な活動が行えるよう支援を強化する，とされている。

　更生保護の中心的役割を果たす**保護司**は，2009（平成21）年以降，6年連続でその実人員が減少している。その要因としては様々なものが考えられるが，大きな要因として，近年，地域において人間関係の希薄化が進み，家族や地域の協力が得られない保護観察対象者が増加し，さらに薬物依存など対象者の抱える問題が複雑・多様化し，保護司の活動が困難化したことにより，保護司の負担が増加していることが指摘されている。そこで，保護司活動に伴う負担を軽減し，保護司制度を将来にわたって持続可能な形で充実強化することが，これまで以上に求められている。

　こうした中，2011（平成23）年3月には，保護司や有識者により構成された「保護司制度の基盤整備に関する検討会」が法務省保護局に設置され，2012（平成24）年3月には報告書がまとめられた。同報告書に基づき，又はその前後から，保護司活動の支援のため，以下のような取組みが実施されるようになった。

　①保護司の物的損害等に対する補償

　2010（平成22）年7月に茨城県の保護司の自宅が，担当する保護観察対象者の放火によって全焼する事件が発生した。この事件を契機に，それまでの国家公務員災害補償法（公務災害）による人的損害（怪我など）に対する補償に加えて，2012（平成24）年度から物的損害（家屋や家財の損傷など）や家族の被った損害に対する新たな補償制度が開始された。

　②保護司候補者の確保（保護司候補者検討協議会）

　これまで保護司候補者の確保は，専ら保護司に委ねられてきたことから，保護司の負担が重く，また広い分野からの候補者確保が難しい面があるとの指摘があった。そこで，モデル事業を経て2008（平成20）年度から，地域の事情に精通した様々な分野（地方行政，教育，福祉など）の方々の参加を求め，保護司候補者に関する情報や協力を得る「保護司候補者検討協議会」の設置が進められ，2013（平成25）年度には全保護区において設置できることとなった。

　なお，検討会の提言を受けて，定年の延伸などの社会情勢に鑑みて，新任保護司の上限年齢を65歳から66歳に引き上げられた。

　③保護司の活動拠点（更生保護サポートセンター）

these まで保護司は，保護観察対象者等を自宅に招いて面接するのが一般的であったが，最近の住宅事情からそれが困難になり，そのことが保護司への就任を拒否される大きな理由となっているとの指摘があった。そこで，保護司の自宅以外に面接場所を確保するとともに，保護司会の事務局，保護司相互の協議・情報交換，関係機関・団体との協議の場所を確保するため，市区町村の所有する公的施設等の中に保護司活動の拠点として「**更生保護サポートセンター**」を，2008（平成20）年度から順次設置している。ここには，一定の処遇経験を有する企画調整保護司が常駐して保護司の処遇活動の相談などに当たるほか，保護司の地域活動の拠点としての活用も期待されている。

④保護司組織に対する支援

保護司会や保護司会連合会などの保護司組織は，保護司同士のつながりを保ち，保護司相互の協議や情報交換，関係機関・団体との連携を推進するなど，保護司活動を支える極めて重要な役割を担っている。この保護司組織の活動を支援するため，これまでも保護司実費弁償金の充実が図られてきたが，2014（平成26）年度からは，保護司会連合会の運営や研修実施等の事務を担う保護司会連合会の企画調整保護司を配置する経費が措置されることとなった。

⑤複数保護司による担当

保護司が安心して保護観察処遇等に当たるためには，保護司をサポートする態勢が必要であり，保護観察所では，保護司研修の充実や保護司への助言指導に努めてきた。

一方，特に，新任保護司や経験の浅い保護司にとっては，経験のある保護司と共同で事件を担当し，処遇のノウハウや地域情報を伝達してもらうことが有効であるとの指摘があった。また，複合的な問題を抱える保護観察対象者には，複数の保護司が役割分担をしながら処遇に当たることが必要な場合も少なくない。そこで，2014（平成26）年度からは，保護司の意向を尊重しながら，複数保護司による保護観察事件の共同担当の積極的な運用に努めることとなった。

❷ 民間協力者の活動支援

更生保護法2条は，国に，同法の目的の実現に資する活動であって民間の団体又は個人により自発的に行われるものを促進し，これらの者と連携協力することを求めている。保護観察所は，保護司のほか，**協力雇用主**，**更生保護女性会**，**BBS会**など地域の民間協力者の活動の支援にも努めてきたが，2015（平成27）年度からは，いくつかの保護観察所において，民間協力者の活動支援を専ら行う専門官（民間活動支援専門官）の設置が認められたところであり，支援の一層の充実が期待される。

また，前述の更生保護サポートセンターは，保護司だけでなく更生保護の民間協力者全体の活動拠点としての活用も期待されている。　　　　（平尾博志）

▷更生保護サポートセンター
2015（平成27）年度中には，全国446か所に設置される見込みである。
⇨ Ⅶ-2「保護司」

▷3　⇨ Ⅶ-2「保護司」

▷4　前述の更生保護サポートセンターに配置された企画調整保護司にもその役割が期待されている。

▷協力雇用主
⇨ Ⅹ-3「協力雇用主」

▷更生保護女性会
⇨ Ⅹ-1「更生保護女性会」

▷BBS会
⇨ Ⅹ-2「BBS会」

▷5　最近では，ダルク（⇨ Ⅵ-10「薬物事犯者の処遇」）や福祉担当職員が集まって薬物依存からの回復支援について協議したり，地域住民を対象にして非行やいじめ問題の相談活動を行ったり，いわば地域支援のネットワークの拠点として活用されている更生保護サポートセンターも現れている。

XVI 更生保護における近年の動向と課題

 刑の一部の執行猶予制度

1 刑の一部の執行猶予制度の意義

　刑の一部の執行猶予制度とは，いわゆる**初入者等**に，3年以下の懲役又は禁錮の刑を言い渡す場合（罪名は問わない），1年以上5年以下の期間，その刑の一部の執行を猶予できるとするものである（刑法27条の2第1項）。他方，いわゆる累犯者の場合は，薬物使用等の罪を犯した者のみ，同制度が適用される（薬物使用等の罪を犯した者に対する刑の一部の執行猶予に関する法律）。従来の刑期全部の実刑や刑期全部の執行猶予のいずれでもない，刑の言渡しの新たな選択肢であり，2013（平成25）年6月に公布され，2016（平成28）年6月1日に施行された。

　実刑部分の施設内処遇を先に執行し，その後に猶予期間の社会内処遇が実施されることとなり，施設内処遇と社会内処遇を有機的に組み合わせて，再犯防止を図ることを目的とする。**残刑期間主義**をとる**仮釈放**の場合は必ずしも十分な処遇期間が確保できない場合があり，この仮釈放の限界を一部克服しようとする狙いもある。とりわけ薬物依存者の場合，物理的に薬物を遮断した環境の中で行う離脱指導に引き続き誘惑の多い社会に出てからも処遇を継続できることは再犯防止に効果的であり，累犯者にも適用可能とされた所以である。

2 対象者の実質的要件と保護観察

　刑の一部の執行猶予を言い渡すことができるのは，初入者等の場合，その**刑事責任の軽重**に応じ，これに見合った刑を科す観点から「相当」であり，かつ，被告人の再犯防止・改善更生を図る特別予防の観点から，一定期間の施設内処遇と相応の期間の社会内処遇を実施することが「必要」かつ「相当」である場合でなければならない。一方，薬物使用等の罪を犯した累犯者については，さらに要件が絞り込まれ，規制薬物等に対する依存を改善する処遇を実施すればその者の（薬物使用等の罪のみならず他の罪も含めた）再犯防止を図り得る場合に限定される。

　初入者等の場合，刑の一部の執行猶予の猶予期間中に保護観察に付されるか否かは裁判所の裁量によるのに対し，薬物法の対象者の場合は，保護観察が必要的に付される（薬物法4条1項）。この保護観察に付するか否かの選択は，保護観察による介入を必要とするような問題性の存在とその程度，及び当該問題性につき保護観察の介入による改善更生の可能性の有無とその程度，さらに保

▷初入者等
初入者等とは，前に禁錮以上の刑に処せられたことがない者，あってもその刑の全部の執行を猶予された者や前刑の執行終了後5年以上経過した者である。したがって，保護観察付き全部執行猶予の期間中の再犯の場合，刑の全部の執行猶予を再度言い渡すことはできないが，刑の一部の執行猶予の言渡しは可能である。

▷残刑期間主義
仮釈放を自由刑の一執行方法とみて，その期間を執行すべき刑期から仮釈放までに執行された期間を除いた残刑期間とする考え方。仮釈放を残刑の執行猶予制度とし，残刑期間とは関係なく仮釈放期間を決める考試期間主義等と対比される。

▷仮釈放
⇨ V-3「刑務所からの仮釈放」

▷刑事責任の軽重
刑の一部の執行猶予の場合の刑の重さは，言渡す刑期全体の長短，実刑部分の長短，執行猶予期間の長短などの総合的な判断で決まるとされる。なお，刑の一部の執行猶予の言渡しを受けた者は，心神喪失者等医療観察法2条3項の対象者とはならない。

▷専門的処遇プログラム
⇨ VI-8「専門的処遇プログラム」

護観察の実施可能性の観点から慎重に検討されなければならない。例えば，薬物自己使用や性犯罪の場合は，**専門的処遇プログラム**を含む長期間の保護観察処遇により依存からの回復，認知の歪みの解消や新しい行動様式の獲得を図る必要性が高いと認められ，そのための処遇メニューが現に存在し改善更生が期待でき

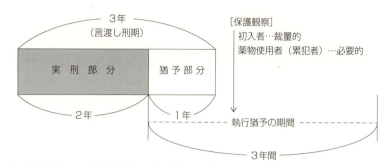

図XVI-1　刑の一部の執行猶予制度の仕組

（例）懲役3年，うち1年につき3年間執行猶予

[保護観察]
初入者…裁量的
薬物使用者（累犯者）…必要的

注：実刑部分につき仮釈放は可能（法定期間は，言渡し刑期の3分の1）。

ることから，保護観察に付すことが適当な場合が多いと考えられる。しかし，その者が同時に所属暴力団から離脱しないと述べるなど，①保護観察の指導監督に服さないことが見込まれる場合，②定住意思が希薄でその見込みも立たない場合，③専門的処遇プログラムの受講を拒否又は反応性が期待できない場合などは，保護観察に付すことは相当でないと考えられる。

3　刑の一部の執行猶予に保護観察が付された場合の処遇

実刑部分の執行から猶予期間中の保護観察へ円滑に移行できるよう，保護観察所が行う**生活環境の調整**に地方更生保護委員会がより積極的に関与する（更生保護法82条2項）ほか，猶予期間に先立って仮釈放がない場合は，地方更生保護委員会が生活環境の調整の結果を踏まえて釈放前に居住すべき住居を特定することができる（更生78条の2等）。また，特別遵守事項の設定，変更，取消しは，猶予期間の開始前は地方更生保護委員会（裁判所の意見聴取は不要），開始後は（裁判所の意見を基に）保護観察所の長が決定する（更生52，53条）。

刑の一部の執行猶予の言渡しを取り消されることなく猶予期間を経過したときは，猶予部分の刑の言渡しの効力は失われていわゆる実刑部分の刑に減軽され，当該実刑部分の執行終了時点で刑の執行を受け終わったものとされる（刑法27条の7）。なお，遵守事項違反を理由とする**裁量的取消**は，単に「遵守すべき事項を遵守しなかったとき」（刑法27条の5第2項，薬物法5条）と定められ，「遵守すべき事項を遵守せず，その情状が重いとき」（刑26条の2）と定めた現行の保護観察付刑の全部執行猶予の場合と異なる。

薬物法による刑の一部の執行猶予の場合の保護観察処遇は，原則として**薬物処遇プログラム**が特別遵守事項として義務づけて実施される（更生51条の2）。さらに，あらかじめ保護観察対象者の意思に反しないことを確認した上で，依存の改善に資する医療や**専門的な援助**を受けるよう指示することができ，医療・福祉などの専門機関との連携により地域支援が実施される。　（今福章二）

▶生活環境の調整
⇒ IV-1 「刑事施設被収容者に対する生活環境の調整」
▶裁量的取消
刑の一部の執行猶予の対象者が，例えば，薬物処遇プログラムの受講を正当な理由なく拒否し，その改善更生のために保護観察を継続すべき特段の理由がない場合は，刑の一部の執行猶予の取消しが可能である。
▶薬物処遇プログラム
⇒ VI-10 「薬物事犯者への処遇」
▶専門的な援助
精神保健福祉センター，ダルクや更生保護施設（薬物処遇重点実施施設）等で行われている認知行動療法に基づく薬物依存からの回復プログラムなど，法務大臣が定める基準に適合するものを受けた場合は，その受けた内容に応じ，保護観察所で実施する薬物処遇プログラムはその一部を受け終わったものとすることができる（更生65条の3第4項）。
▶1 ⇒ XVI-2 「薬物事犯者等特定の問題を抱える者への指導・支援の強化」。

XVII 更生保護：世界の動向と日本

欧米における更生保護：実証的根拠（エビデンス）に基づく実践

1 欧米における更生保護の特徴

　現在の欧米における更生保護ないし犯罪者処遇を特徴づけるキーワードは，「実証的根拠（エビデンス）に基づく実践（evidence-based practice）」である。効果が認められた犯罪者処遇方法とは，それが再犯率を減少させることが研究によって客観的に実証されていることを意味する。犯罪者処遇方法の効果測定をめぐる欧米での議論は，アメリカで1970年代前半に提起された処遇効果否定論に対する反論を契機に転機を迎えた。その結果，従来の回顧的研究や比較対象群を伴わないケース研究から，客観性・科学性・追試可能性を重視し，客観的・統計的に処遇方法の有効性（再犯減少効果）を検証する研究にシフトした[1]。現在，欧州・北米やオーストラリア等を中心に，厳格な基準を満たした実証研究が集積され，それらを紹介する国際的なデータベース（キャンベル共同計画，Campbell Collaboration）や欧米各国でのウエッブ・サイトの整備も進んでいる。

　研究デザインや検証方法について厳格な審査基準を充足した実証研究の系統的レビュー（systematic review）及びそれら複数の研究を統計的に解析したメタ分析（meta-analysis）の集積によって，犯罪者処遇が有効であることは，すでに確固たる事実となっている。現在では，どのような条件の下で，誰に対して，いかなる処遇方法が最も効果的か，について研究の重点が移っている。

2 効果の認められた犯罪者処遇方法

　ここでは，主要なもの2つに絞って紹介する[2]。①学習理論に基づく認知行動療法（cognitive-behavioral therapy）をベースとした犯罪者処遇方法には，(1)犯罪者一般が有する犯罪的思考（criminal thinking）に焦点を当てて，その認知の歪みの修正を図るものと，(2)特定の犯罪傾向の改善を図るもの（性犯罪者，薬物乱用・依存症者，暴力事犯者，飲酒運転の反復傾向のある者など）があり，程度の相違はあるが効果が認められている。(1)の形態としては，攻撃性置換訓練，認知介入プログラムなどがあり，欧米では広く活用されている。(2)も欧米で開発されたもので，日本の社会内処遇の現場では，2006（平成18）年の性犯罪者処遇プログラム導入を皮切りに順次導入が進み，前記4種類が活用されている[3]。②治療的法学（therapeutic jurisprudence, TJ）は，1980年代のアメリカで，法の適用が感情面及び心理的な福利に与える影響を分析する学問として，精神保健

▷1　犯罪者処遇における科学的実証研究重視の流れは，1980年代以降盛んとなった自然科学分野における実証的根拠に基づく医療（evidence-based medicine, EBM）の影響を受けて，1990年代以降に，犯罪者処遇を含む社会科学分野一般で隆盛となった実証的根拠に基づく実践（evidence-based practice, EBP）の概念と結合し，今日に至っている。

▷2　複数の厳密な研究の結果，実証的に再犯防止効果が認められた処遇方法の一例を紹介する。①認知行動療法には，最大で52％の再犯減少効果が認められた。②成人ドラッグ・コートは，8.0％の犯罪減少効果と対象者1人当たりUS$4,767の便益が期待でき，最新のレビューによると，犯罪一般及び薬物関連犯罪双方について，一貫して，かなり大きな再犯減少効果がみられ（実験群の再犯率38％），かつ，その効果は，最低3年間持続した。③成人犯罪者に対するプログラムでは，集中的指導監督プログラム（Intensive Supervision）について，監視ではなく処遇中心のプログラムである場合に限り，16.7％の犯罪減少効果と対象者1人当たりUS$1万1,563の便益が期待できる。社会内での雇用及び職業訓練は，4.3％

法の適用領域から始まった。その後，行動科学の成果とも結びつき，「人はなぜ，法規範や裁判所の判決に従うのか」を，社会心理学的に実証研究する流れの影響も受けて，刑事司法実務改善の一方策としても活用されるようになった。ここで法とは，実体法だけでなく，手続法や法適用の過程，法の運用に関わる人たちの法運用場面における行動なども含む広い概念である。1990年代に入って，刑事司法手続，薬物乱用者に対する依存症改善のための強制的処遇方法の一種であるドラッグ・コート（Drug Courts），DV コート等に TJ が応用されるようになった。これらは，問題解決型法廷（problem solving court）と呼ばれ，特に，ドラッグ・コートは，薬物乱用者に対する再使用防止効果が実証された処遇方法として，欧米，オーストラリア等で幅広く展開を見せている。

❸ 犯罪者処遇モデル：RNR モデルとグッド・ライブズ・モデル

犯罪者処遇の方向性を考える際，再犯減少自体は共通の目的であるが，そこに到達するアプローチとして，リスク管理を基本とする RNR モデル（Risk-Need-Responsivity〔RNR〕Model）とそれを批判するグッド・ライブズ・モデル（Good Lives Model〔GLM〕）がある。RNR モデルは，欧米諸国を中心に犯罪者処遇モデルの主流と目されている。その特徴は，実証的根拠を重視し，第3世代の再犯危険性評価基準と「一般人格及び認知社会的学習理論（GPCSL 理論）」をベースに，認知行動療法を中核とする処遇方法によって，再犯率減少に実績を挙げてきた点にある。GLM は，緊張理論をベースに，自己決定を回復して，個人としての福利を追求することが，究極的には，犯罪行為の停止に繋がるとし，人が生来的にもっている長所を再発見し，伸ばすことが福利追求になるとして，長所基盤モデル（strength-based model）を重視する。

❹ 人はなぜ犯罪をしなくなるのか：日本社会が直面する新たな課題

再犯防止効果のある犯罪者処遇方法の探求は，これまで「人はなぜ犯罪をするのか」に力点があった。しかし，欧米では，近年，発想を転換して，「人はなぜ犯罪をしなくなるのか」についての研究が進められている。年齢犯罪曲線（age-crime curve）の観点からみた「犯罪をしなくなる」とは，①新たに犯罪をする者が発達・加齢に伴って減少すること，②犯罪をしてきた者であっても加齢に伴い再犯を止めることを意味する。特に，②については，加齢以外の犯罪抑止要因についての研究が，デシスタンス（desistance＝犯罪行為を止めること）研究として脚光を浴びている。日本では，近年，年齢別人口単位の犯罪率が，本来，低いはずの高齢者による犯罪が，高齢者人口の増加率を遙かに上回るペースで増え続けており，同時に，70歳以上の女子高齢犯罪者の大幅増加傾向も続くなど，年齢犯罪曲線や従来のジェンダー犯罪学では説明できない現象がみられ，デシスタンス研究の観点からも注目を集めている。　　（染田　惠）

の犯罪減少効果と対象者1人当たり US$4,359 の便益が期待できる。④少年犯罪者に対するプログラムでは，性犯罪者に対する認知行動療法に，10.2％の犯罪減少効果と対象者1人当たり US$7,829 の便益が期待できる。

他方，アメリカなどで，犯罪・非行少年に対する処遇プログラムとして根強い人気のあるスケアード・ストレイト（Scared Straight）プログラムは，プログラム終了後の再犯率の上昇が確認された。これは，エビデンスに基づく有効性が実証されていない処遇を行うことが，いかに危険かを示す結果となっている。

▷3　⇨ Ⅵ-8「専門的処遇プログラム」，Ⅵ-9「性犯罪者への処遇」，Ⅵ-10「薬物事犯者への処遇」

▷4　RNR モデルとグッド・ライブズ・モデルの詳細及び両者に関する批判的検討については，拙稿を参照（染田惠，2012，「犯罪者の社会内処遇における最善の実務を求めて―実証的根拠に基づく実践の定着，RNR モデルと GL モデルの相克を超えて―」，『更生保護学研究』創刊号，日本更生保護学会，123-147頁）

▷5　年齢犯罪曲線では，年齢別人口単位の犯罪率（同年齢人口10万人当たりの一般刑法犯検挙人員の比率）は，国・地域を問わず，思春期初期（13歳前後）から上昇を始め，概ね思春期中期（16～17歳）でピークに達し，以後減少傾向が続くとされている。この曲線上で，高齢者犯罪の増加は，本来あり得ない現象となる。

XVII 更生保護：世界の動向と日本

アジアにおける更生保護

本節では，主に，東・東南アジア地域において更生保護制度が発展している国の制度を中心に紹介する。

1 韓　国

韓国では，1988年に制定された保護観察法に基づき，翌年から保護観察制度が実施されている。組織は，法務部犯罪予防政策局下の保護観察・仮釈放委員会（5庁），保護観察所（56庁），GPS監視センター（1庁）からなり，職員数は約1500人（2013年末現在）である。

保護観察所が扱う事件の種別は多岐にわたり，大別すると①保護観察所による指導監督，②社会奉仕命令，③教育・治療命令，④性犯罪者に対するGPS電子監視，⑤性犯罪者に対するホルモン治療，に分けられる。

また，判決前調査も保護観察所の業務である。

同国では，約1万3900人の犯罪予防自願奉仕委員（日本の保護司に当たるもの）が活動している（2013年末現在）。

▷1　保護観察付執行猶予者，少年法に基づく少年保護観察対象者，精神科治療，家庭内暴力法及び性犯罪法に基づく保護観察，保護観察所善導条件付起訴猶予者等がある。

▷2　執行猶予中の者，性犯罪法や家庭内暴力法に基づく者，少年等に対して実施されている。

▷3　薬物対象者，家庭内暴力者，性犯罪者等に対し心理学等に基づくプログラムを受けさせるものである。

▷4　同委員による個別処遇は主に少年に対して行われており，その他の保護司は犯罪予防活動や就労支援等を行っている。

2 フィリピン

フィリピンの保護観察は，1978年から運用されている。所管は司法省保護局であり，同局下の15管区，183か所の保護観察所により運営されている。職員数は，保護観察官を中心に約1300人である。保護観察所の主な業務は①判決前調査，②仮釈放前調査，③対象者の指導監督（成人の保護観察，仮釈放，条件付恩赦）である。近年，同国の保護観察所では，階層的治療共同体プログラム及び修復的司法プログラムを処遇の中心に据えている。

2014年末現在，約1万3500人の保護司が活動しているが，同国の保護司制度の発展には，独立行政法人国際協力機構（JICA）の国際協力の枠組みで**国連アジア極東犯罪防止研修所**が実施した「フィリピン保護司再活性化プロジェクト」の支援が大きく貢献している。

▷国連アジア極東犯罪防止研修所
1962（昭和37）年，わが国が国連と共同で設置した国連の地域研修所で，法務省が所管している。海外（主に開発途上国）の刑事司法実務家を対象とした国際研修やセミナーなどを実施し，刑事司法分野における人材の育成に尽力している。通称「アジ研」又は「UNAFEI」（http://www.unafei.or.jp/）。

3 シンガポール

シンガポールの保護観察制度は1947年に開始された。少年・若年者法及び保護観察法が主な根拠法である。同国の保護観察は，社会・家庭振興省保護局保護観察部が所管しており，職員数は約100人である。同部は，判決前調査，保

XVII-2　アジアにおける更生保護

護観察指導のほか，少年に対する裁判前**ダイバージョン**としてのプログラムも実施している。シンガポールの保護観察はほとんどが少年又は若年層に対して行われており，9割以上が21歳以下の対象者である。同部が所管する対象は，裁判所で保護観察命令を受けた者（少年については，裁判前の者も含む）であり，矯正施設釈放後の指導・ケアについては，内務省刑務所庁が行っている。

　シンガポールでは，カナダモデルに基づく科学的アセスメントや処遇プログラムが積極的に推進されている。また，GPS腕輪や声紋認証による在宅チェック等の先進的な技術も活用されている。保護司制度もあり，2014年6月時点で約230人の保護司が活動している。

4　タ　イ

　タイの保護観察の実施は1952年に遡る。現在は司法省保護局の所管である。職員数は保護観察官ほか約4500人である。保護観察対象者は，①18歳以上の成人対象者で執行猶予中の者，②仮釈放又は刑期の短縮により釈放された受刑者，③10歳以上18歳未満の少年のうち，(1)無罪判決を受けたが保護観察が必要とみなされた者，(2)有罪判決を受け，保護観察付執行猶予となった者，(3)訓練センターから条件付きで退所となった者，(4)訓練センターを終了して退所したが，保護観察が必要とみなされた者である。その上，罰金の代替刑としての社会奉仕命令の者，強制薬物治療命令の者も保護観察指導下にある。判決前調査，釈放前調査も保護観察所の業務として行われている。

　タイにも保護司制度があり，2014年末時点で約1万5000人の保護司が活動している。タイでは，保護司に加え，2005年以降「コミュニティ司法ボランティア」が活発に活用されている。

5　東・東南アジアの更生保護ネットワークの広まり

　近年，東・東南アジア地域における更生保護分野におけるネットワーク構築に向けての動きが加速化している。2013（平成25）年にはタイ保護局主催による「第1回アセアンプラス3非拘禁措置及び保護観察会議」がタイ・バンコクで開催された。また，2014（平成26）年には日本更生保護協会及び国連アジア極東犯罪防止研修所の共催により，世界で初めての保護司の国際会議である「アジア保護司会議」が東京で開催された。さらに，2015（平成27）年2月には，タイ保護局，タイ法務研究所，JICA及び国連アジア極東犯罪防止研修所の共催で「アセアン地域・社会内処遇推進セミナー」が開催され，犯罪者の改善更生のためには社会内処遇の実施が有効かつ必要であることを確認した上で，社会内処遇を推進する方策について活発な協議がなされた。

（田代晶子）

▶ダイバージョン
⇒ I-5「更生保護と刑事司法」

▶5　これらは，保護観察中の遵守事項として対象者に義務づけられることがある。

▶6　薬物依存者に対する起訴を猶予し，薬物乱用者更生委員会の決定により，強制的な施設内・社会内処遇を受けさせる制度。処遇の結果更生したと判定された場合，起訴を免除される。

▶7　約100か所の「コミュニティ司法センター」で，ボランティアが防犯や犯罪者の更生，紛争の調停，法的支援などの活動を行っている。

▶8　アセアン10か国及び日本・韓国・中国の更生保護関係者が参加し，同会議は以後毎年開催されている。

参考文献

www.unafei.or.jp/activities/ap2014_j.htm

田代晶子「アジア犯罪学会第6回年次大会出席報告：アジアの保護司制度の紹介を中心に」『更生保護学研究』第5号，日本更生保護学会，2014年12月。

XVII　更生保護：世界の動向と日本

 # これからの日本の更生保護

1　多職種・多機関連携：精神医療，そして福祉へ

　その契機は，2003（平成15）年，「精神医療ニーズのある」犯罪者に対する医療観察制度の創設である。この中で精神保健観察が導入され，新たに「社会復帰調整官」が保護観察所に配属されたことにより，多職種・多機関連携が具現化した。そして，後述するように「福祉ニーズのある」犯罪者に対する**システムズ・アプローチ**へと拡大・展開したのである。

▷システムズ・アプローチ
⇨ コラム6 「更生保護における家族への働きかけ：システムズ・アプローチ」

　福祉との連携が進んだ要因は，「犯罪性」に加えて，障害や高齢であるという「併存障害」ともいえるハンディキャップを抱えた者による犯罪，特に再犯問題の深刻化である。それに対応した新たな政策が，2009（平成21）年から始まった「高齢または障害により自立が困難な刑務所出所者等に対する社会復帰支援事業」である。相前後して，更生保護施設に福祉の専門職が配置され，各都道府県に「**地域生活定着支援センター**」という連携組織が設けられた。

▷地域生活定着支援センター
⇨ IX-2「地域生活定着支援センター・特別調整」

　しかしながら，元来，福祉の対象は，身体・精神・知的障害など，本人に全く責のないハンディのある人々である。「支援」といった用語を，自らの問題性から犯罪を行った者に適用することに，そして，「福祉の刑事司法化」の流れに福祉領域からの抵抗が大きい。何よりも，刑事政策として国の統一基準で実施されてきたものが，具体例として同じ犯罪を行っても刑務所に入るか否かが，地方福祉の実情で左右されることにならないか，検証が必要であろう。

2　保護観察官と保護司との協働態勢：リスク・マネジメントへの配意

▷保護司
⇨ VII-2「保護司」

　刑事司法に基づく社会支援を地域で実践していたのが，**保護司**との協働態勢を特質とするわが国の更生保護であった。非行少年・犯罪者の地域生活支援を十全に行うことにより，再犯のない「普通の生活」の継続を後押しし，社会への再統合を実現していく。更生保護の目的である再犯を抑止するリスク管理は，決して専門家による介入だけで奏功するものではない。対象者の家族への押しつけではなく，家族支援が有効に機能することが不可欠である。家庭環境が，非行・犯罪の要因であり，一時的に本人を家庭から施設へ引き離すことはあっても，家族関係は切れることはない。だからこそ，家族が置かれた諸事情からそのパワーを十分に発揮できない状況に対して，家族に働きかける必要性を強調したい。さらに，保護司宅での接遇，あるときは，茶菓子を食べながらの和

▷1　保護司の面接場所が自宅から公的機関へ：2010（平成22）年に茨城県で保護司宅が医療少年院仮退院

やかな面談こそが，対象者にとって「社会に受け入れられた」との体感になるのである。このことが，非行少年・犯罪者の立ち直りへの意欲を喚起するとともに，社会には更生保護の理念を具現化するアピールになることを疑わない。

③ 補導援護の一層の充実を：福祉的対応の原点

福祉との連携・協働により，保護観察処遇が面接場面での働きかけに偏重していたのを，地域社会で援助のネットワークを編み上げていくアプローチが更生保護で活性化した功績は大きい。しかし，更生保護が，最大限に力を発揮するために，職業や住居の確保など社会資源の全国的な基盤整備をはじめ，その重要な機能である補導援護の一層の充実が喫緊の課題である。

例えば，矯正施設に収容中の対象者の社会生活上のリスク・アセスメントは，保護司の調査と保護観察官の所見に基づく環境調整報告書により出所後の地域生活支援に活用されるが，ここで保護観察の専門機能が発揮される。ところが，最近では，少年院や刑務所に配置された社会福祉士から保護観察所を介さずに，特定の地域生活定着支援センター，あるいは，福祉施設へダイレクトに入所調整の要請があるという。「顔の見える福祉」の特性が活かされたとも評価できるが，個人的なつながりが優先しては，全国一律を特質とする刑事司法システムとしては機能不全といわざるを得ない。

④ 立ち直り支援のための判決前調査の創設

非行少年・犯罪者の立ち直り支援が滞れば，犯罪者の数が一気に増えることにつながることから，リスク・アセスメント（再犯危険の査定）に基づくリスク・マネジメント（再犯抑止のための管理）が更生保護の要件であることを強調したい。保護観察の開始に際して，保護司活動に委ねることが適当なケースか，保護観察官の直接担当にすべきか，判断しようにも保護観察官の絶対数が足りなく，東京や大阪などの保護観察所を除けば，それに専従できる保護観察官さえ存在しない現況の抜本的改善を図る必要がある。

次に，**刑の一部の執行猶予制度**の導入がなされ，保護観察の有効性が問題となっているが，再犯等による刑の執行猶予の取消しが20％を超えている事実がある。対象者の生育歴，家庭環境，発達・人格上の偏りなどを調査して，その犯罪性の深まりを事前評価していたならば，単に実刑を避けるために保護観察付刑執行猶予を言い渡してなかったであろう事案が散見される。これは，家庭裁判所調査官に相当する職種が成人裁判所にないために生じる制度上の不備であり，欧米のように判決前調査を行い，社会調査や臨床心理の手法を用いて被告人の犯罪性からその予後を測り，地域の実情に精通した保護司の生活支援を念頭に置いた受け入れ先となる家庭等の環境調整を図る業務を保護観察所に担当させるべきであろう。

（生島　浩）

中の障害のある少年から放火されるという不幸な事件が起こった。保護司活動の安全確保や保護司会がより組織的に処遇活動や犯罪予防活動を行う観点から，「更生保護サポートセンター」が全国に245か所（2014年度末現在）設置されている。⇒ⅩⅥ-4「保護司をはじめとする民間協力者の活動基盤の整備」

▷2　更生保護のリスク・アセスメント：リスク・アセスメントとは，通常，「再犯リスク」を客観的に評価するために数字で明示される。更生保護にとっては，本人はもとより家族や支援者の「立ち直りを信じての思い入れ」こそが，強力な再犯抑止要因であり，客観的なエビデンス（証拠）が絶対的でない，すなわち「だまされることも必要」である臨床経験を大切にしたい。

▷3　保護観察官の専門性と増員：2012（平成24）年度から国家公務員採用試験の専門職試験の一つとして法務省専門職員（人間科学）採用試験が始まり，保護観察官の専門性の向上が期待される。さらに，社会福祉士，精神保健福祉士，臨床心理士などの有資格者が増えている。2015年度では1362名の保護観察官のうち処遇現場にいるのは約1000名であり，性犯罪・薬物犯罪等の専門的処遇プログラムの実施についても，大幅な増員が不可欠である。

▷刑の一部の執行猶予制度
⇒ⅩⅥ-5「刑の一部の執行猶予制度」

更生保護法

(平成19年6月15日法律第88号)
(最新改正：平成28年6月3日法律第54号)

第1章　総則

第1節　目的等

（目的）
第1条
　この法律は、犯罪をした者及び非行のある少年に対し、社会内において適切な処遇を行うことにより、再び犯罪をすることを防ぎ、又はその非行をなくし、これらの者が善良な社会の一員として自立し、改善更生することを助けるとともに、恩赦の適正な運用を図るほか、犯罪予防の活動の促進等を行い、もって、社会を保護し、個人及び公共の福祉を増進することを目的とする。

（国の責務等）
第2条
　国は、前条の目的の実現に資する活動であって民間の団体又は個人により自発的に行われるものを促進し、これらの者と連携協力するとともに、更生保護に対する国民の理解を深め、かつ、その協力を得るように努めなければならない。
2　地方公共団体は、前項の活動が地域社会の安全及び住民福祉の向上に寄与するものであることにかんがみ、これに対して必要な協力をすることができる。
3　国民は、前条の目的を達成するため、その地位と能力に応じた寄与をするように努めなければならない。

（運用の基準）
第3条
　犯罪をした者又は非行のある少年に対してこの法律の規定によりとる措置は、当該措置を受ける者の性格、年齢、経歴、心身の状況、家庭環境、交友関係等を十分に考慮して、その者に最もふさわしい方法により、その改善更生のために必要かつ相当な限度において行うものとする。

第2節　中央更生保護審査会

（設置及び所掌事務）
第4条
　法務省に、中央更生保護審査会（以下「審査会」という。）を置く。
2　審査会は、次に掲げる事務をつかさどる。
　一　特赦、特定の者に対する減刑、刑の執行の免除又は特定の者に対する復権の実施についての申出をすること。
　二　地方更生保護委員会がした決定について、この法律及び行政不服審査法（平成26年法律第68号）の定めるところにより、審査を行い、裁決をすること。
　三　前二号に掲げるもののほか、この法律又は他の法律によりその権限に属させられた事項を処理すること。

（審査会の組織）
第5条
　審査会は、委員長及び委員4人をもって組織する。

（委員長及び委員の任命）
第6条
　委員長及び委員は、優れた識見を有する者のうちから、両議院の同意を得て、法務大臣が任命する。
2　委員長又は委員の任期が満了し、又は欠員を生じた場合において、国会の閉会又は衆議院の解散のために両議院の同意を得ることができないときは、法務大臣は、前項の規定にかかわらず、委員長又は委員を任命することができる。
3　前項の場合においては、任命後最初の国会で両議院の事後の承認を得なければならない。この場合において、両議院の事後の承認を得られないときは、法務大臣は、その委員長又は委員を罷免しなければならない。
4　委員長及び委員の任命については、そのうち3人以上が同一の政党に属する者となることとなってはならない。

（委員長及び委員の任期）
第7条
　委員長及び委員の任期は、3年とする。ただし、補欠の委員長又は委員の任期は、前任者の残任期間とする。

（委員長及び委員の服務等）
第8条
　委員のうち2人は、非常勤とする。
2　委員長及び委員は、在任中、政党その他の政治団体の役員となり、又は積極的に政治運動をしてはならない。
3　委員長及び常勤の委員は、在任中、法務大臣の許可がある場合を除き、報酬を得て他の職務に従事し、又は営利事業を営み、その他金銭上の利益を目的とする業務を行ってはならない。
4　委員長及び委員の給与は、別に法律で定める。

（委員長及び委員の罷免）
第9条　法務大臣は、委員長又は委員が破産手続開始の決定を受け、又は禁錮以上の刑に処せられたときは、その委員長又は委員を罷免しなければならない。
2　法務大臣は、委員長若しくは委員が心身の故障のため職務の執行ができないと認めるとき、又は委員長若しくは委員に職務上の義務違反その他委員長若しくは委員たるにふさわしくない非行があると認めるときは、両議院の同意を得て、その委員長又は委員を罷免することができる。
3　法務大臣は、委員長及び委員のうち3人以上が同一の政党に属することとなったときは、同一の政党に属する者が2人になるように、両議院の同意を得て、委員長又は委員を罷免するものとする。
4　前項の規定は、政党所属関係に異動のなかった委員長又は委員の地位に影響を及ぼすものではない。

（委員長）
第10条　委員長は、会務を総理し、審査会を代表する。
2　委員長に事故があるときは、あらかじめ委員長が定める順序により、常勤の委員が委員長の職務を行う。

（会議等）
第11条
　審査会は、委員長が招集する。
2　審査会は、委員長及び半数以上の委員の出席がなければ、議事を開き、議決をすることができない。
3　審査会の議事は、出席者の過半数で決し、可否同数のときは、委員長の決するところによる。
4　審査会がその権能として行う調査又は第4条第2項第二号に規定する審査のための審理は、審査会の指名により、委員長又は1人の委員で行うことができる。

5　委員長に事故がある場合における第2項の規定の適用については，前条第2項の規定により委員長の職務を行う常勤の委員は，委員長とみなす。
（審問）
第12条
　審査会は，その所掌事務に属する事項の調査において，必要があると認めるときは，法務省令で定めるところにより，関係人を呼び出し，審問することができる。
2　前項の規定による呼出しに応じないため再度同項の規定による呼出しを受けた者が，正当な理由がないのにこれに応じないときは，10万円以下の過料に処する。
3　第1項の規定による呼出しに応じた者に対しては，政令で定めるところにより，旅費，日当及び宿泊料を支給する。ただし，正当な理由がないのに陳述を拒んだ者に対しては，この限りでない。
（記録等の提出の求め）
第13条
　審査会は，その所掌事務に属する事項の調査において，必要があると認めるときは，裁判所，検察官，刑事施設の長，少年院の長，婦人補導院の長，地方更生保護委員会及び保護観察所の長に対し，記録，書類，意見書及び報告書の提出を求めることができる。
（協力の求め）
第14条
　審査会は，その所掌事務を遂行するため，官公署，学校，病院，公共の衛生福祉に関する機関その他の者に対し，必要な協力を求めることができる。
（政令への委任）
第15条
　第4条から第11条までに規定するもののほか，審査会の組織に関し必要な事項は，政令で定める。

　　第3節　地方更生保護委員会
（所掌事務）
第16条
　地方更生保護委員会（以下「地方委員会」という。）は，次に掲げる事務をつかさどる。
　一　刑法（明治40年法律第45号）第28条の行政官庁として，仮釈放を許し，又はその処分を取り消すこと。
　二　刑法第30条の行政官庁として，仮出場を許すこと。
　三　少年院からの仮退院又は退院を許すこと。
　四　少年院からの仮退院中の者について，少年院に戻して収容する旨の決定の申請をすること。
　五　少年法（昭和23年法律第168号）第52条第1項又は同条第1項及び第2項の規定により言い渡された刑（以下「不定期刑」という。）について，その執行を受け終わったものとする処分をすること。
　六　刑法第25条の2第2項及び第27条の3第2項（薬物使用等の罪を犯した者に対する刑の一部の執行猶予に関する法律（平成25年法律第50号）第4条第2項において準用する場合を含む。）の行政官庁として，保護観察を仮に解除し，又はその処分を取り消すこと。
　七　婦人補導院からの仮退院を許し，又はその処分を取り消すこと。
　八　保護観察所の事務を監督すること。
　九　前各号に掲げるもののほか，この法律又は他の法律によりその権限に属させられた事項を処理すること。
（地方委員会の組織）
第17条
　地方委員会は，3人以上政令で定める人数以内の委員をもって組織する。

（委員の任期）
第18条
　委員の任期は，3年とする。
（委員長）
第19条
　地方委員会に，委員長を置く。委員長は，委員のうちから法務大臣が命ずる。
2　委員長は，会務を総理し，その地方委員会を代表する。
3　委員長に事故があるときは，あらかじめ委員長が定める順序により，他の委員が委員長の職務を行う。
（事務局）
第20条
　地方委員会に，事務局を置く。
2　事務局の内部組織は，法務省令で定める。
（委員会議）
第21条
　地方委員会の所掌事務の処理は，第23条第1項の規定により3人の委員をもって構成する合議体で権限を行う場合その他法令に特別の定めがある場合を除き，委員の全員をもって構成する会議の議決による。
2　前項の会議は，委員長が招集する。
3　第1項の会議は，委員の半数以上の出席がなければ，議事を開き，議決することができない。
4　第1項の会議の議事は，出席者の過半数で決し，可否同数のときは，委員長の決するところによる。ただし，5人未満の委員をもって組織される地方委員会において，出席者が2人であるときは，その意見の一致したところによる。
（記録等の提出の求めに関する規定の準用）
第22条
　第13条の規定は，前条第1項の会議の調査について準用する。この場合において，第13条中「，地方更生保護委員会及び保護観察所の長」とあるのは，「及び保護観察所の長」と読み替えるものとする。
（合議体）
第23条
　地方委員会は，次に掲げる事項については，3人の委員をもって構成する合議体で，その権限を行う。
　一　この法律又は他の法律の規定により決定をもってすることとされている処分
　二　第35条第1項（第42条及び売春防止法（昭和31年法律第118号）第25条第4項において準用する場合を含む。）の規定による審理の開始に係る判断
　三　第39条第4項（第42条及び売春防止法第25条第4項において準用する場合を含む。）の規定による審理の再開に係る判断
　四　第71条の規定による申請
2　前項の合議体の議事は，その構成員の過半数で決する。
3　第1項の合議体がその権能として行う調査は，その構成員である委員又は保護観察官をして行わせることができる。
（合議体による審理）
第24条
　前条第1項の合議体は，同項第一号に掲げる処分又は同項第四号に掲げる申請をするか否かを判断するには，審理を行わなければならない。
（審理における調査）
第25条
　第23条第1項の合議体は，前条の審理において必要があると認めるときは，審理の対象とされている者（以下「審理対象者」という。）との面接，関係人に対する質問その他の方法により，調査を行うことができる。
2　前項の調査を行う者は，その事務所以外の場所において

当該調査を行う場合には、その身分を示す証票を携帯し、関係人の請求があったときは、これを提示しなければならない。
3　第12条及び第13条の規定は、第1項の調査について準用する。この場合において、同条中「、地方更生保護委員会及び保護観察所の長」とあるのは、「及び保護観察所の長」と読み替えるものとする。
4　前項において準用する第12条第1項の規定による呼出し及び審問は、第23条第3項の規定にかかわらず、保護観察官をして行わせることができない。
（決定書）
第26条
　第23条第1項の合議体の決定は、決定書を作成してしなければならない。
（決定の告知）
第27条
　前条の決定は、当該決定の対象とされた者に対し、これを告知することによって、その効力を生ずる。
2　前項の決定の告知は、その対象とされた者に対して当該決定を言い渡し、又は相当と認める方法により決定書の謄本をその者に送付して、行うものとする。ただし、急速を要するときは、法務省令で定める方法によることができる。
3　第1項の決定の対象とされた者が刑事施設に収容され、若しくは労役場に留置されている場合又は少年院若しくは婦人補導院に収容されている場合において、決定書の謄本を当該刑事施設（労役場に留置されている場合には、当該労役場が附置された刑事施設）の長、少年院の長又は婦人補導院の長に送付したときは、当該決定の対象とされた者に対する送付があったものとみなす。
4　決定書の謄本を、第1項の決定の対象とされた者が第50条第1項第4号（売春防止法第26条第2項において準用する場合を含む。）の規定により居住すべき住居（第51条第2項第五号（同法第26条第2項において準用する場合を含む。）の規定により宿泊すべき特定の場所が定められている場合には、当該場所）に宛てて、書留郵便又は民間事業者による信書の送達に関する法律（平成14年法律第99号）第2条第6項に規定する一般信書便事業者若しくは同条第9項に規定する特定信書便事業者の提供する同条第2項に規定する信書便の役務のうち書留郵便に準ずるものとして法務大臣が定めるものに付して発送した場合においては、その発送の日から5日を経過した日に当該決定の対象とされた者に対する送付があったものとみなす。
（協力の求めに関する規定の準用）
第28条
　第14条の規定は、地方委員会について準用する。

第4節　保護観察所
（所掌事務）
第29条
　保護観察所は、次に掲げる事務をつかさどる。
一　この法律及び売春防止法の定めるところにより、保護観察を実施すること。
二　犯罪の予防を図るため、世論を啓発し、社会環境の改善に努め、及び地域住民の活動を促進すること。
三　前二号に掲げるもののほか、この法律その他の法令によりその権限に属させられた事項を処理すること。
（協力等の求め）
第30条
　保護観察所の長は、その所掌事務を遂行するため、官公署、学校、病院、公共の衛生福祉に関する機関その他の者に対し、必要な援助及び協力を求めることができる。

第5節　保護観察官及び保護司
（保護観察官）
第31条
　地方委員会の事務局及び保護観察所に、保護観察官を置く。
2　保護観察官は、医学、心理学、教育学、社会学その他の更生保護に関する専門的知識に基づき、保護観察、調査、生活環境の調整その他犯罪をした者及び非行のある少年の更生保護並びに犯罪の予防に関する事務に従事する。
（保護司）
第32条
　保護司は、保護観察官で十分でないところを補い、地方委員会又は保護観察所の長の指揮監督を受けて、保護司法（昭和25年法律第204号）の定めるところに従い、それぞれ地方委員会又は保護観察所の所掌事務に従事するものとする。

第2章　仮釈放等

第1節　仮釈放及び仮出場
（法定期間経過の通告）
第33条
　刑事施設の長又は少年院の長は、懲役又は禁錮の刑の執行のため収容している者について、刑法第28条又は少年法第58条第1項に規定する期間が経過したときは、その旨を地方委員会に通告しなければならない。
（仮釈放及び仮出場の申出）
第34条
　刑事施設の長又は少年院の長は、懲役又は禁錮の刑の執行のため収容している者について、前条の期間が経過し、かつ、法務省令で定める基準に該当すると認めるときは、地方委員会に対し、仮釈放を許すべき旨の申出をしなければならない。
2　刑事施設の長は、拘留の刑の執行のため収容している者又は労役場に留置している者について、法務省令で定める基準に該当すると認めるときは、地方委員会に対し、仮出場を許すべき旨の申出をしなければならない。
（申出によらない審理の開始等）
第35条
　地方委員会は、前条の申出がない場合であっても、必要があると認めるときは、仮釈放又は仮出場を許すか否かに関する審理を開始することができる。
2　地方委員会は、前項の規定により審理を開始するに当たっては、あらかじめ、審理の対象となるべき者が収容されている刑事施設（労役場に留置されている場合には、当該労役場が附置された刑事施設）の長又は少年院の長の意見を聴かなければならない。
第36条
　地方委員会は、前条第1項の規定により審理を開始するか否かを判断するため必要があると認めるときは、審理の対象となるべき者との面接、関係人に対する質問その他の方法により、調査を行うことができる。
2　前項の調査を行うに当たっては、審理の対象となるべき者が収容されている刑事施設（労役場に留置されている場合には、当該労役場が附置された刑事施設）又は少年院の職員から参考となる事項について聴取し、及びこれらの者に面接への立会いその他の協力を求めることができる。
3　第13条及び第25条第2項の規定は、第1項の調査について準用する。この場合において、第13条中「、地方更生保護委員会及び保護観察所の長」とあるのは、「及び保護観察所の長」と読み替えるものとする。
（仮釈放の審理における委員による面接等）
第37条
　地方委員会は、仮釈放を許すか否かに関する審理において

は，その構成員である委員をして，審理対象者と面接させなければならない。ただし，その者の重い疾病若しくは傷害により面接を行うことが困難であると認められるとき又は法務省令で定める場合であって面接の必要がないと認められるときは，この限りでない。
2 地方委員会は，仮釈放を許すか否かに関する審理において必要があると認めるときは，審理対象者について，保護観察所の長に対し，事項を定めて，第82条第1項の規定による生活環境の調整を行うことを求めることができる。
3 前条第2項の規定は，仮釈放を許すか否かに関する審理における調査について準用する。
(被害者等の意見等の聴取)
第38条
　地方委員会は，仮釈放を許すか否かに関する審理を行うに当たり，法務省令で定めるところにより，被害者等(審理対象者が刑を言い渡される理由となった犯罪により害を被った者(以下この項において「被害者」という。)又はその法定代理人若しくは被害者が死亡した場合若しくはその心身に重大な故障がある場合におけるその配偶者，直系の親族若しくは兄弟姉妹をいう。次項において同じ。)から，審理対象者の仮釈放に関する意見及び被害に関する心情(以下この条において「意見等」という。)を述べたい旨の申出があったときは，当該意見等を聴取するものとする。ただし，当該被害に係る事件の性質，審理の状況その他の事情を考慮して相当でないと認めるときは，この限りでない。
2 地方委員会は，被害者等の居住地を管轄する保護観察所の長に対し，前項の申出の受理に関する事務及び同項の意見等の聴取を円滑に実施するための事務を嘱託することができる。
(仮釈放及び仮出場を許す処分)
第39条
　刑法第28条の規定による仮釈放を許す処分及び同法第30条の規定による仮出場を許す処分は，地方委員会の決定をもってするものとする。
2 地方委員会は，仮釈放又は仮出場を許す処分をするに当たっては，釈放すべき日を定めなければならない。
3 地方委員会は，仮釈放を許す処分をするに当たっては，第51条第2項第五号の規定により宿泊すべき特定の場所を定める場合その他特別の事情がある場合を除き，第82条第1項の規定による住居の調整の結果に基づき，仮釈放を許される者が居住すべき住居を特定するものとする。
4 地方委員会は，第1項の決定をした場合において，当該決定を受けた者について，その釈放までの間に，刑事施設の規律及び秩序を害する行為をしたこと，予定されていた釈放後の住居，就業先その他の生活環境に著しい変化が生じたことその他その釈放が相当でないと認められる特別の事情が生じたと認めるときは，仮釈放又は仮出場を許すか否かに関する審理を再開しなければならない。この場合においては，当該決定は，その効力を失う。
5 第36条の規定は，前項の規定による審理の再開に係る判断について準用する。
(仮釈放中の保護観察)
第40条
　仮釈放を許された者は，仮釈放の期間中，保護観察に付する。

第2節　少年院からの仮退院
(仮退院を許す処分)
第41条
　地方委員会は，保護処分の執行のため少年院に収容されている者について，少年院法(平成26年法律第58号)第16条に規定する処遇の段階が最高段階に達し，仮に退院させることが改善更生のために相当であると認めるとき，その他仮に退院させることが改善更生のために特に必要であると認めるときは，決定をもって，仮退院を許すものとする。
(準用)
第42条
　第35条から第38条まで，第39条第2項から第5項まで及び第40条の規定は，少年院からの仮退院について準用する。この場合において，第35条第1項中「前条」とあるのは「少年院法第135条」と，第38条第1項中「刑」とあるのは「保護処分」と，「犯罪」とあるのは「犯罪若しくは刑罰法令に触れる行為」と読み替えるものとする。

第3節　収容中の者の不定期刑の終了
(刑事施設等に収容中の者の不定期刑の終了の申出)
第43条
　刑事施設の長又は少年院の長は，不定期刑の執行のため収容している者について，その刑の短期が経過し，かつ，刑の執行を終了するのを相当と認めるときは，地方委員会に対し，刑の執行を受け終わったものとすべき旨の申出をしなければならない。
(刑事施設等に収容中の者の不定期刑の終了の処分)
第44条
　地方委員会は，前条に規定する者について，同条の申出があった場合において，刑の執行を終了するのを相当と認めるときは，決定をもって，刑の執行を受け終わったものとしなければならない。
2 地方委員会は，前項の決定をしたときは，速やかに，その対象とされた者が収容されている刑事施設の長又は少年院の長に対し，その旨を書面で通知するとともに，当該決定を受けた者に対し，当該決定をした旨の証明書を交付しなければならない。
3 第1項の決定の対象とされた者の刑期は，前項の通知が刑事施設又は少年院に到達した日に終了するものとする。
(準用)
第45条
　第37条の規定は，前条第1項の決定をするか否かに関する審理について準用する。

第4節　収容中の者の退院
(少年院に収容中の者の退院を許す処分)
第46条
　地方委員会は，保護処分の執行のため少年院に収容されている者について，少年院の長の申出があった場合において，退院を相当と認めるとき(23歳を超えて少年院に収容されている者については，少年院法第139条第1項に規定する事由に該当しなくなったと認めるときその他退院を相当と認めるとき)は，決定をもって，これを許さなければならない。
2 地方委員会は，前項の決定をしたときは，当該決定を受けた者に対し，当該決定をした旨の証明書を交付しなければならない。
(準用)
第47条
　第37条の規定は，前条第1項の決定をするか否かに関する審理について準用する。

第3章　保護観察

第1節　通則
(保護観察の対象者)
第48条
　次に掲げる者(以下「保護観察対象者」という。)に対す

る保護観察の実施については，この章の定めるところによる。
一　少年法第24条第1項第一号の保護処分に付されている者（以下「保護観察処分少年」という。）
二　少年院からの仮退院を許されて第42条において準用する第40条の規定により保護観察に付されている者（以下「少年院仮退院者」という。）
三　仮釈放を許されて第40条の規定により保護観察に付されている者（以下「仮釈放者」という。）
四　刑法第25条の2第1項若しくは第27条の3第1項又は薬物使用等の罪を犯した者に対する刑の一部の執行猶予に関する法律第4条第1項の規定により保護観察に付されている者（以下「保護観察付執行猶予者」という。）

（保護観察の実施方法）
第49条
　保護観察は，保護観察対象者の改善更生を図ることを目的として，第57条及び第65条の3第1項に規定する指導監督並びに第58条に規定する補導援護を行うことにより実施するものとする。
2　保護観察処分少年又は少年院仮退院者に対する保護観察は，保護処分の趣旨を踏まえ，その者の健全な育成を期して実施しなければならない。

（一般遵守事項）
第50条
　保護観察対象者は，次に掲げる事項（以下「一般遵守事項」という。）を遵守しなければならない。
一　再び犯罪をすることがないよう，又は非行をなくすよう健全な生活態度を保持すること。
二　次に掲げる事項を守り，保護観察官及び保護司による指導監督を誠実に受けること。
　イ　保護観察官又は保護司の呼出し又は訪問を受けたときは，これに応じ，面接を受けること。
　ロ　保護観察官又は保護司から，労働又は通学の状況，収入又は支出の状況，家庭環境，交友関係その他の生活の実態を示す事実であって指導監督を行うため把握すべきものを明らかにするよう求められたときは，これに応じ，その事実を申告し，又はこれに関する資料を提示すること。
三　保護観察に付されたときは，速やかに，住居を定め，その地を管轄する保護観察所の長にその届出をすること（第39条第3項（第42条において準用する場合を含む。次号において同じ。）又は第78条の2第1項の規定により住居を特定された場合及び次条第2項第五号の規定により宿泊すべき特定の場所を定められた場合を除く。）。
四　前号の届出に係る住居（第39条第3項又は第78条の2第1項の規定により住居を特定された場合には当該住居，次号の転居の許可を受けた場合には当該許可に係る住居）に居住すること（次条第2項第五号の規定により宿泊すべき特定の場所を定められた場合を除く。）。
五　転居又は7日以上の旅行をするときは，あらかじめ，保護観察所の長の許可を受けること。
2　刑法第27条の3第1項又は薬物使用等の罪を犯した者に対する刑の一部の執行猶予に関する法律第4条第1項の規定により保護観察に付する旨の言渡しを受けた者（以下「保護観察付一部猶予者」という。）が仮釈放中の保護観察に引き続きこれらの規定による保護観察に付されたときは，第78条の2第1項の規定により住居を特定された場合及び次条第2項第五号の規定により宿泊すべき特定の場所を定められた場合を除き，仮釈放中の保護観察の終了時に居住することとされていた前項第三号の届出に係る住居（第39条第3項の規定により住居を特定された場合には当該住居，前項第五号の転居の許可を受けた場合には当該許可に係る住居）につき，同項第三号の届出をしたものとみなす。

（特別遵守事項）
第51条
　保護観察対象者は，一般遵守事項のほか，遵守すべき特別の事項（以下「特別遵守事項」という。）が定められたときは，これを遵守しなければならない。
2　特別遵守事項は，次条に定める場合を除き，第52条の定めるところにより，これに違反した場合に第72条第1項，刑法第26条の2，第27条の5及び第29条第1項並びに少年法第26条の4第1項に規定する処分がされることがあることを踏まえ，次に掲げる事項について，保護観察対象者の改善更生のために特に必要と認められる範囲内において，具体的に定めるものとする。
一　犯罪性のある者との交際，いかがわしい場所への出入り，遊興による浪費，過度の飲酒その他の犯罪又は非行に結び付くおそれのある特定の行動をしてはならないこと。
二　労働に従事すること，通学することその他の再び犯罪をすることがなく又は非行のない健全な生活態度を保持するために必要と認められる特定の行動を実行し，又は継続すること。
三　7日未満の旅行，離職，身分関係の異動その他の指導監督を行うため事前に把握しておくことが特に重要と認められる生活上又は身分上の特定の事項について，緊急の場合を除き，あらかじめ，保護観察官又は保護司に申告すること。
四　医学，心理学，教育学，社会学その他の専門的知識に基づく特定の犯罪的傾向を改善するための体系化された手順による処遇として法務大臣が定めるものを受けること。
五　法務大臣が指定する施設，保護観察対象者を監護すべき者の居宅その他の改善更生のために適当と認められる特定の場所であって，宿泊の用に供されるものに一定の期間宿泊して指導監督を受けること。
六　善良な社会の一員としての意識の涵養及び規範意識の向上に資する地域社会の利益の増進に寄与する社会的活動を一定の時間行うこと。
七　その他指導監督を行うため特に必要な事項

（特別遵守事項の特則）
第51条の2
　薬物使用等の罪を犯した者に対する刑の一部の執行猶予に関する法律第4条第1項の規定により保護観察に付する旨の言渡しを受けた者については，次条第4項の定めるところにより，規制薬物等（同法第2条第1項に規定する規制薬物等をいう。以下同じ。）の使用を反復する犯罪的傾向を改善するための前条第2項第4号に規定する処遇を受けることを猶予期間中の保護観察における特別遵守事項として定めなければならない。ただし，これに違反した場合に刑法第27条の五に規定する処分がされることがあることを踏まえ，その改善更生のために特に必要とは認められないときは，この限りでない。
2　第4項の場合を除き，前項の規定により定められた猶予期間中の保護観察における特別遵守事項を刑法第27条の2の規定による猶予の期間の開始までの間に取り消す場合における第53条第4項の規定の適用については，同項中「必要」とあるのは，「特に必要」とする。
3　第1項の規定は，同項に規定する者について，次条第2項及び第3項の定めるところにより仮釈放中の保護観察における特別遵守事項を釈放の時までに定める場合に準用する。この場合において，第1項ただし書中「第27条の5」とあるのは，「第29条第1項」と読み替えるものとする。

4　第1項に規定する者について，仮釈放を許す旨の決定をした場合においては，前項の規定による仮釈放中の保護観察における特別遵守事項の設定及び第1項の規定による猶予期間中の保護観察における特別遵守事項の設定は，釈放の時までに行うものとする。

5　前項の場合において，第3項において準用する第1項の規定により定められた仮釈放中の保護観察における特別遵守事項を釈放までの間に取り消す場合における第53条第2項の規定の適用については，同項中「必要」とあるのは，「特に必要」とし，第1項の規定により定められた猶予期間中の保護観察における特別遵守事項を釈放までの間に取り消す場合における同条第4項の規定の適用については，同項中「刑法第27条の2の規定による猶予の期間の開始までの間に，必要」とあるのは，「釈放までの間に，特に必要」とする。

（特別遵守事項の設定及び変更）
第52条
　保護観察所の長は，保護観察処分少年について，法務省令で定めるところにより，少年法第24条第1項第一号の保護処分をした家庭裁判所の意見を聴き，これに基づいて，特別遵守事項を定めることができる。これを変更するときも，同様とする。

2　地方委員会は，少年院仮退院者又は仮釈放者について，保護観察所の長の申出により，法務省令で定めるところにより，決定をもって，特別遵守事項を定めることができる。保護観察所の長の申出により，これを変更するときも，同様とする。

3　前項の場合において，少年院からの仮退院又は仮釈放を許す旨の決定による釈放の時までに特別遵守事項を定め，又は変更するときは，保護観察所の長の申出を要しないものとする。

4　地方委員会は，保護観察付一部猶予者について，刑法第27条の2の規定による猶予の期間の開始の時までに，法務省令で定めるところにより，決定をもって，特別遵守事項（猶予期間中の保護観察における特別遵守事項に限る。以下この項及び次条第4項において同じ。）を定め，又は変更することができる。この場合において，仮釈放中の保護観察付一部猶予者について，特別遵守事項を定め，又は変更するときは，保護観察所の長の申出によらなければならない。

5　保護観察所の長は，刑法第25条の2第1項の規定により保護観察に付されている保護観察付執行猶予者について，その保護観察の開始に際し，法務省令で定めるところにより，同項の規定により保護観察に付する旨の言渡しをした裁判所の意見を聴き，これに基づいて，特別遵守事項を定めることができる。

6　保護観察所の長は，前項の場合のほか，保護観察付執行猶予者について，法務省令で定めるところにより，当該保護観察所の所在地を管轄する地方裁判所，家庭裁判所又は簡易裁判所に対し，定めようとする又は変更しようとする特別遵守事項の内容を示すとともに，必要な資料を提示して，その意見を聴いた上，特別遵守事項を定め，又は変更することができる。ただし，当該裁判所が不相当とする旨の意見を述べたものについては，この限りでない。

（特別遵守事項の取消し）
第53条
　保護観察所の長は，保護観察処分少年又は保護観察付執行猶予者について定められている特別遵守事項（遵守すべき期間が定められている特別遵守事項であって当該期間が満了したものその他その性質上一定の事実が生ずるまでの間遵守すべきこととされる特別遵守事項であって当該事実が生じたものを除く。以下この条において同じ。）につき，必要がなくなったと認めるときは，法務省令で定めるところにより，これを取り消すものとする。

2　地方委員会は，保護観察所の長の申出により，少年院仮退院者又は仮釈放者について定められている特別遵守事項につき，必要がなくなったと認めるときは，法務省令で定めるところにより，決定をもって，これを取り消すものとする。

3　前条第3項の規定は，前項の規定により特別遵守事項を取り消す場合について準用する。

4　地方委員会は，保護観察付一部猶予者について定められている特別遵守事項につき，刑法第27条の2の規定による猶予の期間の開始までの間に，必要がなくなったと認めるときは，法務省令で定めるところにより，決定をもって，これを取り消すものとする。この場合において，仮釈放中の保護観察付一部猶予者について定められている特別遵守事項を取り消すときは，保護観察所の長の申出によらなければならない。

（一般遵守事項の通知）
第54条
　保護観察所の長は，少年法第24条第1項第一号の保護処分があったとき又は刑法第25条の2第1項の規定により保護観察に付する旨の言渡しがあったときは，法務省令で定めるところにより，保護観察処分少年又は保護観察付執行猶予者に対し，一般遵守事項の内容を記載した書面を交付しなければならない。

2　刑事施設の長又は少年院の長は，第39条第1項の決定により懲役若しくは禁錮の刑の執行のため収容している者を釈放するとき，刑の一部の執行猶予の言渡しを受けてその刑のうち執行が猶予されなかった部分の期間の執行を終わり，若しくはその執行を受けることがなくなったこと（その執行を終わり，又はその執行を受けることがなくなった時に他に執行すべき懲役又は禁錮の刑があるときは，その刑の執行を終わり，又はその執行を受けることがなくなったこと。次条第2項において同じ。）により保護観察付一部猶予者を釈放するとき，又は第41条の決定により保護処分の執行のため収容している者を釈放するときは，法務省令で定めるところにより，その者に対し，一般遵守事項の内容を記載した書面を交付しなければならない。

（特別遵守事項の通知）
第55条
　保護観察所の長は，保護観察対象者について，特別遵守事項が定められ，又は変更されたときは，法務省令で定めるところにより，当該保護観察対象者に対し，当該特別遵守事項の内容を記載した書面を交付しなければならない。ただし，次項に規定する場合については，この限りでない。

2　刑事施設の長又は少年院の長は，懲役若しくは禁錮の刑の執行のため収容している者について第39条第1項の決定による釈放の時までに特別遵守事項（その者が保護観察付一部猶予者である場合には，猶予期間中の保護観察における特別遵守事項を含む。）が定められたとき，保護観察付一部猶予者についてその刑のうち執行が猶予されなかった部分の期間の執行を終わり，若しくはその執行を受けることがなくなったことによる釈放の時までに特別遵守事項が定められたとき，又は保護処分の執行のため収容している者について第41条の決定による釈放の時までに特別遵守事項が定められたときは，法務省令で定めるところにより，その釈放の時に当該特別遵守事項（釈放の時までに変更された場合には，変更後のもの）の内容を記載した書面を交付しなければならない。ただし，その釈放の時までに当該特別遵守事項が取り消されたときは，この限りでない。

（生活行動指針）
第56条
　保護観察所の長は，保護観察対象者について，保護観察における指導監督を適切に行うため必要があると認めるときは，法務省令で定めるところにより，当該保護観察対象者の改善更生に資する生活又は行動の指針（以下「生活行動指針」という。）を定めることができる。
2　保護観察所の長は，前項の規定により生活行動指針を定めたときは，法務省令で定めるところにより，保護観察対象者に対し，当該生活行動指針の内容を記載した書面を交付しなければならない。
3　保護観察対象者は，第1項の規定により生活行動指針が定められたときは，これに即して生活し，及び行動するよう努めなければならない。
（指導監督の方法）
第57条
　保護観察における指導監督は，次に掲げる方法によって行うものとする。
　一　面接その他の適当な方法により保護観察対象者と接触を保ち，その行状を把握すること。
　二　保護観察対象者が一般遵守事項及び特別遵守事項（以下「遵守事項」という。）を遵守し，並びに生活行動指針に即して生活し，及び行動するよう，必要な指示その他の措置をとること。
　三　特定の犯罪的傾向を改善するための専門的処遇を実施すること。
2　保護観察所の長は，前項の指導監督を適切に行うため特に必要があると認めるときは，保護観察対象者に対し，当該指導監督に適した宿泊場所を供与することができる。
（補導援護の方法）
第58条
　保護観察における補導援護は，保護観察対象者が自立した生活を営むことができるようにするため，その自助の責任を踏まえつつ，次に掲げる方法によって行うものとする。
　一　適切な住居その他の宿泊場所を得ること及び当該宿泊場所に帰住することを助けること。
　二　医療及び療養を受けることを助けること。
　三　職業を補導し，及び就職を助けること。
　四　教養訓練の手段を得ることを助けること。
　五　生活環境を改善し，及び調整すること。
　六　社会生活に適応させるために必要な生活指導を行うこと。
　七　前各号に掲げるもののほか，保護観察対象者が健全な社会生活を営むために必要な助言その他の措置をとること。
（保護者に対する措置）
第59条
　保護観察所の長は，必要があると認めるときは，保護観察に付されている少年（少年法第2条第1項に規定する少年であって，保護観察処分少年又は少年院仮退院者に限る。）の保護者（同条第2項に規定する保護者をいう。）に対し，その少年の監護に関する責任を自覚させ，その改善更生に資するため，指導，助言その他の適当な措置をとることができる。
（保護観察の管轄）
第60条
　保護観察は，保護観察対象者の居住地（住居がないか，又は明らかでないときは，現在地又は明らかである最後の居住地若しくは所在地）を管轄する保護観察所がつかさどる。
（保護観察の実施者）
第61条
　保護観察における指導監督及び補導援護は，保護観察対象者の特性，とるべき措置の内容その他の事情を勘案し，保護観察官又は保護司をして行わせるものとする。
2　前項の補導援護は，保護観察対象者の改善更生を図るため有効かつ適切であると認められる場合には，更生保護事業法（平成7年法律第86号）の規定により更生保護事業を営む者その他の適当な者に委託して行うことができる。
（応急の救護）
第62条
　保護観察所の長は，保護観察対象者が，適切な医療，食事，住居その他の健全な社会生活を営むために必要な手段を得ることができないため，その改善更生が妨げられるおそれがある場合には，当該保護観察対象者が公共の衛生福祉に関する機関その他の機関からその目的の範囲内で必要な応急の救護を得られるよう，これを援護しなければならない。
2　前項の規定による援護によっては必要な応急の救護が得られない場合には，保護観察所の長は，予算の範囲内で，自らその救護を行うものとする。
3　前項の救護は，更生保護事業法の規定により更生保護事業を営む者その他の適当な者に委託して行うことができる。
4　保護観察所の長は，第1項又は第2項の規定による措置をとるに当たっては，保護観察対象者の自助の責任の自覚を損なわないよう配慮しなければならない。
（出頭の命令及び引致）
第63条
　地方委員会又は保護観察所の長は，その職務を行うため必要があると認めるときは，保護観察対象者に対し，出頭を命ずることができる。
2　保護観察所の長は，保護観察対象者について，次の各号のいずれかに該当すると認める場合には，裁判官のあらかじめ発する引致状により，当該保護観察対象者を引致することができる。
　一　正当な理由がないのに，第50条第1項第四号に規定する住居に居住しないとき（第51条第2項第五号の規定により宿泊すべき特定の場所を定められた場合には，当該場所に宿泊しないとき）。
　二　遵守事項を遵守しなかったことを疑うに足りる十分な理由があり，かつ，正当な理由がないのに，前項の規定による出頭の命令に応ぜず，又は応じないおそれがあるとき。
3　地方委員会は，少年院仮退院者又は仮釈放者について，前項各号のいずれかに該当すると認める場合には，裁判官のあらかじめ発する引致状により，当該少年院仮退院者又は仮釈放者を引致することができる。
4　第2項の引致状は保護観察所の長の請求により，前項の引致状は地方委員会の請求により，その所在地を管轄する地方裁判所，家庭裁判所又は簡易裁判所の裁判官が発する。
5　第2項又は第3項の引致状は，判事補が一人で発することができる。
6　第2項又は第3項の引致状は，保護観察官に執行させるものとする。ただし，保護観察官に執行させることが困難であるときは，警察官にその執行を嘱託することができる。
7　刑事訴訟法（昭和23年法律第131号）第64条，第73条第1項前段及び第3項，第74条並びに第76条第1項本文及び第3項の規定（勾引に関する部分に限る。）は，第2項又は第3項の引致状及びこれらの規定による保護観察対象者の引致について準用する。この場合において，同法第64条第1項中「罪名，公訴事実の要旨」とあり，同法第73条第3項中「公訴事実の要旨」とあり，及び同法第76条第1項本文中「公訴事実の要旨及び弁護人を選任することができる旨並びに貧困その他の事由により自ら弁護人を選任することができないときは弁護人の選任を請求することができ

る旨」とあるのは「引致の理由」と，同法第64条第1項中「裁判長又は受命裁判官」とあるのは「裁判官」と，同法第74条中「刑事施設」とあるのは「刑事施設又は少年鑑別所」と，同法第76条第3項中「告知及び前項の教示」とあるのは「告知」と，「合議体の構成員又は裁判所書記官」とあるのは「地方更生保護委員会が引致した場合においては委員又は保護観察官，保護観察所の長が引致した場合においては保護観察官」と読み替えるものとする。

8　第2項又は第3項の引致状により引致された者については，引致すべき場所に引致された時から24時間以内に釈放しなければならない。ただし，その時間内に第73条第1項，第76条第1項又は第80条第1項の規定によりその者が留置されたときは，この限りでない。

9　地方委員会が行う第1項の規定による命令，第3項の規定による引致に係る判断及び前項本文の規定による釈放に係る判断は，3人の委員をもって構成する合議体（第71条の規定による申請，第75条第1項の決定又は第81条第5項の規定による決定をするか否かに関する審理の開始後においては，当該審理を担当する合議体）で行う。ただし，前項本文の規定による釈放に係る地方委員会の判断については，急速を要するときは，あらかじめ地方委員会が指名する1人の委員で行うことができる。

10　第13条，第23条第3項並びに第25条第1項及び第2項の規定は前項に規定する措置のための合議体又は委員による調査について，第23条第2項の規定は前項の合議体の議事について，それぞれ準用する。この場合において，第13条中「，地方更生保護委員会及び保護観察所の長」とあるのは，「及び保護観察所の長」と読み替えるものとする。

（保護観察のための調査）
第64条
　保護観察所の長は，保護観察のための調査において，必要があると認めるときは，関係人に対し，質問をし，及び資料の提示を求めることができる。
2　前項の規定による質問及び資料の提示の求めは，保護観察官又は保護司をして行わせるものとする。
3　第25条第2項の規定は，第1項の規定による質問及び資料の提示の求めについて準用する。

（被害者等の心情等の伝達）
第65条
　保護観察所の長は，法務省令で定めるところにより，保護観察対象者について，被害者等（当該保護観察対象者が刑若しくは保護処分を言い渡される理由となった犯罪若しくは刑罰法令に触れる行為により害を被った者（以下この項において「被害者」という。）又はその法定代理人若しくは被害者が死亡した場合若しくはその心身に重大な故障がある場合におけるその配偶者，直系の親族若しくは兄弟姉妹をいう。以下この条において同じ。）から，被害に関する心情，被害者等の置かれている状況又は保護観察対象者の生活若しくは行動に関する意見（以下この条において「心情等」という。）の伝達の申出があったときは，当該心情等を聴取し，当該保護観察対象者に伝達するものとする。ただし，その伝達をすることが当該保護観察対象者の改善更生を妨げるおそれがあり，又は当該被害に係る事件の性質，保護観察の実施状況その他の事情を考慮して相当でないと認めるときは，この限りでない。
2　保護観察所の長は，被害者等の居住地を管轄する他の保護観察所の長に対し，前項の申出の受理及び心情等の聴取に関する事務を嘱託することができる。この場合において，同項ただし書の規定により当該保護観察所の長が心情等の伝達をしないこととするときは，あらかじめ，当該他の保護観察所の長の意見を聴かなければならない。

第1節の2　規制薬物等に対する依存がある保護観察対象者に関する特則

（保護観察の実施方法）
第65条の2
　規制薬物等に対する依存がある保護観察対象者に対する保護観察は，その改善更生を図るためその依存を改善することが重要であることに鑑み，これに資する医療又は援助を行う病院，公共の衛生福祉に関する機関その他の者との緊密な連携を確保しつつ実施しなければならない。

（指導監督の方法）
第65条の3
　規制薬物等に対する依存がある保護観察対象者に対する保護観察における指導監督は，第57条第1項に掲げるもののほか，次に掲げる方法によって行うことができる。
一　規制薬物等に対する依存の改善に資する医療を受けるよう，必要な指示その他の措置をとること。
二　公共の衛生福祉に関する機関その他の適当な者が行う規制薬物等に対する依存を改善するための専門的な援助であって法務大臣が定める基準に適合するものを受けるよう，必要な指示その他の措置をとること。
2　保護観察所の長は，前項に規定する措置をとろうとするときは，あらかじめ，同項に規定する医療又は援助を受けることが保護観察対象者の意思に反しないことを確認するとともに，当該医療又は援助を提供することについて，これを行う者に協議しなければならない。
3　保護観察所の長は，第1項に規定する措置をとったときは，同項に規定する医療又は援助の状況を把握するとともに，当該医療又は援助を行う者と必要な協議を行うものとする。
4　規制薬物等の使用を反復する犯罪的傾向を改善するための第51条第2項第四号に規定する処遇を受けることを特別遵守事項として定められた保護観察対象者について，第1項第二号に規定する措置をとったときは，当該処遇は，当該保護観察対象者が受けた同号に規定する援助の内容に応じ，その処遇の一部を受け終わったものとして実施することができる。

第65条の4
　保護観察所の長は，規制薬物等に対する依存がある保護観察対象者について，第30条の規定により病院，公共の衛生福祉に関する機関その他の者に対し病状，治療状況その他の必要な情報の提供を求めるなどして，その保護観察における指導監督が当該保護観察対象者の心身の状況を的確に把握した上で行われるよう必要な措置をとるものとする。

第2節　保護観察処分少年

（少年法第24条第1項第一号の保護処分の期間）
第66条
　保護観察処分少年に対する保護観察の期間は，当該保護観察処分少年が20歳に達するまで（その期間が2年に満たない場合には，2年）とする。ただし，第68条第3項の規定により保護観察の期間が定められたときは，当該期間とする。

（警告及び少年法第26条の4第1項の決定の申請）
第67条
　保護観察所の長は，保護観察処分少年が，遵守事項を遵守しなかったと認めるときは，当該保護観察処分少年に対し，これを遵守するよう警告を発することができる。
2　保護観察所の長は，前項の警告を受けた保護観察処分少年が，なお遵守事項を遵守せず，その程度が重いと認めるときは，少年法第26条の4第1項の決定の申請をすることができる。

（家庭裁判所への通告等）

第68条
　保護観察所の長は，保護観察処分少年について，新たに少年法第3条第1項第三号に掲げる事由があると認めるときは，家庭裁判所に通告することができる。
2　前項の規定による通告があった場合において，当該通告に係る保護観察処分少年が20歳以上であるときは，これを少年法第2条第1項の少年とみなして，同法第2章の規定を適用する。
3　家庭裁判所は，前項の規定により少年法第2条第1項の少年とみなされる保護観察処分少年に対して同法第24条第1項第一号又は第三号の保護処分をするときは，保護処分の決定と同時に，その者が23歳を超えない期間内において，保護観察の期間又は少年院に収容する期間を定めなければならない。
（保護観察の解除）
第69条
　保護観察所の長は，保護観察処分少年について，保護観察を継続する必要がなくなったと認めるときは，保護観察を解除するものとする。
（保護観察の一時解除）
第70条
　保護観察所の長は，保護観察処分少年について，その改善更生に資すると認めるときは，期間を定めて，保護観察を一時的に解除することができる。
2　前項の規定により保護観察を一時的に解除されている保護観察処分少年については，第49条，第51条，第52条から第59条まで，第61条，第62条，第65条から第65条の4まで，第67条及び第68条の規定は，適用しない。
3　第1項の規定により保護観察を一時的に解除されている保護観察処分少年に対する第50条第1項及び第63条の規定の適用については，同項中「以下「一般遵守事項」という」とあるのは「第二号ロ及び第三号に掲げる事項を除く」と，同項第二号中「守り，保護観察官及び保護司による指導監督を誠実に受ける」とあるのは「守る」と，同項第五号中「転居又は7日以上の旅行」とあるのは「転居」と，第63条第2項第二号中「遵守事項」とあるのは「第70条第3項の規定により読み替えて適用される第50条第1項に掲げる事項」とする。
4　第1項の規定による処分があったときは，その処分を受けた保護観察処分少年について定められている特別遵守事項は，その処分と同時に取り消されたものとみなす。
5　保護観察所の長は，第1項の規定により保護観察を一時的に解除されている保護観察処分少年について，再び保護観察を実施する必要があると認めるときは，同項の規定による処分を取り消さなければならない。
6　前項の場合において，保護観察所の長は，保護観察処分少年が第1項の規定により保護観察を一時的に解除されている間に第3項の規定により読み替えて適用される第50条第1項に掲げる事項を遵守しなかったことを理由として，第67条第1項の規定による警告を発し，又は同条第2項の規定による申請をすることができない。

第3節　少年院仮退院者
（少年院への戻し収容の申請）
第71条
　地方委員会は，保護観察所の長の申出により，少年院仮退院者が遵守事項を遵守しなかったと認めるときは，当該少年院仮退院者を少年院に送致した家庭裁判所に対し，これを少年院に戻して収容する旨の決定の申請をすることができる。ただし，23歳に達している少年院仮退院者については，少年院法第139条第1項に規定する事由に該当すると認めるときに限る。
（少年院への戻し収容の決定）
第72条
　前条の申請を受けた家庭裁判所は，当該申請に係る少年院仮退院者について，相当と認めるときは，これを少年院に戻して収容する旨の決定をすることができる。
2　家庭裁判所は，前項の決定をする場合において，23歳に満たない少年院仮退院者を20歳を超えて少年院に収容する必要があると認めるときは，当該決定と同時に，その者が23歳を超えない期間内において，少年院に収容する期間を定めることができる。その者が既に20歳に達しているときは，当該決定と同時に，23歳を超えない期間内において，少年院に収容する期間を定めなければならない。
3　家庭裁判所は，23歳に達している少年院仮退院者について第1項の決定をするときは，当該決定と同時に，その者が26歳を超えない期間内において，少年院に収容する期間を定めなければならない。
4　家庭裁判所は，第1項の決定に係る事件の審理に当たっては，医学，心理学，教育学，社会学その他の専門的知識を有する者及び保護観察所の長の意見を聴かなければならない。
5　前3項に定めるもののほか，第1項の決定に係る事件の手続は，その性質に反しない限り，少年の保護処分に係る事件の手続の例による。
（留置）
第73条
　地方委員会は，第63条第2項又は第3項の引致状により引致された少年院仮退院者について，第71条の申出があり同条の規定による申請をするか否かに関する審理を開始するときは，当該少年院仮退院者を刑事施設又は少年鑑別所に留置することができる。
2　前項の規定による留置の期間は，引致すべき場所に引致された日から起算して10日以内とする。ただし，その期間中であっても，留置の必要がなくなったと認めるときは，直ちに少年院仮退院者を釈放しなければならない。
3　第1項の規定により留置されている少年院仮退院者について，第71条の規定による申請があったときは，前項の規定にかかわらず，当該申請に係る家庭裁判所からの決定の通知があるまでの間又は少年法第17条第1項第二号の観護の措置がとられるまでの間，継続して留置することができる。ただし，留置の期間は，通じて20日を超えることができない。
4　第1項の規定による留置及び第2項ただし書の規定による釈放に係る判断は，3人の委員をもって構成する合議体（第71条の規定による申請をするか否かに関する審理の開始後においては，当該審理を担当する合議体）で行う。ただし，急速を要するときは，あらかじめ地方委員会が指名する1人の委員で行うことができる。
5　第13条，第23条第3項並びに第25条第1項及び第2項の規定は前項に規定する措置のための合議体又は委員による調査について，第23条第2項の規定は前項の合議体の議事について，それぞれ準用する。この場合において，第13条中「，地方更生保護委員会及び保護観察所の長」とあるのは，「及び保護観察所の長」と読み替えるものとする。
6　第1項の規定による留置については，審査請求をすることができない。
（少年院仮退院者の退院を許す処分）
第74条
　地方委員会は，少年院仮退院者について，保護観察所の長の申出があった場合において，保護観察を継続する必要がなくなったと認めるとき（23歳を超える少年院仮退院者につい

ては、少年院法第139条第1項に規定する事由に該当しなくなったと認めるときその他保護観察を継続する必要がなくなったと認めるとき）は、決定をもって、退院を許さなければならない。
2　第46条第2項の規定は、前項の決定について準用する。

第4節　仮釈放者
（仮釈放の取消し）
第75条
　刑法第29条第1項の規定による仮釈放の取消しは、仮釈放者に対する保護観察をつかさどる保護観察所の所在地を管轄する地方委員会が、決定をもってするものとする。
2　刑法第29条第1項第四号に該当することを理由とする前項の決定は、保護観察所の長の申出によらなければならない。
3　刑事訴訟法第484条から第489条までの規定は、仮釈放を取り消された者の収容について適用があるものとする。

（留置）
第76条
　地方委員会は、第63条第2項又は第3項の引致状により引致された仮釈放者について、刑法第29条第1項第一号から第三号までに該当する場合であって前条第1項の決定をするか否かに関する審理を開始する必要があると認めるとき、又は同条第2項の申出がありその審理を開始するときは、当該仮釈放者を刑事施設又は少年鑑別所に留置することができる。
2　前項の規定により仮釈放者が留置された場合において、その者の仮釈放が取り消されたときは、刑法第29条第3項の規定にかかわらず、その留置の日数は、刑期に算入するものとする。
3　第73条第2項及び第4項から第6項までの規定は、第1項の規定による留置について準用する。この場合において、同条第4項中「第71条の規定による申請」とあるのは、「第75条第1項の決定」と読み替えるものとする。

（保護観察の停止）
第77条
　地方委員会は、保護観察所の長の申出により、仮釈放者の所在が判明しないため保護観察が実施できなくなったと認めるときは、決定をもって、保護観察を停止することができる。
2　前項の規定により保護観察を停止されている仮釈放者の所在が判明したときは、その所在の地を管轄する地方委員会は、直ちに、決定をもって、その停止を解かなければならない。
3　前項の決定は、急速を要するときは、第23条第1項の規定にかかわらず、1人の委員ですることができる。
4　第1項の規定により保護観察を停止されている仮釈放者が第63条第2項又は第3項の引致状により引致されたときは、第2項の決定があったものとみなす。
5　仮釈放者の刑期は、第1項の決定によってその進行を停止し、第2項の決定があった時からその進行を始める。
6　地方委員会は、仮釈放者が第1項の規定により保護観察を停止されている間に遵守事項を遵守しなかったことを理由として、仮釈放の取消しをすることができない。
7　地方委員会は、第1項の決定をした後、保護観察の停止の理由がなかったことが明らかになったときは、決定をもって、同項の決定を取り消さなければならない。
8　前項の規定により第1項の決定が取り消された場合における仮釈放者の刑期の計算については、第5項の規定は、適用しない。

（仮釈放者の不定期刑の終了）
第78条
　地方委員会は、不定期刑に処せられ、仮釈放を許されている者であって、仮釈放前又は仮釈放中にその刑の短期が経過したものについて、保護観察所の長の申出により、刑の執行を終了するのを相当と認めるときは、少年法第59条第2項の規定にかかわらず、決定をもって、刑の執行を受け終わったものとしなければならない。
2　第46条第2項の規定は、前項の決定について準用する。

第5節　保護観察付執行猶予者
（住居の特定）
第78条の2
　地方委員会は、保護観察付一部猶予者について、刑法第27条の2の規定による猶予の期間の開始の時までに、第82条第1項の規定による住居の調整の結果に基づき、法務省令で定めるところにより、決定をもって、その者が居住すべき住居を特定することができる。
2　地方委員会は、前項の決定をした場合において、当該決定を受けた者について、刑法第27条の2の規定による猶予の期間の開始までの間に、当該決定により特定された住居に居住することが相当でないと認められる事情が生じたと認めるときは、法務省令で定めるところにより、決定をもって、住居の特定を取り消すものとする。
3　第36条第2項の規定は前2項の決定に関する審理における調査について、第37条第2項の規定は当該審理について、それぞれ準用する。

（検察官への申出）
第79条
　保護観察所の長は、保護観察付執行猶予者について、刑法第26条の2第二号又は第27条の5第二号の規定により刑の執行猶予の言渡しを取り消すべきものと認めるときは、刑事訴訟法第349条第1項に規定する地方裁判所、家庭裁判所又は簡易裁判所に対応する検察庁の検察官に対し、書面で、同条第2項に規定する申出をしなければならない。

（留置）
第80条
　保護観察所の長は、第63条第2項の引致状により引致した保護観察付執行猶予者について、前条の申出をするか否かに関する審理を開始する必要があると認めるときは、当該保護観察付執行猶予者を刑事施設又は少年鑑別所に留置することができる。
2　前項の規定による留置の期間は、引致すべき場所に引致した日から起算して10日以内とする。ただし、その期間中であっても、前条の申出をする必要がなくなったとき、検察官が刑事訴訟法第349条第1項の請求をしないことが明らかになったときその他留置の必要がなくなったときは、直ちに保護観察付執行猶予者を釈放しなければならない。
3　第1項の規定により留置されている保護観察付執行猶予者について、刑事訴訟法第349条第1項の請求があったときは、前項の規定にかかわらず、同法第349条の2第1項の決定の告知があるまでの間、継続して留置することができる。ただし、留置の期間は、通じて20日を超えることができない。
4　刑事訴訟法第349条の2第2項の規定による口頭弁論の請求があったときは、裁判所は、決定をもって、10日間に限り、前項ただし書の期間を延長することができる。この場合において、その決定の告知については、同法による決定の告知の例による。
5　第3項に規定する決定が保護観察付執行猶予者の刑の執行猶予の言渡しを取り消すものであるときは、同項の規定にかかわらず、その決定が確定するまでの間、その者を継続して留置することができる。
6　第1項の規定により保護観察付執行猶予者が留置された

場合において，その刑の執行猶予の言渡しが取り消されたときは，その留置の日数は，刑期に算入するものとする。
7　第73条第6項の規定は，第1項の規定による留置について準用する。
（保護観察の仮解除）
第81条
　刑法第25条の2第2項又は第27条の3第2項（薬物使用等の罪を犯した者に対する刑の一部の執行猶予に関する法律第4条第2項において準用する場合を含む。以下この条において同じ。）の規定による保護観察を仮に解除する処分は，地方委員会が，保護観察所の長の申出により，決定をもってするものとする。
2　刑法第25条の2第2項又は第27条の3第2項の規定により保護観察を仮に解除されている保護観察付執行猶予者については，第49条，第51条から第58条まで，第61条，第62条，第65条から第65条の4まで，第79条及び前条の規定は，適用しない。
3　刑法第25条の2第2項又は第27条の3第2項の規定により保護観察を仮に解除されている保護観察付執行猶予者に対する第50条及び第63条の規定の適用については，第50条第1項中「以下「一般遵守事項」という。」とあるのは「第二号ロ及び第三号に掲げる事項を除く」と，同項第二号中「守り，保護観察官及び保護司による指導監督を誠実に受ける」とあるのは「守る」と，同項第5号中「転居又は7日以上の旅行」とあるのは「転居」と，第63条第2項第二号中「遵守事項」とあるのは「第81条第3項の規定により読み替えて適用される第50条第1項に掲げる事項」とする。
4　第1項に規定する処分があったときは，その処分を受けた保護観察付執行猶予者について定められている特別遵守事項は，その処分と同時に取り消されたものとみなす。
5　地方委員会は，刑法第25条の2第2項又は第27条の3第2項の規定により保護観察を仮に解除されている保護観察付執行猶予者について，保護観察所の長の申出があった場合において，その行状に鑑み再び保護観察を実施する必要があると認めるときは，決定をもって，これらの規定による処分を取り消さなければならない。

第4章　生活環境の調整

（収容中の者に対する生活環境の調整）
第82条
　保護観察所の長は，刑の執行のため刑事施設に収容されている者又は刑若しくは保護処分の執行のため少年院に収容されている者（以下この条において「収容中の者」と総称する。）について，その社会復帰を円滑にするため必要があると認めるときは，その者の家族その他の関係人を訪問して協力を求めることその他の方法により，釈放後の住居，就業先その他の生活環境の調整を行うものとする。
2　地方委員会は，前項の規定による調整が有効かつ適切に行われるよう，保護観察所の長に対し，調整を行うべき住居，就業先その他の生活環境に関する事項について必要な指導及び助言を行うほか，同項の規定による調整が複数の保護観察所において行われる場合における当該保護観察所相互間の連絡調整を行うものとする。
3　地方委員会は，前項の措置をとるに当たって必要があると認めるときは，収容中の者との面接，関係人に対する質問その他の方法により，調査を行うことができる。
4　第25条第2項及び第36条第2項の規定は，前項の調査について準用する。
（保護観察付執行猶予の裁判確定前の生活環境の調整）
第83条
　保護観察所の長は，刑法第25条の2第1項の規定により保護観察に付する旨の言渡しを受け，その裁判が確定するまでの者について，保護観察を円滑に開始するため必要があると認めるときは，その者の同意を得て，前条第1項に規定する方法により，その者の住居，就業先その他の生活環境の調整を行うことができる。
（準用）
第84条
　第61条第1項の規定は，第82条第1項及び前条の規定による措置について準用する。

第5章　更生緊急保護等

第1節　更生緊急保護
（更生緊急保護）
第85条
　この節において「更生緊急保護」とは，次に掲げる者が，刑事上の手続又は保護処分による身体の拘束を解かれた後，親族からの援助を受けることができず，若しくは公共の衛生福祉に関する機関その他の機関から医療，宿泊，職業その他の保護を受けることができない場合又はこれらの援助若しくは保護のみによっては改善更生することができないと認められる場合に，緊急に，その者に対し，金品を給与し，又は貸与し，宿泊場所を供与し，宿泊場所への帰住，医療，療養，就職又は教養訓練を助け，職業を補導し，社会生活に適応させるために必要な生活指導を行い，生活環境の改善又は調整を図ること等により，その者が進んで法律を守る善良な社会の一員となることを援護し，その速やかな改善更生を保護することをいう。
一　懲役，禁錮又は拘留の刑の執行を終わった者
二　懲役，禁錮又は拘留の刑の執行の免除を得た者
三　懲役又は禁錮につき刑の全部の執行猶予の言渡しを受け，その裁判が確定するまでの者
四　前号に掲げる者のほか，懲役又は禁錮につき刑の全部の執行猶予の言渡しを受け，保護観察に付されなかった者
五　懲役又は禁錮につき刑の一部の執行猶予の言渡しを受け，その猶予の期間中保護観察に付されなかった者であって，その刑のうち執行が猶予されなかった部分の期間の執行を終わったもの
六　訴追を必要としないため公訴を提起しない処分を受けた者
七　罰金又は科料の言渡しを受けた者
八　労役場から出場し，又は仮出場を許された者
九　少年院から退院し，又は仮退院を許された者（保護観察に付されている者を除く。）
2　更生緊急保護は，その対象となる者の改善更生のために必要な限度で，国の責任において，行うものとする。
3　更生緊急保護は，保護観察所の長が，自ら行い，又は更生保護事業法の規定により更生保護事業を営む者その他の適当な者に委託して行うものとする。
4　更生緊急保護は，その対象となる者が刑事上の手続又は保護処分による身体の拘束を解かれた後6月を超えない範囲内において，その意思に反しない場合に限り，行うものとする。ただし，その者の改善更生を保護するため特に必要があると認められるときは，更に6月を超えない範囲内において，これを行うことができる。
5　更生緊急保護を行うに当たっては，その対象となる者が公共の衛生福祉に関する機関その他の機関から必要な保護を受けることができるようあっせんするとともに，更生緊急保護の効率化に努めて，その期間の短縮と費用の節減を図らなければならない。
6　更生緊急保護に関し職業のあっせんの必要があると認め

られるときは，公共職業安定所は，更生緊急保護を行う者の協力を得て，職業安定法（昭和22年法律第141号）の規定に基づき，更生緊急保護の対象となる者の能力に適当な職業をあっせんすることに努めるものとする。
（更生緊急保護の開始等）
第86条
　更生緊急保護は，前条第1項各号に掲げる者の申出があった場合において，保護観察所の長がその必要があると認めたときに限り，行うものとする。
2　検察官，刑事施設の長又は少年院の長は，前条第1項各号に掲げる者について，刑事上の手続又は保護処分による身体の拘束を解く場合において，必要があると認めるときは，その者に対し，この節に定める更生緊急保護の制度及び申出の手続について教示しなければならない。
3　保護観察所の長は，更生緊急保護を行う必要があるか否かを判断するに当たっては，その申出をした者の刑事上の手続に関与した検察官又はその者が収容されていた刑事施設（労役場に留置されていた場合には，当該労役場が附置された刑事施設）の長若しくは少年院の長の意見を聴かなければならない。ただし，仮釈放の期間の満了によって前条第1項第一号に該当した者又は仮退院の終了により同項第九号に該当した者については，この限りでない。
（費用の支弁）
第87条
　国は，法務大臣が財務大臣と協議して定める基準に従い，第85条第3項の規定による委託によって生ずる費用を支弁する。
2　前項に規定する委託は，同項の規定により国が支弁する金額が予算の金額を超えない範囲内においてしなければならない。

第2節　刑執行停止中の者に対する措置
第88条
　保護観察所の長は，刑事訴訟法第480条又は第482条の規定により刑の執行を停止されている者について，検察官の請求があったときは，その者に対し，第57条第1項（第二号及び第三号を除く。），第58条，第61条及び第62条の規定の例により，適当と認める指導監督，補導援護並びに応急の救護及びその援護の措置をとることができる。

第6章　恩赦の申出
（恩赦の申出）
第89条
　恩赦法（昭和22年法律第20号）第12条に規定する審査会の申出は，法務大臣に対してするものとする。
（申出のための調査等）
第90条
　審査会は，前条の申出をする場合には，あらかじめ，申出の対象となるべき者の性格，行状，違法な行為をするおそれの有無，その者に対する社会の感情その他の事項について，必要な調査を行わなければならない。
2　審査会は，刑事施設若しくは少年院に収容されている者又は労役場に留置されている者について，特赦，減刑又は刑の執行の免除の申出をする場合には，その者が，社会の安全及び秩序を脅かすことなく釈放されるに適するかどうかを考慮しなければならない。

第7章　審査請求等
第1節　行政手続法の適用除外
第91条
　この法律の規定による処分及び行政指導については，行政手続法（平成5年法律第88号）第2章から第4章の2までの規定は，適用しない。

第2節　審査請求
（審査請求）
第92条
　この法律の規定により地方委員会が決定をもってした処分に不服がある者は，審査会に対し，審査請求をすることができる。
（審査請求書の提出）
第93条
　刑事施設に収容され，若しくは労役場に留置されている者又は少年院に収容されている者の審査請求は，審査請求書を当該刑事施設（労役場に留置されている場合には，当該労役場が附置された刑事施設。以下この条において同じ。）の長又は少年院の長に提出してすることができる。
2　刑事施設の長又は少年院の長は，前項の規定により審査請求書の提出を受けたときは，直ちに，審査請求書を審査会及び地方委員会に送付しなければならない。
3　第1項の場合における行政不服審査法第18条の規定による審査請求の期間の計算については，刑事施設の長又は少年院の長に審査請求書を提出した時に審査請求があったものとみなす。
（執行停止）
第94条
　審査会に対する審査請求に関する行政不服審査法第25条第3項の規定の適用については，同項本文中「，処分庁の意見を聴取した上」とあるのは「又は職権で」と，同項ただし書中「処分の効力，処分の執行又は手続の続行」とあるのは「処分の執行」とする。
（裁決をすべき期間）
第95条
　審査会は，審査請求がされた日（行政不服審査法第23条の規定により不備を補正すべきことを命じた場合にあっては，当該不備が補正された日）から60日以内に裁決をしなければならない。
（審査請求と訴訟との関係）
第96条
　この法律の規定により地方委員会が決定をもってした処分の取消しの訴えは，当該処分についての審査請求に対する裁決を経た後でなければ，提起することができない。
（行政不服審査法の特例）
第96条の2
　この法律の規定による処分又はその不作為についての審査請求に係る行政不服審査法第38条第1項に規定する提出書類等又は同法第78条第1項に規定する主張書面若しくは資料であって，行政機関の保有する個人情報の保護に関する法律（平成15年法律第58号）第45条第1項の規定により同法第4章の規定を適用しないこととされた同法第2条第5項に規定する保有個人情報が記載され，又は記録されたものについての行政不服審査法の規定の適用については，同法第38条第1項前段中「又は当該書面若しくは当該書類の写し若しくは当該電磁的記録に記録された事項を記載した書面の交付を求める」とあるのは「を求める」と，同項後段及び同法第78条第1項後段中「閲覧又は交付」とあるのは「閲覧」と，同法第38条第2項及び第78条第2項中「閲覧をさせ，又は同項の規定による交付をしようとするときは，当該閲覧又は交付」とあるのは「閲覧をさせようとするときは，当該閲覧」と，同条第1項前段中「若しくは資料の閲覧」とあるのは「又は資料の閲覧」と，「又は当該主張書面若しくは当該資料の写し若しくは当該電磁的記録に記録された事項を記載した書面の

交付を求める」とあるのは「を求める」とし，同法第38条第4項及び第5項並びに第78条第4項及び第5項の規定は，適用しない。
2 　第52条第1項，第5項又は第6項の規定による保護観察所の長の処分についての審査請求については，行政不服審査法第2章第4節の規定は，適用しない。

第8章　雑則

（記録の保存等）
第97条
審査会は特赦，特定の者に対する減刑，刑の執行の免除及び特定の者に対する復権についてした申出に関する記録を，地方委員会はこの法律の規定により決定をもってすることとされている処分に係る審理及び決定に関する記録を，それぞれ，政令で定めるところにより保存しなければならない。
2 　審査会及び地方委員会は，前項の記録の閲覧を求める者があるときは，これをその者の閲覧に供さなければならない。ただし，同項の申出若しくは審理の対象とされた者の改善更生を妨げ，又は関係人の名誉若しくは生活の平穏を害するおそれがあるときは，閲覧を拒むことができる。

（費用の徴収）
第98条
保護観察所の長は，第61条第2項（第88条の規定によりその例によることとされる場合を含む。）の規定による委託及び第62条第2項（第88条の規定によりその例によることとされる場合を含む。）の規定による応急の救護に要した費用並びに第87条第1項の費用を，期限を指定して，その費用を要した措置を受けた者又はその扶養義務者から徴収しなければならない。ただし，これらの者が，その費用を負担することができないと認めるときは，この限りでない。
2 　前項の規定による費用の徴収は，徴収されるべき者の居住地又は財産所在地の市町村（特別区を含む。以下同じ。）に嘱託することができる。
3 　政府は，前項の規定により，市町村に対し費用の徴収を嘱託した場合においては，その徴収金額の100分の4に相当する金額を，その市町村に交付しなければならない。
4 　第2項の規定により市町村が処理することとされている事務は，地方自治法（昭和22年法律第67号）第2条第9項第一号に規定する第一号法定受託事務とする。

（省令への委任）
第99条
この法律に定めるもののほか，この法律を実施するため必要な事項は，法務省令で定める。

附則　抄

さくいん

あ行

RNRモデル　85, 201
アジア保護司会議　203
意見等聴取制度　168
「入口」支援　127
医療観察制度　180
飲酒運転防止プログラム　80, 192
引致　145
応急の救護　50, 66, 109, 112
恩赦　24, 162, 164

か行

悔悛の状　55, 57, 58
解除（保護観察の）　74
改善指導　152
回復期　184
カウンセリング　117
学習理論　200
家族教室　89
家族療法　88
家庭裁判所　34, 51
家庭裁判所調査官　34
家庭的養護　43
仮釈放　24, 54, 58
仮釈放許可の基準　55-57
仮釈放者　95
仮退院者　95
環境調整命令　51, 146
観護処遇　37
観護措置　36
鑑定入院医療機関　182
鑑別　36
企画調整保護司　106
起訴便宜主義　25
起訴猶予　21, 24, 124
キャンベル共同計画　200
救護援護　118
旧少年法　16
急性期　184
教育的措置　35
教科指導　152
矯正教育　38
矯正施設　54
矯正指導　153
矯正処遇　152

強制的措置　42
行政法的統制　126
協働態勢　66, 90
協力雇用主　75, 82, 119, 134, 191
緊急的住居確保・自立支援対策　104, 191
緊急保護　116
グッド・ライブズ・モデル（GLM）　85, 129, 201
虞犯少年　30
グループワーク　133
ケア会議　185, 187
刑事施設　54, 111
刑事司法　10
刑事法的統制方法　126
継続的処遇　161
刑の一部の執行猶予（制度）　9, 25, 27, 198, 205
刑の執行の免除　162
刑の執行猶予取消　145
ケースワークの原則　2
検察庁　144
健全な育成　44
合議体　182
公共施設優先の原則　113
公共職業安定所（ハローワーク）　50, 71, 156
公共の福祉　12
更生緊急保護（法）　10, 19, 53, 108-110, 124, 144, 148
更生保護委託費　94
更生保護協会　138
更生保護拠点　4
更生保護サポートセンター　93, 106, 139, 196
更生保護事業（法）　7, 70, 94, 96
更生保護施設　51, 53, 110, 114, 116, 125, 144, 191
更生保護女性会　130, 193
更生保護のあり方を考える有識者会議　9, 178
更生保護の日　176
更生保護法　6, 9
更生保護ボランティア　91

さ行

公訴　22
交通反則通告制度　127
公判請求　21
公判前整理手続　23
高齢者　116
コーディネート業務　123
国選弁護制度　159
国連アジア極東犯罪防止研修所　202
個別処遇の原則　77
コミュニティ・コート　29

罪刑法定主義　26
再犯・再非行の要因　50
裁判員裁判　23
再犯防止　12
再犯防止対策　143
再犯防止対策ワーキングチーム　178
再犯リスク　84
裁量的取消　199
残刑期間主義　198
36条調査　57, 61
ＣＰＡ会議　185
ＧＰＳ電子監視　202
シームレス　29
シェルター　105
試験観察　35
自己決定　3
自助の責任　113, 114
静岡県出獄人保護会社　15, 94
システムズ・アプローチ　88
施設内処遇　10, 21, 28, 62
思想犯保護観察法　17
執行猶予　21, 24
執行猶予者　95
実証的根拠（エビデンス）に基づく実践　200
指定通院医療機関　98
指定入院医療機関　98
指導監督　11, 66, 68, 70, 96
児童心理司　155
児童相談所　40, 42
児童福祉機関先議の法則　31

219

児童福祉司　155
児童福祉法　42, 44
司法福祉　120
司法保護事業法　17
社会貢献活動　9, 73, 75, 91, 102, 194
社会生活技能訓練（SST）　39, 71, 95, 119
社会的排除　140
社会的養護　42
社会内処遇　2, 10, 21, 28, 62, 194
社会福祉基礎構造改革　12
社会福祉士　154
社会復帰期　184
社会復帰調整官　98, 181
社会を明るくする運動　175
就職支援ナビゲーター　156
就労継続支援事業（Ａ・Ｂ型）　188
就労支援　13, 96
就労支援事業者機構　136
就労支援対策　82
就労支援メニュー　157
就労奨励金制度　135, 191
遵守事項　55, 74, 75, 114
障害受容　129
少年院からの仮退院　60
少年院の種類　38
少年鑑別所　36
少年鑑別所法　36
少年警察活動　32, 142
少年警察ボランティア　142
少年更生保護施設　118
少年サポートセンター　32, 142
少年相談活動　33
少年の福祉を害する犯罪　142
少年簿　151
少年法　30, 44
少年法適用年齢　45
少年補導職員　142
処遇計画書　118
処遇効果否定論　200
処遇段階　76
処遇の最高段階　55
触法少年　30, 40
所在調査　91
女性の健康を考える会　116
自立更生促進センター　73
自立準備支援　104

自立準備ホーム　104
神経発達障害　128
親告罪　21
身上調査書　56
心情等伝達制度　168
心神耗弱　180
心神喪失　180
心神喪失者等医療観察制度　27, 98, 180
スーパービジョン　90
生活環境調査結果報告書　183
生活環境の調査　98
生活環境の調整　46, 48, 50, 52, 61, 75, 98, 124, 149
生活困窮者自立支援制度　13
生活困窮者自立支援法　155
生活保護　159
生活保護法　50
成人年齢　45
精神保健観察　98, 186
精神保健参与員　182
精神保健審判員　98
性犯罪再犯防止指導　84
性犯罪者処遇プログラム　80, 85, 192
「世界一安全な日本」創造戦略　190
全件送致主義　31
全国就労支援事業者機構　83, 136
全国被害者支援ネットワーク　166, 173
全国保護司連盟　93
専門的処遇（プログラム）　69, 78, 80, 90, 192
捜査　22
相談・支援（業務）　123, 169
ソーシャルインクルージョン（社会的包摂）　140
ソーシャルファーム　140
措置制度　12

た行

ダイバージョン　11, 24, 126
多機関協働体制　29
多機関連携（アプローチ）　129, 160
ダルク（DARC）　87, 193
ダルク家族会　87
地域支援ガイドライン（案）　86

地域生活定着支援事業　13
地域生活定着支援センター　122, 124, 153, 204
地方更生保護委員会　6, 73
注意欠陥／多動性障害（ADHD）　41
中央更生保護審査会　164
治療的法学　200
付添人　182
「出口」支援　127
デシスタンス　201
動的再犯危険因子　160
篤志面接委員　150
特別支援学校　125
特別遵守事項　76, 147, 149, 192, 194
特別調整　47, 122
特別予防　198
ともだち活動　132
トライアル雇用　156
ドラッグ・コート　201

な行

ナノラン　87
25条調査　56, 57
日本更生保護女性連盟　130
日本司法支援センター　158
日本ＢＢＳ連盟　132
人足寄場　14
認知行動療法　78, 80, 200
年齢犯罪曲線　201

は行

発達障害　41, 128
パロール　10, 63
判決前調査　205
犯罪者処遇モデル　201
犯罪者予防更生法　18
犯罪少年　30
犯罪対策閣僚会議　107, 174, 178
「犯罪に戻らない，戻さない」　177, 190
犯罪被害者相談室　172
犯罪被害者等基本計画　167
犯罪被害者等基本法　167
犯罪被害者等施策　143, 168, 171
犯罪予防活動　174
ＢＢＳ会　74, 132, 195
被害者支援センター　172
被害者等通知制度　169
引受人　193

さくいん

引受人教室　89
非行少年　30
微罪処分　11, 20, 24
ひまわり　177
フォローアップ業務　123
福祉の刑事司法化　204
福祉六法　154
婦人補導院　63
復権　163
不良行為少年　32
不良措置　65, 76, 90
プロベーション　10, 63
別房留置　14
弁護士　158
保安処分　27
防御権　22
法定期間　54, 56-58
法定合議事件　23
法テラス　158
法務技官　37
法務省ケースアセスメントツール（MJCA）　37
法務省専門職員（人間科学）採用試験　91

法務総合研究所　101
暴力防止プログラム　79, 80, 192
ホームレス予防　105
保護カード　111
保護観察　10, 50, 52
保護観察言渡連絡票　53, 149
保護観察官　50, 53, 72, 102
保護観察所　6, 53, 73
保護観察状況等報告書　151
保護観察付執行猶予　11, 52, 144, 148
保護観察の期間　64
保護観察の種類　63
保護局　4
保護区　92
保護司　50, 53, 72, 196
保護司会　92, 197
保護司会連合会　93, 197
保護司候補者検討協議会　196
保護司選考会　92
保護司法　7
保護司法システム　126
補導委託　35
補導援護　11, 50, 66, 70, 95, 110, 112

ホルモン治療　202

ま行

満期釈放者　95
ミニ集会　130
身元保証システム　157
身元保証制度　135
民間活動支援専門官　5, 197
民事法的統制　126
免囚保護事業奨励費　15
モニター機能　3
問題解決型法廷　201, 201

や・ら行

薬物再乱用防止プログラム　80, 86, 192
猶予制度　24
ラベリング理論　24
リスク・マネジメント　204, 205
リハビリテーション機能　3
略式命令請求　21
留置　145
療育手帳　125
良好措置　65, 76, 77, 90
累積再入率　59

執筆者紹介（氏名／現職／50音順／執筆分担は各節末に明示／＊は編者） ＊50音順

青木　出（厚生労働省社会・援護局総務課長補佐）
秋山雅彦（NPO自立支援センターふるさとの会理事）
石川正興（早稲田大学名誉教授）
石塚伸一（龍谷大学法務研究科教授）
伊藤康一郎（元中央大学法学部教授）
今福章二（法務省保護局長）
宇津木朗（社会福祉法人豊芯会精神保健福祉士）
漆畑貴久（大阪経済法科大学客員准教授）
蛯原正敏（更生保護法人日本更生保護協会事務局長）
太田達也（慶應義塾大学法学部教授）
大場玲子（法務省保護局観察課長）
大日向秀文（法務省法務総合研究所研修第二部教官）
岡田和也（和歌山保護観察所長）
小木曽宏（東京経営短期大学こども教育学科教授）
押切久遠（法務省保護局更生保護振興課長）
笠原和男（全国保護司連盟事務局長）
梶川一成（法務省保護局総務課長補佐）
勝田聡（法務省保護局観察課処遇企画官）
紀恵理子（仙台少年鑑別所長）
岸規子（さいたま保護観察所長）
久保貴（東京福祉大学心理学部教授）
古賀正明（長崎保護観察所長）
小長井賀與（立教大学特定課題研究員）
小林英義（東洋大学ライフデザイン学部教授）
齋場昌宏（中部地方更生保護委員会委員長）
坂野剛崇（関西国際大学人間科学部教授）
里見有功（千葉保護観察所保護観察官）
＊生島浩（福島大学大学院人間発達文化研究科教授）
杉原紗千子（更生保護法人静修会常務理事）
杉山弘晃（法務省保護局総務課更生保護企画官）
鈴木美香子（関東地方保護司連盟事務局長）
炭谷茂（恩賜財団済生会理事長）
染田惠（関東地方更生保護委員会第五部部長委員）
髙木俊彦（東京福祉大学教授）
瀧澤千都子（広島保護観察所長）
滝田裕士（法務省保護局精神保健観察企画官）

田島佳代子（旭川保護観察所長）
田代晶子（法務省大臣官房秘書課広報室長補佐）
＊辰野文理（国士舘大学法学部教授）
田中一哉（東北地方更生保護委員会委員長）
谷真如（東京保護観察所保護観察官）
辻裕子（東北地方更生保護委員会事務局長）
角田亮（さいたま保護観察所次長）
津山朋子（東京保護観察所保護観察官）
土井政和（九州大学名誉教授）
冨田彰乃（中国地方更生保護委員会第二部長委員）
中島祐司（法務省保護局総務課補佐官）
中村秀郷（名古屋保護観察所保護観察官）
西瀬戸伸子（特定非営利活動法人日本BBS連盟事務局長）
平尾博志（元関東地方更生保護委員会委員長）
福島至（龍谷大学法学部教授）
＊藤本哲也（中央大学名誉教授）
前川泰彦（保護司・元東京福祉大学非常勤講師）
丸山晴夫（更生保護法人斉修会常務理事・施設長）
水藤昌彦（山口県立大学社会福祉学部教授）
南元英夫（法務省保護局保護調査官）
宮澤由紀（前橋保護観察所統括保護観察官）
宮園久栄（東洋学園大学人間科学部教授）
望月和代（札幌学院大学人文学部特別任用教授）
本山美恵（佐賀保護観察所統括保護観察官）
百瀬覚由（更生保護施設　立正園　施設長）
守谷哲毅（法務省保護局総務課専門官）
森田裕一郎（法務省矯正局成人矯正課企画官）
弥永理絵（関東地方更生保護委員会事務局長）
山田憲児（更生保護法人更新会常務理事）
横地環（京都保護観察所長）
吉田研一郎（関東地方更生保護委員会委員長）
吉田千枝子（中部地方更生保健委員会部長委員）
渡邉泰洋（拓殖大学政経学部特任講師）

編著者紹介（氏名／よみがな／現職／主著／更生保護を学ぶ読者へのメッセージ）

藤本哲也（ふじもと　てつや）
中央大学名誉教授
『刑事政策概論（全訂第7版）』青林書院，2015年
『犯罪学原論』日本加除出版，2003年
更生保護学は現在生成発展途上にある学問であり，犯罪者処遇の最終段階に位置して，犯罪者の改善更生と社会復帰を目標としながら，再犯防止を図り，犯罪のない社会，再チャレンジ可能な社会を実現するための「最後の砦」となって活動している更生保護関係者に，活動の指針となる理論を提供する学問です。実務家となるか研究者となるかを問わず，本書を読破して我が物とし，将来の人生設計に役立ててほしいと思います。

生島　浩（しょうじま　ひろし）
福島大学大学院人間発達文化研究科教授
『非行臨床の焦点』金剛出版，2003年
『臨床家族社会学』（清水新二編著）NHK出版，2014年（分担執筆）
非行・犯罪からの立ち直り支援に関心を抱く方，保護観察官，社会復帰調整官としてこの「業界」に参入してください，多職種多機関連携が具現化されている現場です。

辰野文理（たつの　ぶんり）
国士舘大学法学部教授
『要説 更生保護』成文堂，2013年
『司法福祉論』（川村匡由編）ミネルヴァ書房，2011年（分担執筆）
更生保護は社会の動きと大きく関わっており，取り巻く状況は常に動いています。制度の基本的な部分を学びつつ，関係する領域の広がりを感じてください。

やわらかアカデミズム・〈わかる〉シリーズ
よくわかる更生保護

| 2016年2月15日　初版第1刷発行 | 〈検印省略〉 |
| 2020年3月20日　初版第4刷発行 | |

定価はカバーに
表示しています

編著者	藤本哲也 生島　浩 辰野文理
発行者	杉田啓三
印刷者	藤森英夫

発行所　株式会社　ミネルヴァ書房
607-8494　京都市山科区日ノ岡堤谷町1
電話代表（075）581-5191
振替口座　01020-0-8076

©藤本・生島・辰野ほか，2016　　亜細亜印刷・新生製本

ISBN978-4-623-07468-6
Printed in Japan

やわらかアカデミズム・〈わかる〉シリーズ

よくわかる憲法	工藤達朗編	本体	2500円
よくわかる刑法	井田良ほか著	本体	2500円
よくわかる家族法	本澤巳代子ほか著	本体	2500円
よくわかる刑事訴訟法	椎橋隆幸編	本体	2600円
よくわかる民事訴訟法	小島武司編	本体	2500円
よくわかる会社法	永井和之編	本体	2500円
よくわかる地方自治法	橋本基弘ほか著	本体	2500円
よくわかる国際法	大森正仁編	本体	2800円
よくわかる労働法	小畑史子著	本体	2500円
よくわかるメディア法	鈴木秀美・山田健太編	本体	2800円
よくわかる法哲学・法思想	深田三徳・濱真一郎編著	本体	2600円
よくわかる刑事政策	藤本哲也著	本体	2500円
よくわかる社会福祉と法	西村健一郎・品田充儀編	本体	2600円
よくわかる司法福祉	村尾泰弘・廣井亮一編	本体	2500円
よくわかる社会保障	坂口正之・岡田忠克編	本体	2500円
よくわかる社会福祉	山縣文治・岡田忠克編	本体	2400円
よくわかる子ども家庭福祉	山縣文治編	本体	2400円
よくわかる障害者福祉	小澤温編	本体	2200円
よくわかる女性と福祉	森田明美編	本体	2500円
よくわかる社会政策	石畑良太郎・牧野富夫編	本体	2600円

——— ミネルヴァ書房 ———
http://www.minervashobo.co.jp/